李丽辉／主编

为了孩子的幸福成长

——从学校文化建设的视角谈起

世界图书出版公司

图书在版编目（CIP）数据

中国教育领航.第二辑/严华银主编.-- 北京：
世界图书出版公司,2021.8
ISBN 978-7-5192-8643-9

Ⅰ.①中… Ⅱ.①严… Ⅲ.①教育—研究—中国
Ⅳ.① G52

中国版本图书馆 CIP 数据核字 (2021) 第 103693 号

书　　　名	中国教育领航.第二辑	
（汉语拼音）	ZHONGGUO JIAOYU LINGHANG.DI-ER JI	
主　　　编	严华银	
总 策 划	吴 迪	
责 任 编 辑	王林萍	
装 帧 设 计	包 莹	
出 版 发 行	世界图书出版公司长春有限公司	
地　　　址	吉林省长春市春城大街 789 号	
邮　　　编	130062	
电　　　话	0431-86805551（发行）	0431-86805562（编辑）
网　　　址	http://www.wpcdb.com.cn	
邮　　　箱	DBSJ@163.com	
经　　　销	各地新华书店	
印　　　刷	保定市铭泰印刷有限公司	
开　　　本	787 mm×1092 mm 　1/16	
印　　　张	127.25	
字　　　数	2 222 千字	
印　　　数	1—5 000	
版　　　次	2021 年 8 月第 1 版　　2021 年 8 月第 1 次印刷	
国 际 书 号	ISBN 978-7-5192-8643-9	
定　　　价	880.00 元（全 10 册）	

丛书编委会

主　　　任：王仁雷

主　　　编：季春梅

副　主　编：回俊松

编 委 成 员：季春梅　回俊松　严华银

策　划　人：严华银

本书编者

编　　　者：李丽辉

其言不立，何以成"家"

——教育家型校长思想生成之道

当我们把教育家型校长的发展目标定位在"立功立德立言"的高度，且将"立言"作为其发展的至高境界时，在教育家型校长成长与培养的过程中，发展主体和培养主体都会全力关注：如何培育教育家型校长的教育思想？如何帮助校长凝练教育思想？而最无法绕过的问题则是，我们今天究竟需要怎样的教育思想？

改革开放后，中国教育经历过短暂的辉煌后，忽然在商业化、市场化的大潮中受到强烈冲击，很快，外延扩张式发展与内涵跟进不及发生矛盾冲突，直至今天，以分数为评判标准的应试升学的热情从来就高烧不止。课程改革、核心素养改革，一场又一场倡导素质教育、立德树人的改革，尽管取得了令人瞩目的成绩，为我国几十年的经济、社会事业发展提供了强有力的人才支持，但我们也不能不看到，整体上，青少年的道德素养、综合能力、创新精神的培养还有明显不足，在一流杰出科技人才队伍的打造方面，还存在很多困难。从最近几年出现的问题看，人才品质问题、高品质人才教育问题，可能是影响和制约中国未来发展的至关重要的问题。

教育的问题当然不仅仅是教育本身的问题。但作为教育人，也还是要较多地考虑从教育本身来着手解决教育问题。参与了两届国家层面的教育家型校长培养工程，走进这些校长的内心和他们所在的学校，了解他们成长和发展的历程，我们最为深切的体会就是，校长、学校、教育的根本问题，一定是教育思想、教育价值观问题。尤其是校长，假如我们仍然认可有什么样的校长，就有什么样的学校，那么我们就可以说，有什么样的教育价值观，就有什么样的校长。从这一角度看，研究近几十年来的教育，研究教育的问题，首先必须关注教育思想和价值观的问题。

最近这几十年间，我们究竟有什么样的教育思想和价值观呢？比如说，我们有"为学生一生的幸福奠基"的"奠基说"，有"坚守儿童立场"的"立场说"，还有"没有教不好的学生，只有不会教的老师""办孩子喜欢的学校""教育就是服务""让学生永远站在课堂的中央"等一系列被某些人认为富有创意、极为宏大甚至伟大的教育观点和追求。但这些从某一角度和维度看非常正确的教育思想，联系教育方针确定的培养目标、学校教育和学生发展的实际，联系近年来教育和社会出现的种种问题，就会发现其中的偏执和矛盾，就会发现其给具体实行教育的学校管理者和教育者带来的问题不可小觑。一国教育的终极目标，是不是仅仅就为着生命个体一己之幸福，还要不要对家庭、家乡和家国的关怀和奉献？过分强化一己之幸福，无限滋长个人和利己主义倾向，与现实中许多社会问题的集中出现有没有某些关联呢？教育的意义在于引领成长，片面强调学生单向的"喜欢"，片面强调"儿童立场"，那教师、学校和教育的立场还有没有、要不要呢？如果没有和不要，那孩子是不是就可以野蛮生长，或者永远停留在儿童时代呢？一味地强调学生的可塑性，否定教育的复杂性，将教师置于无可再退的墙角，将教育和学校的责任增至"无限"，意义何在呢？原本教师主导、学生主体的非常正常的课堂关系，一句浪漫主义的文学夸张，让教师们不能不愕然：课堂里，学生站在"中央"，那我"站着"还是"坐着"，又在哪里是好呢？许多年来，有这样一种观点，凡不管用什么方法、怎样的表达，只要是为学生讲话，再怎样过分地讲话，从来都是正确的，一片叫好并跟风；相反，为教师讲话，讲传统和传统教育，讲孔孟、《学记》，讲朱熹、王阳明、陶行知，讲几十年教育中的本土实践、经验，响应者、问津者似乎寥寥。我们以为，上述种种轻忽教育立场、弱化教育力量、虚化教师地位、教育理念表达"文学化"的现象，与"教育领域中某些教育者唯西方是从，漠视国情、漠视教育传统，轻视甚或蔑视本土实践和本土经验的教育研究风气"紧密相关。于是，这些人要么把教育做成了西方教育哲学的跑马场，言必称建构主义，到处必说佐藤学；要么就是信口开河，语不惊人死不休，把原本属于科学的教育，几乎化作了浪漫想象、天马行空的"文学"。

今天，中国教育"转型"发展，"高品质学校"建设任重道远，尤其需要成千上万的教育家型校长突破现实某些教育思想和教育实践的误区，努力建构自己的卓越的教育思想，"领航"千千万万学校，"领航"区域教育，"领航"中国教育，解"唯分"困局，破"应试"冰山，实现党中央、国务院提出的完善"德智体美劳全面培养体系"，健全"立德树人落实机制"的改革目标。

何为教育思想？教育思想本不神秘，并不像某些人理解的那样高深莫测。它实际所指就是办学思想，即校长对于教育的认识、理解、见解、主张、理念、观点，在具体的办学实践中的执行和落实，或者说是从学校的教育教学和管理行为中梳理总结出来的教育理念和思想。它包括教育观、课程观、教学观、教师观、学生观等。这为任何一所学校任何一个校长所具有。

但从上述分析可知，由于种种因素，不同学校、不同校长，其教育思想又有高下之别。真正卓越的教育思想，一定是共性与个性的统一，一般与特殊的统一，坚守与开放的统一。真正优秀的教育思想，一定是切近人性，尊重科学，符合规律的；真正优秀的教育思想，一定是指向道德，关乎人格，追求情怀的；真正优秀的教育思想，也一定是基于本土，博采他山之石，合于教育价值的。

据此，我们来研究教育家型校长卓越的教育思想的建构问题。

第一，崇高道德必须成为教育思想的内核。让"社会主义事业的建设者和接班人"与"立德树人"的方针、目标和价值观落地，就必须旗帜鲜明、大张旗鼓地弘扬人格与道德、情怀与境界的教育追求。以善良诚厚为本，不断锤炼个性、意志、品格，正确处理好己与人、私与公、个体与群体的关系。传承中华传统，见贤思齐，修身齐家，奉献祖国，达成个人价值和民族伟大复兴的统一。美国普林斯顿大学以"普林斯顿——为了给国家服务"为校训；清华大学以"厚德载物，自强不息"为校训；南开大学以"允公允能，日新月异"为校训；江苏省锡山高中以"做站直了的中国人"为校训，可以说，这些都是办学主体对于教育本质的精准理解和把握。将教育思想的内核由过于偏重个体、个性和个人的幸福的"小我"追求，"转型"至对于家乡、家国、民族的大爱与奉献，达成个人价值与民族复兴统一的"大爱"情怀，既是时代发展的迫切需要，也是社会主义核心价值观的体现，更是教育的根本意义和价值所在。而这一问题的解决，需要校长们站位高远，秉持理想，需要校长们全神贯注、全力以赴。

第二，建构教育思想迫切需要校长们思维理性的修炼和提升。教育思想的重要特点是富于个性，是校长在教育教学实践和办学实践中基于教育的个性化理解而逐渐成熟的办学理想和育人理想，但任何教育思想又必须契合国家主流的教育价值观。个性与共性的统一可以说是教育思想确立的基本原则。教育思想是关于教育问题的本质表达，所以需要拨开云雾，不被表象所迷惑。就育人而言，道德、人格、思维、理性、创新都应是其不可或缺的元素。不仅如此，在凝练教育思想的过程中，还得借助辩证思维、逻辑思维等，处理好传统与现代、人文与科学、传承与创新、借鉴与坚守、专家引领与自主建构的关系。

第三，教育思想的成熟，从来都伴随实践，且伴随实践反思。教育思想首先是优秀校长的，是优秀校长在办学实践中逐渐形成的。办学和教育实践是教育思想之根。从实践之根出发，长出教育之参天大树，并最终凝结为思想之果。这一浩大工程、漫长过程，伴随的是实践主体——校长的不断修剪、打理、矫正和选择，也就是说，反思、改进、践行、循环往复，追求最好，走向更好，是教育家型校长教育思想成熟的必由之路。福建三明学院附小林启福校长带领学校教师，借助专业支持，经过十余年艰苦探索，从"幸福教育"走向"福泽教育"。本期领航校长，宁夏银川金凤三小王晓川校长，在领航专家团队的启发引领下，将原本"说学"并重的教育理念，逐渐明晰为"说以成理，学而至善"，直抵教育本质，实现了教育思想的一次蜕变，正是其实践反思、理性辨正的成果。

第四，教育思想的表达，从来都需要严谨缜密，抓住要害和关键。近年来，在某些区域校长培养过程中，某些校长教育思想的凝练，表现出经院式、标签化、概念性、文学风倾向，助长了办学和教育教学的浮躁、功利和知行不一，这尤其需要教育家型校长通过理性思维，明辨真伪，去粗取精，并最终找到最为科学的表达方式。新疆生产建设兵团华山中学邱成国校长的"才丰似花，德厚如山"理念，海南陵水中学张勇校长的"仁智教育"理念都是十分经典的表达例证，值得借鉴。就教育思想在校园中的呈现而言，育人理念和思想最为根本；就育人文化的呈现而言，校训最为根本。因为学校的价值就在于育人，校长的训词则是对被育对象的严肃训诫和要求，突出呈现这些，就是突出学生主体，就是突出教育的本质。目前，一些区域学校，校园中贪多务全的思想和文化表达，常常淹没了发展主体、教育主旨和核心，其成效适得其反。

教育家型校长，又被称之为领航校长，所谓"家"，"家"在何处？所谓"领航"，究竟引"领"什么？"航"向哪里？至关重要的还是教育思想问题。尤其是在今天这样一个价值多元、教育转型的特殊时期，教育家型校长通过卓越的教育思想，发挥其领航价值，推动我国基础教育快速稳步发展，意义十分重大。

丛书编者

2021 年 5 月

专家感言

　　三年转眼过，在中国教育改革的热土地——江苏，在教育部名校长领航工程基地之一——江苏省师干训中心，一群教育专家，与一群可以被称之为教育义勇军、先行者的领航校长——教育部第二期名校长领航工程9位学员，走过了一段峥嵘、卓越的岁月。

　　他们，阵容并不壮大，少时十数人，多时数十人。问题是，当五湖四海、出类拔萃的校长精英与长三角首屈一指的教育专家一朝相逢，而且一发不可收地亲近、交融，终至于合二为一，成为志同道合的教育"行者"，其生发的聚合和裂变，其结晶的意义和价值，你怎么估量都不为过！

　　曾记2018年，北京受命，南京启航，从此，基地精致组织协调；导师沉稳领航引导；学员潜心研学，竭力修正，其教育内涵逐渐丰富、厚重，其学校文化越发凝练、科学。三年中，被"领航"者，又"领航"着各工作室的成员和学校；三年中，基地、导师、学员、学员的学员，还"组合"成"教育志愿军"，一组一组，一次一次，深入大凉山腹部，从昭觉到布拖，让教育的"精准帮扶"生根校园，惠及教师，落地课堂，直抵每个孩子的心底。

就是在这样的"层递领航"中，我们的理念、能力，我们的情怀、境界，我们的思想、经验，经千锤百炼而不断精进；而且，就在这样的行走中，我们"扩容"了"领航"内涵，拓展了教育价值，也升格了人生境界，终于，我们真的可以无愧于"教育家型校长"的称号。

我们还积累了许多教育的感想和哲思，创造了许多美好的邂逅和故事。我们更收获了深厚的友情，沉淀了悠悠的思念。

终于，到2021年，在安徽池州，在天津南开，在山东济南历城，三场高端的教育思想研讨会，水到渠成地举行，每一位校长，从个人经历中发现成长，从教育行走中感悟价值，从办学成就中梳理经验。终于，一朵名为教育思想的花儿，经历远远不止十月的孕育，含苞，又顺畅绽放，并被精彩命名，且被专家们洞幽烛微地阐述、"微言大义"地点评，由此，她、她们，名正言顺地盛开在中国教育思想的家园。

这里，我们撷取三年生活的"散点"，轻拂去岁月的"尘封"，从痕迹到线索，从即景到场面，真实描述，定格展示。其意义，除了留存和总结，还期望复苏记忆，活跃联想，让所有的亲历者偶尔或者常常回放、回望或者回味——

因为，不论是谁，一生中又能有多少这样的三年呢？

前言

　　想来，我是有"幸福"情结的，那是源自我的母亲。

　　1991年我大学毕业举家随父亲工作调转搬迁至珲春，这一年是不用出示边境通行证就可以自由出入珲春的第三年。清楚地记得，初来珲春的一个月里母亲哭了好几场。从吉林省公主岭市到白山市再到延边朝鲜族自治州，母亲感慨，人往高处走，我家却怎么越搬越偏远。

　　母亲小时候因为家里穷，只读到小学二年级就被迫下地干活补贴家用了。没读多少书成了母亲一生解不开的心结，所以母亲对我们姐弟的学习尤为重视。从小学到初中母亲都是想办法把我们姐弟尽量送到好一点儿的学校读书，本来家附近就有父亲单位的子弟学校，但母亲非要把我送到一百多里地以外的市区学校读中学。

　　为了供家里的三个孩子上学，母亲到工地打零工、扛麻袋，没有多少文化的母亲吃了不少苦。但为了能让家里的日子好过点儿，母亲从来都无怨无悔。记得母亲平时说的最多的话就是：一定要好好学习，做人一定得有文化。母亲最盼望的就是能让一家人早点儿过上幸福的好日子。那个时候我年纪小，对于文化，对于幸福还没有多少认知。

小时候，我好像很少看到母亲笑，好像从未看见母亲开怀大笑过。小时候对母亲多有畏惧，为了不让母亲生气，对待学习我很用心。

大学毕业我被直接分配到珲春市第四中学。从普通的化学教师到教研组长，教导处副主任，德育校长，进修学校副校长，珲春市第四中学校长；再到首届延边州名师，首届吉林省化学十佳教师第一名，全国新课程大赛一等奖，教学实录被人大复印资料全文转载。每取得一点儿的成绩，我都会跑到母亲跟前第一时间告诉她。母亲高兴，我就觉得幸福。

让别人高兴，自己就会感到幸福，这种感觉对我的幸福观影响很大。

随着自身角色的变化，工作和生活的半径逐渐在扩大。2007年，受组织委派从市教师进修学校回到第四中学做校长，到今年已是第十四年了。在这十四年里，为了让学生切身地体会到在四中读书是很快乐的，为了让老师们感到在四中工作是很幸福的，十四年其实我就只做了一件事，那就是怎样才能"让教育成就师生幸福、精彩的人生"！

幸福何以如此重要？维特格斯坦临终的时候说：告诉他们，我度过了幸福的一生！这是多么令人自豪的一句话，"我度过了幸福的一生"！是呀，就像复旦大学陈果老师说的那样，世界上只有两件有价值的事：第一，你幸福地生活；第二，使更多人幸福地生活。世界上只有两件最重要的事：第一，你好好活着；第二，请你帮更多人好好地活着。

到底什么是幸福？一所县域初中何以成就人的幸福？

人是文化的存在。兰德曼说："文化如同生命内里的血管系统，而血管里流淌的是主观精神的血"（《哲学人类学》）。这就是说，没有文化就没有做人的起码条件，没有文化就没有人的存在，同样没有人去实现文化，也就没有文化的存在和发展。本书以学校文化建设为视角，在"为了人的幸福成长"这一价值观统领下，通过学校文化建设的意义、学校文化从哪里来，学校文化到哪里去，学校文化系统的建构与解读以及在具体的办学中是如何让文化落地的，五个部分诠释了学校文化建设的路径。书中附有大量的案例，具有一定的操作性。希望能带给更多学校以学校文化建设的借鉴和思考。

回顾自己的幸福教育办学之路，大致分为三个阶段，2007 年至 2011 年办让学生喜欢的学校；2012 年至 2017 年办有幸福感的学校；2018 年至今正在进行新时代幸福学校的理论研究与实践探索。为实现师生的幸福，十几年来带领全校干部教师进行了系统的富有实效的实践——学校文化改进，课堂教学改革，学校课程建设，学校组织变革，积累了较丰富的办学经验。多次想把自己的办学历程记录下来，但总感觉做得还比较零散，不够系统，尤其是理论架构一直不够清晰，故几度搁置。2018 年入选教育部卓越校长领航工程，有幸进入江苏基地跟从各位导师学习。通过学习，一方面理性思考有所深入，另一方面因为导师的鞭策和鼓励，今又鼓起勇气拿起了笔，尽管思想还是很不成熟，内容还有些许杂乱。不管怎样，开始了，就好。春天来了，秋天不会远！

为做好本书的编写工作，理论部分，查阅了大量的资料，有所引用和借鉴；为写好实践部分，珲春市第四中学全体中层以上领导都结合本部门工作对学校的文化与实践部分做了梳理。特别是李红梅副校长、黄晖助理，许佳文副校长、课程研发中心石晓月主任、教师发展中心关立红主任、学生发展中心刘霞主任、生活服务中心于海燕主任等领导，他们都亲自执笔，贡献了智慧和文字，校长办公室马云慧主任做了稿件的编辑整理工作。

特别感谢教育部国培计划卓越校长领航工程，感谢江苏基地，感谢我的导师严华银教授和陈康金校长对我的指导和帮助！感谢季春梅主任、回俊松博士和江苏基地的各位导师、各位同学两次入校指导！

感谢和我一直心手相牵，奔跑在通往幸福学校的曲折之路上的珲春四中的各位战友和同事们！

期盼此书正式出版的那一天！

那一天长眠于地下的我敬爱的母亲一定会幸福地笑出声的！一定会！

2021 年 4 月 12 日

目录

第一章

学校文化建设的意义

学校文化建设关系到"建设什么样的学校""培养什么样的人"的根本问题，意义重大。人是文化的创造者，同时又为文化所产生。文化如同生命内里的血管系统，而血管里流淌的是主观精神的血。这就是说，没有文化就没有做人的起码条件，没有文化就没有人的存在，同样没有人去实现文化，也就没有文化的存在和发展。

关于文化与学校文化。

文化有广义和狭义之分，在众多的定义或阐释中，当代作家梁晓声用四句话对"文化"的概括得到许多人的认可：根植于内心的修养，无须提醒的自觉，以约束为前提的自由，为别人着想的善良。

笔者认为，学校文化是关于师生员工、校园空间和物体及其活动所承载的物质文化、精神文化、制度文化的总和。学校文化的内涵和范畴大于校园文化，校园文化只是学校文化构成的一部分。学校文化是组织文化的母文化，校园文化是组织文化的子文化。学校文化是观念与物质、动态与静态、隐性与显性的结合；校园文化基本等同于物质文化，主要是物质的、静态的、显性的文化。学校文化建设的落脚点都是"人"。教育要回归到"育人"（而非一味地"育分"）的本源上来，循乎人的本性，顺乎教育规律，帮助人实现全面发展、个性发展、自主发展，引导人实现科学理性与人文精神的和谐统一，实现身、心、智的协调发展，实现真、善、美的完整结合。"以文化人"和"以文育人"的过程和方法是"化"和"育"，"化"和"育"的最高境界应是潜移默化。化育的过程，"不是槌的打击，乃是水的载歌载舞，使鹅卵石臻于完美"。

为何要进行学校文化建设？

学校文化建设是凸显学校特色提升学校竞争力的基本途径。

无论中外，提到一些名校，首先出现在人们脑海中的就是它们的特色。例如提到英国的伊顿公学，人们会想到这是一所极为重视纪律、荣誉、学术、风度和未来抱负的男子高中。提到新中国成立前的南京晓庄师范学校，人们会想到它的"为农民烧心香"价值情怀。提到帕夫雷什中学，人们会想起它提出的"培养真正的人"的教育宗旨是以"把整个心灵献给儿童"的誓言。提到宏志学校，人们想到的是那些虽家境贫寒但充满爱心并奋发努力、勇于改变自己命运的一群青年学生。这些学校之所以成为名校，为当时和后世所称颂，主要不是因为它们为名人所创办或培养出历史上的名人，更不是因为它们的升学率，而是因为它们所确立的教育理想、所提出的教育主张、所开展的教育工作符合人的身心发展的特点，符合社会和历史的价值期待，为学校确立了永久性的价值坐标，形成了独具特色的学校文化。这种独具特色的学校文化承载并延续着学校的优良传统，赋予学校以历史的生命力；这种独具特色的学校文化赋予学校以鲜明的个性特征，把"这一 所"学校与其他所有学校区别开来；这种独具特色的学校文化还是培育广大师生员工"学校意识"，促进他们学校认同从而形成坚强的教育或学习集体不可或缺、无法复制的精神资源。

学校文化建设工作的意义，就是要通过学校文化的反思、检讨和重建，进一步凸显学校特色，打造学校名片，赋予学校以具体、鲜明和独特的文化内涵。

学校文化建设是对"教书育人""管理育人""服务育人"以及"环境育人"的新概括。

长期以来,我国的教育工作者在实际工作中摸索概括出一整套的教育机制，如我们所熟知的"教书育人""管理育人""服务育人""环境育人"等，以便充分地发挥每一种教育要素的育人功能。仔细思量，我们不难发现，发挥"教书育人"作用的，不单单是纯粹的"教学"行为本身，而且更依赖于"教学文化"——支持和规范教学行为的价值、观念、制度和伦理体系。如果一个学校的老师在教学过程中普遍地歧视后进生，不尊重后进生的人格和学习权利，也不关心他们的学习困难，那么这样的"教学"很难 发挥"育人"作用。这样的"教学"，不仅对于后进生的心理和人格成长，甚至对于那些优秀生的心理和人格成长来说，都是极大的损害。它会使前者变得自卑和自弃，又会使后者变得冷漠和自傲。因此，加强教学文化建设，培育良好的、积极的和有效的教学文化，是充分实现"教书育人"目标的必要条件。同样道理，"管理育人"作用的实现也要靠"管理文化"的建设，"服务育人"作用的实现要靠加强"服务文化"的建设，"环境 育人"作用的实现要靠加强"环境文 化"的建设。

学校文化建设是促进学校认同、增强学校凝聚力、提高学校办学活力的根本途径，教育不是一种个体的劳动 ，而是一种集体的劳动。

学校教育目的的达成只靠一两个教师或管理人员不行，必须依赖于学校集体，从教师集体到学生集体的团结一致和不断努力。因此，促进教职员工的学校认同，增强学校凝聚力，就成为提高学校办学活力，促进学校持续发展和改进的一个基本途径。当新的老师和同学进入一所学校时，怎么样才能使他们尽快地融入学校的大家庭之中，成为大家庭之中自豪而又积极的一员？怎么样才能使他们认同学校的理想、价值及所信奉的核心理念并将这些东西体现在自己的工作、学习和交往之中？当新老师和新同学的言行出现一些问题的时候，怎么样才能够使他们自觉地回到学校所鼓励和赞美的方向上来，从而成为学校的积极建设者而不是学校中"愤世嫉俗者"？要做到这些，经济的刺激、行政的要求固然会起到一定的作用，但是最起作用的恐怕还是通过优良的学校文化及其传统。学校认同是学校凝聚力的源泉，指学校师生员工在心理上对学校文化的接纳、肯定和欣赏。对于每一位具体的学校全体师生员工来说，学校认同并不是生来就有的，而是在学校生活中逐渐产生的。但是，值得注意的是，师生员工在学校中生活，并不必然地产生学校认同。有的校领导、教师或学生尽管在一个学校生活了不短的时间，还是不能产生对这个学校的认同。至于新来的校领导、教师或学生，就更是如此。他们不仅在观念上缺乏对学校的正确了解与认识，在态度、感情上则更缺少一种肯定、接纳与欣赏，行为上也会不断出现一些偏离学校文化特别是学校价值观要求的现象。在另一些师生员工那里，尽管已经有了一些学校认同，但是这种认同可能并不强烈，或者不是对于学校核心价值的认同，只是对于学校文化的外在部分如环境文化的认同。

所以，通过持之以恒地建设学校文化来不断培养、促进和加强学校全体师生员工的学校认同，是当代学校领导者的一个重要任务和使命。一方面是因为，对于学校的师生员工来说，强烈的学校认同会产生一种"我是某某学校人"的共同归属感、自豪感和荣誉感，由此产生一种自觉的、积极的和高度的责任感，从而形成他们各自勤奋工作与学习的强大动力，为学校发展创造了良好的思想基础与文化氛围。另一方面是因为，高度的学校认同还会增加师生员工彼此之间的信任度，降低他们彼此之间进行交流和沟通的心理与时间成本，激发他们以主体的姿态参与学校各项事业中去，使得学校发展事实上不仅是校长和管理人员的事情，也是全体师生员工的事情，不单单是一种被动的行政任务，而是一种主动的专业追求。大量的学校管理经验也表明，通过学校文化建设强化学校认同，构成了推动学校内涵式发展的一个重要条件。

第二章

学校的文化从哪里来

从学校的历史中走来

学校文化建设是以学校为场域进行的文化创建活动，这意味着学校文化建设至少应该遵循两种逻辑，即学校的逻辑和文化的逻辑。学校的逻辑集中体现为立足本校和以校为本，文化的逻辑集中体现为继往开来和推陈出新。无论是彰显学校特色的物质文化，还是涵泳学校气质的精神文化，抑或是确保学校良序的制度文化，都应该在学校的逻辑和文化的逻辑两条轨道上进行创建，这既是学校文化建设的文化所指，也是学校文化建设的文化呼唤。

一、学校文化建设中出现的问题

在热闹非凡的学校文化建设中，依然存在种种背离学校逻辑和文化逻辑的做法，且大有愈演愈烈之势，这警醒我们冷静地反思已经刻不容缓。

（一）为建而建的矫揉造作

学校文化建设的根本追求在于促进学校内涵式发展和教育教学量的提升，一切学校文化建设都不应肆意而为。功利取向驱动下的学校文化建设将心力集中在形式化的建设上，是以工程思维对学校文化的降格与矮化，学校文化在这样的价值指引下不断沦为器物的堆积，既看不见文化建设对学校长久发展的促进，更看不见文化建设对人生命的滋养。为建而建的矫揉造作从根本上消解了学校文化建设的旨趣，也灰暗了学校文化建设的价值，需要格外警醒。

这种情况主要源于把文化当成面子工程，贴在墙上，挂在嘴上。

（二）推倒重来的历史遗忘

学校文化建设不可能一蹴而就，更不可能无中生有。"真正的文化建设应该是在价值传承中超越，是一种渐进式的理解与认同，而非革命式的推倒重来"，这意味着学校文化建设应该尊重历史、重视过往，忘记了曾经和过往，就无所谓当下和未来。当前，学校文化建设存在"重新开始""另起炉灶"的现象，"事实上，过去从来不会仅仅作为毫无价值的东西留存在我们之中，它能够成为现代的子。"因而，尊重学校发展的历史是学校文化建设的基本态度，推倒重来的粗放型建设作为应该被质询。

这种情况主要表现在换一任校长提出一套文化，造成学校文化的断层。

（三）照抄照搬，照葫芦画瓢

在学校发展中，有一部分学校，特别是那些薄弱学校，一味地向好学校看齐，拼命地追赶。在进行学校文化建设时全然罔顾自我，似乎那些优质校或特色校就是学校文化建设的"样板间"，本校文化建设只需要进行"标准化装修"即可，这不得不说是学校文化建设的悲哀。很难相信无视自我、忘却自我的学校文化建设会有益于学校的发展，更加需要警醒的是，这样的学校文化建设可能将学校发展带入迷失自我的穷途末路。

这种情况主要源于校长没有形成自己的办学思想，处在人云亦云阶段。

（四）盲目乐观的追赶潮流

学校文化建设理应遵循文化自身的生成发展逻辑，这意味着在学校文化建设过程中，人的主观能动性的发挥必须以文化的属性、特点、规律等为前提，而不是以"追红捧热"的心态采取狂飙突进式的行动。当前学校文化建设呈现出"赶时髦"的鲜明倾向，基于核心素养的学校文化建设、基于深度学习的学校文化建设、基于翻转课堂的学校文化建设等，雨后春笋般地强势介入学校文化建设的各个领域，至于核心素养是什么、深度学习是什么、翻转课堂是什么，却又含糊其辞，这样的学校文化建设只是戴了一顶时尚的帽子，实际上，这种追求时髦的作为恰恰反映了学校文化建设的迷茫，在深层次上折射出学校办学方法和办学理念的缺位。

这种情况源于校长内心浮躁，须沉下心来踏实思考。

二、在学校发展的历史中寻找学校精神谱系

"不忘初心，方得始终"。历史是最好的教科书，知道自己从哪里来，才能明白要到哪里去。站在历史新起点，厘清学校发展源流，知晓学校前世今生，寻找学校精神谱系，解读学校遗传密码，传承和创新学校文化，对于铸魂育人意义重大。

　　一些学校因对历史无知而浅薄，因鄙视历史而忘本，出现数典而忘其祖、沽名钓誉"乱认祖宗"、任意裁剪历史等现象。新时代的学校文化建设要以促进学生全面健康发展为本、以中国传统文化为根、以社会主义核心价值观为魂，担负起为党育人、为国育才的历史使命。

　　在历史的积淀中形成了文化名校。百年学校以历史、传承、特色、影响为基本标准，具有百年以上历史，今天依然是全国或当地名校，显示出时势造名校，名校引潮流，老校多名校，名校多强校。百年名校的核心竞争力是文化底蕴深厚，行不言之教，社团活动丰富多彩，注重全面发展。迄今为止，全国百年大学不足百所，百年职业学校数量不多，百年中学约 400 所，百年小学众多，百年幼儿园有 20 多所。教育越发达的地区，百年老校越多；百年老校越多的地区，教育越发达。如千年古城北京拥有百年中小学 71 所，加上高校约有 100 所，拥有最早的女子学校；开近代文明风气之先的天津有 16 所百年中学；江苏省苏州市拥有百年中小学 184 所。在百余年发展历史中，这些学校几经波折沉浮，唯一不变的是对教育传统的继承和发展，对教育教学改革的探索和坚持，它们见证了近代以来的教育史，闪烁着中国教育的品牌之光。

　　"真正面向未来的学校文化，恰恰是扎根于传统与现实的文化土壤中，能孕育出超越历史与现实的文化。"因此，盲目乐观地认为只要是时新的就是先进的、有生命力的，这是相当偏狭的认知，时新不等于优质，更不等于适宜，相反，一味追赶潮流，只会把学校文化建设带入疲于奔命的狼狈境地。

　　在历史的回望中寻找当下的继承。

　　校史通常是指一所学校从建校以来到现在为止的发展历史轨迹，它是学校传统精神的反映和风格特色的集中体现。一个学校的校史资源应该是这所学校的物质文化、精神文化和制度文化的综合。一所学校的校史文化对师生有着巨大的、潜移默化的教育力量。通过学习和了解校史来加强和促进校园文化方面的建设，这既能够有效地提高和建设校园文化，又能够对校园文化的建设起到很好的指导。

　　"好的教育应该是培养终身运动者、责任担当者、问题解决者和优雅生活者。"

　　这段讲话在刚刚过去的全国两会上，不仅成为刷屏金句，还让全国政协委员、江苏省锡山高级中学校长唐江澎"火"出了圈。近日，《面对面》专访了这位被网友称为"两会期间最火的网红校长"，其中唐校长谈道：一次偶然的机会，唐江澎在整理校史资料时被一张照片感动了。那是一张小男孩儿的单人照，上面写着"一学年以上不缺课者"。这是 80 多年前的照片，当时照相应该是很隆重的事，是在什么样的背景下，学校管理者给一年以上不缺课的孩子拍照？这张照片对唐江澎的冲击非常大。他说从这张老照片里能看到一种非常朴素善良、对人全面发展的关注和关怀。

2006 年，唐江澎开始担任这所有着百年历史名校的校长。他设立了校长特别提名奖，以此彰显教育的焦点。跟全国很多高中的校长一样，唐江澎也面临着高考升学率的压力。他依然坚持让学生全面发展，锡山高级中学的学生每天确保上一节体育课，每周上一节艺术课，这样的课程会一直坚持到高考前停课的时候。唐校长继承了对人全面发展的关注和关怀这一学校的价值追求。

我校也是借助建校四十周年这一契机，全面整理了学校的办学历史，进一步明确了学校的"闯与创"的学校精神，明晰了学校的反思型文化——迎着朝阳想一想今天该怎样努力，踏着夕阳问一问，今天进步了没有？重振体育组的青年文明号精神……

附件：让教育成就幸福　让人生别样精彩——珲春市第四中学四十年发展纪实

这是一所与共和国改革开放同龄的学校……

"创造适合师生发展的教育，将四中学生塑造成为一个值得信任的卓越的品牌，把四中学校建设成为一所受人尊敬的伟大的学校。"是这所学校的办学目标。

40 年，艰苦办学，不懈追求，薪火相传；40 年，敢闯敢创，竭尽所能，力求卓越；40 年，初心不改，积极探索素质教育在初中学校的发展之路，现已走进全国教育教学先进学校行列。

近 10 年来，遵循"禀受才智于自然、回复灵性以全生"的校训，秉承"让教育成就幸福、让人生别样精彩"的办学理念，把办一所"适合每一位师生成长的学校"作为办学目标，大胆尝试，实现了差异适应性教学的全面实验和成功。

近 8 年来，毕业学生优秀率、及格率均居全州领先行列，连续四年考出中考全州最高分，学校成为全省课改的一面旗帜。其"差异——适应性"的教学模式和"学生综合素质月评价"在全州推广，全省各地的校长、教师纷纷前来参观学习。

2014年在吉林省第四届基础教育教学成果评审中《初中学生综合素质评价体系研究》荣获省级一等奖。2018年《实施差异—适应性教学研究，促进学生生命成长》研究荣获吉林省第五届基础教育教学成果一等奖，学校现已跨入全省教育科研领先行列，成为吉林省科研核心示范基地。

这所学校就是珲春市第四中学。

艰难中起步：自力更生，社会支持，励精图治，从涣散走向规范，闯出一条自我崛起之路。

1978年，改革开放的号角吹响，教育事业迎来了明媚的春天。

1978年，珲春一中生额剧增，校舍紧张，在这种形势下，珲春县教育局决定将珲春一中高中录取后剩余的200名学生，初中录取后剩余的260名学生，于8月17日组建为珲春县四中。当时有28名教师，初高中各4个班级，是学制四年的一所完全中学。校舍设在原珲春镇第三小学旧校舍东侧（因校舍老旧三小弃用）。1978年的年底，珲春县教育局决定珲春县四中与珲春县镇郊中学合并，校址迁至镇郊中学，校名为珲春县第四中学。此时，教学班增为15个，学生680名，教职工50名。首任校长为牟云祥同志，支部书记胡庆风同志。

珲春市第四中学创建至今已走过了40个春秋。自建校以来，学校始终沿着求真务实之路，致力于学校改进，奋力前行，改革创新。40年的梦想与追求，40年的奋斗与拼搏，谱写了一曲曲收获的乐章。学校支部书记兼校长李丽辉介绍说。

合址并校，学生增多，教室少，怎么办？在校领导们的多方奔走之下，当时的603地质队、珲春电厂、珲春金矿、珲春矿区等单位先后出资，为学校扩建教学楼，加建宿舍，解决了当时学校教室不够用的难题。学校初建时校址坐落在一片稻田边，地势特别低洼，小雨蹚泥大雨划船。为了治理操场水患，时任校长王登义同志动员社会各界和家长，有钱出钱，有力出力，连续五年共填埋土方5000多立方米，修排水沟260多延长米。操场垫高了，平整了，结束了一下大雨就得停上体育课的状况，教学秩序得以保证。

......

1992年3月9日，国务院批准珲春为进一步对外开放的边境城市，伴随外来人口的涌入，学生数逐年增多，学校教室严重紧缺时出现了70多人的大班额，还实行了二部制。为了改善办学条件，学校建起了印刷厂、冰棍厂、预制板厂，盖新教学楼资金不够，一方面争取社会支持，另一方面，向每个家长借资300元（毕业时还），建起了学校后楼二层教学楼，增加班级14个，微机室2个，印刷室1个，多功能教室1个，总面积2400平方米。新楼盖好后，市政府投资82.56万元，还了家长的借款。

20世纪90年代初，学校确立了抓中心、促全面、创特色的办学目标。针对当时散、乱的现状，学校借鉴部队管理模式，在班级中开展"学生思想品德月考评"，提高学生的道德品质和情操；对教师开展"教师量化考评""班主任量化考评"，以评促教。这些办法使得校风、学风和教风得以极大改观。学校还紧紧抓住课堂教学这一中心，开展教学研究，"青年教师大奖赛""科研课题汇报课""百花奖课堂教学竞赛""导言课竞赛""师徒结对"等活动，使中年教师大踏步前进、青年教师稳步提高。学校加强体育教学和训练工作，成立了男子篮球队，田径队，开展校级体育队训练，学校连续多年蝉联全市体育运动会第一名和篮球比赛第一名，在省州体育比赛中夺银摘金。

学校发展至90年代末，在社会各界的关心帮助下，在历任领导班子和全体教师的共同努力下，在求索中前进，在步履铿锵中积极进取，终于逐步走出困境。学校多次被评为全市师培工作先进单位、全市科普工作先进单位、全州优秀教育学会、州德育工作先进单位、全州养成教育先进集体、全州办学水平一类校等先进单位，中考成绩连年提高，多次进入全市最佳行列。

创新中发展：从一个都不能少，到为了每一个生命的激扬而教。

走过40年的春秋，历经40年的寒暑，珲春市第四中学愈加英姿勃发。

一进入学校的教学楼大厅，便能看到这样一首小诗：虽然我展开双臂，也绝不能飞上天空；会飞的小鸟却不能像我，在大地上奔跑；虽然我晃动身体，也不会发出美妙的声音；会响的铃却不能像我，会唱许多歌谣。我和小鸟和铃，大家不同，大家都好。李丽辉校长说，每个学生都是不同的个体，在班级授课制的情况下，如何实现大家不同，大家更好，是学校创新发展的逻辑起点，也是学校发展的目标。

2009年学校申报了省级规划课题《差异—适应性教学研究》，率先在全省发起了"差异—适应性"课堂教学改革；2012年又在全省率先依据加德纳的"多元智能理论"开始了"差异—适应性"课程建设探索，首期开出42门选修课供学生自主选择；改革随着时间的推移逐步走向纵深，管理改革、评价改革接续进行……，一系列的改革组合拳，学生的热情和潜能被激发了。2012年延边州课改现场会在珲春市第四中学召开，经验在全州推广。

变学生间的差距为差别，变只关注少数升学有望的学生为关注全体学生；明确教育即唤醒，唤醒学生成为最好的他自己，实现了学生动起来、课堂活起来、效果好起来的目标。

2009 年针对学生流失现象偏高、厌学现象突出、课堂效率偏低、学生课业负担偏重等教育顽疾，学校以"先学后教、多学少教、以学定教"为课堂基本原则，以"小组合作"为基本组织形式，大刀阔斧地开展了不让一个学生掉队的"差异—适应性教学"改革。开展"差异—适应性教学"后，学生变插秧式坐法为小组围坐，进行小组管理，班级实行值日班长、值周班长轮换制，班级所有事务都由每个学生负责，实行班级学生自治。

从 1996 年借鉴部队管理模式的学生思想品德月考评到现在的综合素质月评价，22 年探索学生自我教育之路。每月一次，每次两节课，通过自我评价，同学之间的互评，给家长的一封信，家长回信，总结自己在一个月内的优点和不足，重新制定自己的目标和前进的方向，促进自我反思。日小结、周计划、月评价、学期综合评定相结合的动态、多元评价唤醒了无数个"沉睡中的巨人"，学生"自省"管理文化初步形成。综合素质月评价共 20 分，计入大型考试个人总分。

学校积极探索符合教师专业发展的管理体制。"根据教师教龄、能力等差异，在备课、教案书写、听评课等方面差异要求。安排教师工作和布置任务时，从教师长处入手，调动教师工作积极性。通过下移管理重心，加强学年组、教研组、备课组团队建设，发挥每位教师个性潜能。结合学年常规 PK、磨课研究、体验式备课、青年教师沙龙、研修推介展示、教师讲坛等活动，让教师各尽所长，各显其能。"

8 年的教学改革给学校带来了勃勃生机。

8 年来，家长对学校的满意度不断提升；8 年的课改，培养了一批校内外的名师；教师的教育观、学生观、质量观进一步端正，研究意识明显增强；毕业生的质量逐年提高，综合素质不断增强。

学校的学风、教风越来越好，学生自主学习蔚然成风，"每天都在研究"的工作理念已深入到每一位教师心中。

江苏省教师干部培训中心常务副主任严华银到校调研考察后说："珲春市第四中学是全国县域初中的一所样板校"。

课堂教学改革实践证明，珲春四中的教学模式已经取得了阶段性成功。

建设美丽学校：提升师生的幸福感、获得感。

学校应该是最具有吸引力的地方，应该是能满足更多学生更多需求的地方。

初冬时节，走进珲春四中，整洁清爽、格局大气的校园环境，端庄古朴而又具有浓厚时代气息的校园文化，令人赏心悦目，充分感受到了"竭尽所能，力求卓越"的优良校风。

走进红色的教学楼，一种蓬勃向上的书香之风迎面袭来。宽敞明亮的教学楼可以容纳 3 个年级 44 个教学班、每班 50 人同时上课。物理、化学、生物实验室一应俱全、设备齐全；情景教室、录播教室、校园电视台、心理咨询室、微机室、音乐教室、美术室、创客教室应有尽有、功能齐备，图书馆藏书 10 万余册。

数次规划设计，几易其稿，2010 年珲春市政府决定在原址重建第四中学。一校两地（一个年级借用老八小），历时两年，总投资近 6000 万，17544 平方米的教学楼，4200 平方米的食堂宿舍楼拔地而起。占地 3.5 万平方米、校舍面积 2.4 万平方米、宽敞明亮的新学校于 2011 年底投入使用，2014 年塑胶运动场投入使用。

这是一个洋溢着传统和现代气息的求学乐园。走进四中五层高的现代化教学楼，独特的校园文化展现在眼前。副校长李红梅说，学校每一个楼层，都有一个比较大的学生情景体验区，按照雅人嗜好——琴棋书画四方面进行了智慧设计和精心布置，让 2061 名学生、159 位教师在此幸福成长。

走进一楼正厅，首先看到的是墙上的一幅幅标语："四中学生应该身心健康、视野广阔、志向高远、热爱生活，敏思能学、专注能群，是具有幸福能力的卓越公民。""伟大的学校是一所师生品格崇高、有社会责任感、肯担当、不功利的学校、是竭尽所能力求卓越的学校、是敢为人先的学校。"这些愿景和目标时时提醒和激励着四中的师生，要成为一个卓越和幸福的人。

正厅的顶棚，绘有一幅巨大的世界地图，意在提醒广大学生脚踏实地，仰望天空，身在珲春、心系祖国、放眼世界。

二楼的主题情景区——琴区：摆放着二胡、琵琶、扬琴、古筝等民族乐器，学生们可以自由拿起乐器演奏，相互交流学习。每周三的中午开展小型的"迷你音乐会"。

三楼的情景主题区——棋区：摆放着各种棋类，课余时间，学生可以到棋区下棋、交流，进行棋类比赛。

四楼图书漂流区为七层全开放式的图书馆，上万册图书由学生们自愿捐献，学生可以在这里自由读书、自由取阅，也可以把书拿回家阅读，每周三中午都在这里进行《读书论坛》活动，学生们互相交流读书心得，介绍自己喜爱的书籍。

五楼是琴、棋、书、画情景主题区中的绘画区：学校从教师作品、学生作品和聘请的选修课教师的作品中选出优秀作品，结合校园环境文化，设计了传统文化诗扇长廊。五楼还有高清录播室、校园电视台、心理辅导教室、国学教室、戏剧社、虚静穆轩和由省教育厅命名的李丽辉名校长工作室等。

学校的发展得到了市委市政府的大力支持，高玉龙书记、张吉峰市长、成松金副市长等市领导多次深入学校调研。市教育局金胜德局长带领班子成员经常到校指导工作，在市教育局高品质教育、高品位学校的总体布局下，幸福学校的模样初见雏形。

创造适性课程：实现学生全面而有个性的成长。

"大家不同，大家都好""即使我的头上长了一棵树，我也一样快乐，有谁能像我这样，天天听到鸟叫，闻到花儿香""身心健康、热爱生活、视野广阔、志向高远"四中的学生应该长成上面的样子。

自2010年起，体育课开始走班上课，学校开设了足球、排球、网球、篮球、健美操、花样跳绳、田径七门课，学生根据自己的爱好和特长选择不同的班级走班上课，力争三年让学生形成两项体育特长，一项终身体育爱好。

为了适应学生身心发展的差异，学校于2012年在全省率先开设了选修课，在7、8年级共开设了42门选修课，麒麟戏剧社、礼仪、国画、卡通画、书法、剪纸、观鸟与垃圾分类、汉服制作、造纸术、朝语、俄语等等。

"学校为了给有特长的学生搭建舞台，学校还首创设计了60多项牛人竞赛，手绘地图达人、交通知识达人、历史故事王、足球射门、篮球投篮、魔方达人、我爱猜歌名达人等，内容多元，不局限于学科知识，而是培养学生的个人兴趣"。

每年新生军训活动、每学期开学三天小军训、每年春季和秋季校园篮球争霸赛、校园足球选拔赛、春秋两季各班社会实践活动、万国嘉年华运动会、纪念一二·九运动诗歌朗诵文艺会演、每学期期末选修课展示活动，开学典礼、毕业典礼，富有创意丰富多彩的活动，让学生既感受着校园火热激情的美好生活，又有机会展示自己的才华和特长，让兴趣成为孩子们成长中的一粒粒种子，明天必然长成参天大树。

面向未来：卓越的教师团队实现学校的卓越发展。

好校长成就好学校，珲春四中取得的诸多成绩，是李丽辉校长带领全校师生共同奋斗的结果。

作为教育部二期卓越校长领航工程人选、国务院津贴获得者、吉林省首批杰出校长、吉林省化学学科带头人、正高级教师，李丽辉校长是一个对事业充满热爱，对教育倾注真情的人；一个从 2007 年走上校长岗位，一心办学，心无旁骛的人；一个把"让别人因为我的存在而感到幸福"作为自己的座右铭，一心奉献，不求回报的人。

十几年来，在教育改革的大潮中，她就像一名勇敢机智的舵手，带领她的学校，乘风破浪，直驶理想的彼岸。2018 年进入全国校长领航班学习的她，秉承立德、立言、立功的领航主旨，正在带领全体四中人探索全面践行党的教育方针、落实立德树人根本任务的未来学校建设。

珲春四中跨越式的发展、长足的进步得益于有一支特别能战斗的干部和教师队伍。学校现有省州骨干教师 67 人，评为市学科带头人、骨干教师、教学新秀等 43 人；学校教师现主持省级课题 2 项、州级课题 7 项，市级课题 7 项；现有国家级名校长工作室 1 个，入选省级名教师工作室 1 人，入选州级名师工作室 4 人，市级名师工作室 2 个。

一年又一年，一月又一月，干部率先垂范，教师紧紧跟随，他们披星戴月、努力拼搏，奋发进取，用自己的青春和汗水改变着学校、影响着学生、发展着自己。许多老教师年过半百，仍坚守在班主任岗位上，老骥伏枥志在千里。中年教师兢兢业业，耕耘不辍，不用扬鞭自奋蹄。青年教师用激情点燃青春的岁月、用奉献书写教育年华。四中教师不计报酬，爱生如子，他们是学生的贴心人、引路者。他们勇于创新、乐于奉献，在教学改革的进程中，没有可以模仿的模式就自创模式，没有可以重走的道路就开拓新路。

四中的教师们在校长李丽辉等校领导带领下，个个焕发了献身教育事业，做"四有"好老师的热情，全体干部教师团结一心，努力拼搏，正为把四中建设成为全国一流的初中学校而努力奋斗。

珲春市第四中学的教师们把自己的青春和智慧献给祖国的教育事业，他们的誓言是：

我是人民教师，我的职业重要而伟大，我每天的工作关乎国家的明天和孩子的未来。我深知学高为师身正为范，我会自觉遵守教师职业道德规范，按照中学教师专业标准的要求，履职尽责，践行爱有形、教无痕的教风，竭尽所能、力求卓越的校风，为学生的人生幸福，为中华民族的伟大复兴，我愿奉献出全部力量！

立德树人：毕业学子报效祖国，奉献社会。

在四中建校 40 周年之际，已有数名校友回到母校，介绍自己的成长经历，举办音乐会、知识讲座等，激励四中学生"竭尽所能、力求卓越"。2018 年 7 月毕业典礼，著名钢琴家汪洋再次回到母校，为大家奉献自己创作的钢琴曲《阿里郎之歌》；9 月著名曲作者郎恒回到四中开演唱会，并把自己创作的歌曲《珲春的孩子》献给四中学子；10 月控股投资人郎晓聪、吴昊，11 月著名国际猫科动物专家郎建民来到四中，……四中计划请回一百位卓越校友来学校作报告，为师生奉献一个个自强不息，砥砺前行的人生故事。

四十年来，珲春市第四中学共培养了一万八千余名毕业生，在 20 世纪 80 年代就有中央军委命名的"为人民英勇献身的好战士"、抗洪英雄李秀海。如今，毕业生们在各行各业展示着卓越才华，成为国家和家乡建设的中坚力量。他们中间有诺贝尔奖物理学奖获得者杨振宁的博士、有受到习近平总书记接见的北京市优秀青年、有国家部委的干部，有在麻省理工等世界名校学习的要为世界做点什么的莘莘学子，有学者、有实业家、有各种专业技术人才、有各行各业普通的劳动者……从国际到国内，从城市到农村，从工厂到部队，从企事业单位到自营职业，四中校友都在奉献着他们的智慧和汗水，为实现中华民族伟大复兴的中国梦而奋发图强。

多年的奋进，换取今日的佳绩频传；多年的耕耘，换来今天的誉满边陲。

学校先后荣获吉林省教育系统先进集体，吉林省未成年人思想道德建设先进单位，吉林省中小学校园文化建设示范校，吉林省核心科研示范基地，全国青少年生态道德教育先进学校，全国青少年集邮示范基地，全国青少年科学调查体验活动优秀示范校，全国职工书屋等荣誉称号。

1978—2018。

四十年的砥砺前行、四十年的奋斗拼搏，成就了什么？

珲春市第四中学的回答格外清晰：不仅书写了教育事业壮丽的发展篇章，使珲春的孩子在家门口就能享受到优质的教育，而且成就了万千学子幸福精彩的人生！

从对教育本质的反思中走来

一、教育本质问题的基本概述

在我国古代，有关"教育"的定义层出不穷，如《孟子·尽心上》中："得天下英才而教育之，三乐也。"《说文解字》里所描述的教育："教，上所施，下所效也；育，养子使作善也。"《礼记·学记》篇："教也者，长善救其失者也"。这些有关"教育"的定义，从不同侧面为我们揭示了教育的相关基本特性，但是由于受到不同历史形态，以及阶级属性特点的影响 并未从真正意义上揭示出"教育究竟是什么"。而在外国教育近代史上，一些教育家与哲学家也曾针对这一问题展开过相应的讨论，如夸美纽斯的"一切事物教给一切人类的全部艺术"；赫尔巴特所强调的"教育的目的是个人品格与社会道德"、卢梭所推崇的"最自然的教育就是最好的教育"、裴斯泰洛奇所强调的教育是"应使人固有的、内在的能力得到培养和发展"；杜威所强调的"教育即是经验的改造与改组"等。他们从形式与实质两种不同的教育观念试图追问教育的本质性问题，但是由于他们对教育活动与教育形态认识的局限性，仍未全面揭示出教育的内在本质。再具体到我国，从新中国成立到改革开放这段时间，我国的教育学者都是以马克思主义基本教育观为基础，认为教育就是社会的上层建筑，在阶级社会中，教育具有阶级性，是阶级斗争的工具，在社会主义社会中，学校是无产阶级专政的工具。同时，学者指出"教育的对象是人，要理解教育本质，就必须先理解人的本质。可以说，人的本质必然决定教育的本质"。而伴随改革开放，我国教育学界也展开了一系列的教育思想改革，对教育是什么及教育属性的相关认识也不再表现得过于单一化，逐渐形成了基本的四派教育属性学说：上层建筑学说、生产力说、多因素多属性说、特殊范畴说 。这四类学说从教育在社会结构中的作用与地位，以及教育区别于其他社会现象的质的特点角度出发，进一步对"教育究竟是什么"问题的探究打开了一扇窗户。而"教育是什么"问题伴随着教育自身的不断发展也表现得越来越复杂，教育本质的问题探索还在继续。

二、教育形态与教育本质的关系问题

教育形态也就是教育现象，是可以被人们感知到的教育的外在形态。在教育现象学中，胡塞尔曾经在对笛卡尔提出的"我思"产生怀疑的基础上，提出了"我看"，他认为探索万事万物的本质，"看"应该优先于"思"。胡德海教授曾经提出，教育现象作为一种能够被人们所感知的外在教育形态，主要包括了教育活动、教育事业、教育思想三个基本的因素，即所谓的"一物三态"。首先，教育作为一种活动之学，一方面，从纵向上分析教育是由"自在"走向"自为"的活动，最早的教育可以说是人类在生产与生活过程中的经验认识活动，具有明显的自觉性与自发性，即所谓的"自在教育"；而伴随着生产力与生产关系的发展，教育这种活动也就具有了目的性与计划性，逐渐转向了"自为教育"。另一方面，从横向上来分析，教育作为一种实践活动，主要包括改造外部世界的实践活动和改造内部世界的实践活动。究其本质，前者是强调主体客体化的实践活动过程；而后者则是指客体主体化的活动过程。其次，教育作为一种事业之学是人类较高层次的教育形态，是人类的自觉自为化的行为，受到了来自人类社会政治、经济、文化等各方面因素的制约。可以说自学校产生之时，教育就成了一门事业之学或制度之学，从而使学校出现了一定的教育体制、名称、组织形式等。最后，教育还应是一种思想与思维之学。一方面，强调将教育思想运用到教育的具体理论与教育实践活动中，运用教育的逻辑思维看待教育问题，站在历史发展 的角度上看待教育问题。另一方面，强调的是一种教育观，以及以此为基础形成的一种统一体之下的教育思维观念。

陈钱林认为，"教育的本质是培育健全人格，重精神成长""教育应该关注人，教育应该是心灵的触动，人格的培育，精神的成长。而健全的人格，是教育所应追求的最核心的素养"。他创造了人格教育模型：人格基础是横坐标，独立人格是纵坐标。在人格教育的过程中，陈校长认为：人，实际分为自然人，社会人与精神人。自然人，重天性，追求健康；社会人，重人性，追求成功，追求美丽；精神人，重灵性，追求幸福，追求智慧。他依据人格教育的理念，

构建了"健美智"的课程体系，将科学的教育理念，转变为办学实践。

三、教育内容与教育本质关系问题

联合国教科文组织在总结人类二十世纪教育的经验时，对教育的基本作用有这样一段表述："教育的基本作用，似乎比任何时候都更在于保证人人享有他们为充分发挥自己的才能和尽可能牢牢掌握自己命运而需要的思想、判断、感情和想象方面的自由。" 从 2016 年起，国家也首次公布了我国学生发展的核心素养，要求我们的教育活动围绕人文底蕴、科学精神、学会学习、健康生活、责任担当、实践创新等六大素养进行。这些都表明：重视学生健康的独立人格形成，重视学生的精神成长，重视学生综合素养的培育，已成为教育的时代改革潮流；立德树人，已成为当代中国教育改革最鲜明的主题。首先是如何理解基础教育。

陶西平老先生认为，基础教育的任务是为孩子切实打好基础。打好什么基础？ 一是品德基础，为学生学会做人奠基。二是智力基础，为学生做事和继续学习奠基。三是体质基础，为学生一生的生活和发展奠基。他认为，能不能在这三方面都打好基础，最重要的检验尺度就是是否形成了良好的习惯。品德形成的习惯体现在对事物的反应倾向，智力形成的习惯体现在对问题的思维方式，体质形成的习惯在于生活和发展的方式，最终都体现在行为习惯上。基础教育的任务就是养成良好的习惯。好习惯的养成就是基础教育最重要的质量标准。陶老认为，我们给未来留下了什么样的孩子，也就给孩子留下了什么样的未来。而基础教育就承担着为未来留下什么样孩子的责任。他特别强调德育和美育。他指出，要懂得道德比智慧重要。破解青少年道德教育困境，一是将至虚归于至实，二是将至繁归于至简。陶老出行途中常常播放青少年流行歌曲，他说，只有知晓青少年喜欢什么，才能有针对性地做好教育工作。陶老特别重视学校美育。他指出，美育的目标，不仅是培养和提高学生对美的感受力、鉴赏力和创造力，而且是要美化人自身，帮助学生树立美的理想，发展美的品格，培育美的情操，形成美的人格。因而，美育的根本宗旨是培育学生的人格和心灵。陶老将对基础教育的研究上升到对整个教育的深度思考，进而指出，人永远是目的——全部教育活动的出发点和归宿。在任何情况下，始终要把人作为目的而非手段。陶老认为，教育是科学，教育是艺术，教育更是一种修炼。教育的真谛永远处在理想和现实的矛盾之中。它要求你有追求理想的激情，又要求你有面对现实的冷静与清醒，你不能希冀一夜之间解决面临的所有问题，必须忠实地、一步一个脚印地向高处攀登。我想，这大概就是教育工作者还有的良心、责任和使命。教育之所以伟大，是因为它可以影响人的一生，教育之所以平凡是因为每次行动都从细节开始。宏观的理念总是浓缩在一件件教育的小事中。他说，世界上没有理想的教育，但是每个国家在不同时期都 会有自己的教育理想。陶老指出，教育是基于情感交流的生命运动，爱是成功教育的原动力，因此，没有爱就没有教育。教师的爱之所以伟大，是因为它是无私的爱、无疆的爱、无痕的爱。教育是情感与理智的结合，是科学与艺术的结合，爱是点点滴滴的，情是实实在在的，正是那点点滴滴的深深的爱，那实实在在融入的浓浓的情，才是教育的真谛，才是教育工作者神圣的追求。他强调，成长比成功重要。他说"应试教育"与素质教育的重要区别之一，就是"应试教育"比较重视结果，就是考试的结果。只要你考得好一切就都好。而素质教育最重要的是重视过程，因为素质教育中内化为学生品质的那些东西是在过程中实现的。

从上述教育所具备的基本性质，大致可以把握教育的一个基本本质。其一，对教育本质问题思考必须把握两个基本前提，即情境性与主体性，也就是郝文武所强调的教育本体规律是不变的，教育本质规律是随着教育本质的变革而变化的。其二，基于教育本质两个基本性前提问题，将教育本质从微观与宏观两个层面进行概括。从微观层面来讲，教育的本质就是通过影响个体的身心发展来培养个体个性化与社会化的实践活动；从宏观上讲，教育本质就是将人类积淀的知识文化有策略的、选择性的通过人与人之间的交往传递下去的实践活动。

从时代对教育的要求中走来

　　义务教育质量事关亿万少年儿童健康成长，事关国家发展，事关民族未来。改革开放特别是党的十八大以来，在以习近平同志为核心的党中央坚强领导下，我国义务教育取得了举世瞩目的成就，整体水平已经跃居世界中上行列。进入新时代，我国义务教育正由基本均衡向优质均衡迈进，人民群众的教育需求正由"有学上"向"上好学"转变。进一步深化教育教学改革、全面提高义务教育质量，是贯彻落实全国教育大会精神的重大举措，对于加快推进教育现代化、建设教育强国、办好人民满意的教育具有十分重要的意义。

　　2019 年 2 月，中共中央国务院出台《中国教育现代化 2035》，提出了推进教育现代化的八大基本理念：更加注重以德为先，更加注重全面发展，更加注重面向人人，更加注重终身学习，更加注重因材施教，更加注重知行合一，更加注重融合发展，更加注重共建共享。

　　人民性是新时代教育最鲜明的价值理念，在这种价值理念引导下的新时代教育展现了对人的终极关怀。

　　1. 新时代教育的人民性体现了促进人的全面发展，将教育作为提高人民综合素质，促进人的全面发展的重要途径。马克思认为：人的全面发展是通过人，并且为了人而对人的本质的真正占有。人以一种全面的方式，就是说作为一个完整的人，占有自己的全部本质，全面发展是人的本质力量的体现，这种本质是全面的，不仅仅局限于某一方面，德智体美劳全面发展的社会主义建设者和接班人，这一培养目标正是体现了这种全面性。

　　2. 新时代教育的人民性还体现在关注人的差异性，马克思认为，人的需要的丰富性，使得人的本质力量得到新的真正本质，得到新的充实，因此，满足人的需要是实践活动的意义所在，人的需要是教育活动实时的逻辑起点，满足人的需要的教育才可能成为让人民满意的教育。

3. 新时代教育的人民性还体现在发挥人的主体性上，习近平强调，打造学习型社会。让学习成为日常生活习惯，使教育成为终身教育，全民教育意在充分发挥人的主体性，从被动教育转变为主动学习，从阶段学习变为终身学习，以取得更好的教育成效。同时，教育在很大程度上是人培育人的实践活动。所以加强教师队伍人才建设也是发挥人的主体性，发挥人在教育实践中的作用和能量，是以更好的人实施更好的教育，以更好的教育培养出更好的人，从而使人和教育形成良性循环，彼此促进。

在新时代，立德树人是教育的根本任务，构成系统的具体目标，相较于民族复兴这一宏观目标的抽象和笼统，立德树人是教育特性的具体目标，立德是树立德艺，树人是培养人才。立德树人，顾名思义就是以德为先，通过德育引领人民，树立正确的人生观世界观价值观，逐渐成为全面发展的新时代人才。

国无德不兴，人无德不立，无论对于个人还是国家来说，德行都是至关重要的，新时代教育把培养德智体美劳全面发展的社会主义建设者和接班人作为重要使命和责任，在人的全面发展的五个维度中德是放在第一位的，足以显示其重要地位，重视德育是党和国家的优良传统和一贯要求。早在社会主义初期，毛泽东在关于正确处理人民内部矛盾的问题中就指出，我们的教育方针应该是受教育者在德育智育体育几方面都得到发展，成为有社会主义觉悟的有文化的劳动者。改革开放后，邓小平也提出建设社会主义的精神文明，最根本的是要使广大人民有共产主义的理想，有道德有文化有纪律。

党的十八大提出立德树人作为教育的根本任务，党的十九大进一步强调落实立德树人根本任务，可以看出，德育一直被当作推动社会进步和人的发展的重要途径，而备受党和国家的重视，新时代教育明确提出，落实立德树人根本任务是在延续传统的基础上进一步深化，具有深远意义。

追求每个人的自由发展是马克思一生矢志不渝的目标，也是马克思主义历史观揭示的社会发展的基本方向。马克思多次表达了这一观点，他认为每一个人都无可争辩地有权全面发展自己的才能。对个体来说任何人的职责、使命、任务就是全面地发展自己的一切能力，其中也包括思维的能力。人的全面自由发展是文化发展的目的和理想。能促成人的自由发展的实现的文化才是令人自信的文化。

马克思依据人们之间的交往程度，将人类文明进程分为三个阶段：自然共同体，虚假共同体，真正共同体。 在原始文明时代，个体之间出于生存的需求合成为共同体，此时的共同体文化强调的是朴素的生存意识，个体之间交往方式具有自发性。随着生产力的发展，人类的交往需求日渐凸显个体试图寻求他人的肯定和集体认同，此时的共同体文化是虚幻的、抽象的。 随着文明的进一步发展，个体在意识到自我需求的同时，也寻求集体归属感，自由地寻求集体关怀，此时的共同体文化是真正的自由文化，只有在共同体中个人才能获得全面发展，也就是说只有在共同体中才可能有个人自由。

从对学校发展现状的调查分析中走来

一、SWOT 分析法简介

SWOT 分析法，也称 TOWS 分析法、道斯矩阵、态势分析法，是美国旧金山大学的管理学教授海因茨·韦里克（Heinz Weihrich）于 20 世纪 80 年代初在其著作《SWOT 矩阵》（The SWOT Matrix–A Tool for Situational Analysis）中提出的。该方法是组织文化管理中一个重要的分析方法，常被用于企业的战略制定。SWOT 分析法，是对研究对象内部存在的优势因素（Strength）、劣势因素（Weakness）和外部相关的机会因素（Opportunity）、威胁因素（Threats）进行分析，并按照一定的次序进行矩形阵势排列，然后运用系统分析的方法剖析、研究各因素，从而寻求相应的结论。同样，学校也可利用 SWOT 分析法，较系统地分析出学校内部存在的优势、劣势和外部所面临的机会与威胁，据此提出今后的发展战略和目标，提升学校的内涵发展。因之，为了实现某一目标，学校对自身内部的优势（Strength）、劣势（Weakness）和外部的机会（Opportunity）、威胁（Threats）进行合理的分析，寻觅实现目标的最佳方案。

二、运用 SWOT 分析法进行诊断学校发展分析

1. 明确要素，摸清情况。在确定影响学校发展的相关要素时，最好从影响学校发展的内部和外部两个维度出发，这样更加有利于研究工作的实际操作。

（1）影响学校发展的内部因素有：①学校规模：位置、面积、班级与学生数、设施设备等；②人力资源：教师人数、行政人员人数、领导素养、教师学历水平、教师专业水平、工作经验等；③管理制度：组织制度、行政机构、校本仪式、教工手册、学校章程、组织氛围等；④课程与教学：课程设置、教学特色、

活动项目等；⑤学生状况：学生结构、生活背景、整体素质等；⑥家长状况：家长结构、家庭状况、亲子程度等。

（2）影响学校发展的外部因素有：①地理环境：所在区域的经济文化等综合状况、所在地的地理位置和特性，交通状况、附近同类学校状况等；②主管部门：政策导向、扶持程度、关注力度等；③社区资源：周边社区人员素质、对学校的支持程度等。

2.构建矩阵，思考对策，明确要素只是进行 SWOT 分析的一个基础性工作，接下来要对各要素进行整合，将调查与研究得出的各种因素，根据轻重缓急或影响程度等排序，构造 SWOT 矩阵，并进行 SWOT 矩阵分析。

3.选择战略，制定规划。SWOT 矩阵有 S—O、S—T、W—O 和 W—T 四种策略，对这四种策略的具体理解是：（1）S—O 战略：主要分析优势因素和机会因素，是最大限度地利用优势和机会，充分发挥积极因素的发展战略。（2）S—T 战略：是把内部的优势因素与外部的威胁因素相结合，在进行分析的同时注意趋利避害，力求充分利用优势因素，对威胁因素加强监视，使 其减小甚至避免的战略。（3）W—O 战略：对于内部的劣势因素尽可能地 改善，抓住外部的机会因素使其发挥最有利影响的战略。（4）W—T 战略：是一种防御型的战略，正确对待内部的劣势和外部的威胁因素，以求使其影响达到最小的战略。依据对学校发展影响因素的交叉罗列和战略思考，要对这些可能的战略进行综合分析和判断，决定哪些战略是切实可行的。分析时，还要注意实施战略可行性、适实性和接受性。可行性是指学校在 执行能力、实施经费上是否可行；适实性是指战略的实施是否适合目标的实现；接受性则是指战略实施时，学校员工、教师以及学生、家长等的接受程度高低。在对战略进行可行性、适实性和接受性的分析后，可以最终选择出适合自己学校的发展战略，制定切实可行的行动方案。

三、运用 SWOT 分析法诊断学校发展的注意事项

与其他的分析方法相比较，SWOT 分析从一开始就具有显著的结构化和系统性的特征。分析直观、使用简单是它的重要优点。即使没有精确的数据支持和更专业化的分析工具，也可以得出有说服力的结论。但是，正是这种直观和简单，使得 SWOT 不可避免地带有精度不够的缺陷。在使用 SWOT 方法时要注意方法的局限性，在罗列作为判断依据的事实时，要尽量真实、客观、精确，

并提供一定定量数据弥补 SWOT 定性分析的不足，构造高层定性分析的基础。运用 SWOT 分析法诊断学校发展，要注意以下几个问题：

1. 进行战略规划的根本目的在于营造学校所特有的核心竞争力，形成竞争优势。这种竞争力不仅仅体现在量上的差异，更要体现在质的差别之上。

2. 不存在完美无缺的战略规划。变是永恒的，不变永远是相对而言。学校所面临的内外环境是不断发生变化的，学校的战略规划需要在一定时间段内进行必要的审视和再评估。

3. 校长的非权力影响应得到关注。学校校长的非权力性影响力因素主要包括：人格、学识、品德、情感、自律、公正、处事方式等。在行政机构中，非权力性影响力虽然不具有强制力与刚性，但是在强调文化和品牌意识的学校中，非权力性影响力在组织机构的管理上常常发挥着非常重要的作用。在有些领域或时段，非权力性影响力往往能够起到强制性权力难以起到的作用。校长只有具有渊博的学识、廉洁自律的品德，公道处事、忠厚为人，广大教职工和学生才愿意接受他的领导，才愿意追随他，共同为学校的发展而奋斗，一起为既定的目标而努力，从而实现校长权力使用的最终目的。所以，在法人治理机构下，校长必须不断地提高自身各个方面的修养，将自身的人格魅力和机构赋予的权力有机结合起来，充分发挥非权力性影响力和权力性影响力的双重作用。

4. 将 SWOT 分析法和问卷调查法联合使用，可以提高学校诊断的精度。

下面列出的是我校在 2018 年进行的学校 SWOT 分析和问卷分析的分析结果。

附件 1：学校 SWOT 分析各项汇总表

学校 SWOT 分析汇总（优势）104

序号	具体内容	份数	备注
1	校长的办学理念先进，办学有特色，目标明确	59	
2	合作学习、合作团队、合作精神有助于全方面发展	33	
3	名校长、领航校长的带动作用	27	

4	学校有较好的领导团队	22	
5	中老年教师敬业、肯付出专研,教师队伍团结	56	
6	学校文化氛围基本形成(环境文化、制度文化、管理文化……)	32	
7	学校的差异适应性教学改革创新,对不同学生采取的分层教学	36	
8	学校教育教学设备较完善充足	14	
9	选修课、活动课程激发学生热情,促进全面发展,最大化提供了锻炼的平台	27	
10	坚持对青年教师的培养	14	
11	社会家长对学校的认可、声誉好	21	
12	中考成绩好、生源足	14	
13	教研活动、集体备课有模式和方法	11	
14	重视两操,关注学生体能锻炼	3	
15	邀请专家团队到校指导教学、交流学习	6	
16	地处中、俄、朝交界的特殊地理位置	4	
17	善于听取教师的建议,尽可能地为老师提供方便	4	

学校 SWOT 分析汇总(劣势)102

序号	具体内容	份数	备注
1	团队成员跟不上校长的脚步,教师专业素质素养有待提高	11	

2	学生生源划分、城市东移	17	
3	教学活动、学生活动多，流于形式但不精，浪费在校时间	27	
4	教师的爱校精神、合作团队精神不强	25	
5	领导班子队伍老龄化，领导能力和境界有待加强。兼职多不利于学校整体工作与发展	11	
6	学校名师、学科首席缺乏，做科研的骨干教师作用少	11	
7	教师队伍老龄化严重，青年教师业务水平成长慢	25	
8	教师的业务管理水平要提高，加强教师驾驭课堂能力和提高课堂效率	27	
9	学校的理念、制定的计划、措施非常好，但是执行力大打折扣	19	
10	学校学生管理不强，监管力度和学校要求两层皮	14	
11	班额大、学生多，综合素质参差不齐。小科教师班多导致无法全面照顾到学生	20	
12	班主任效应过强，班主任管理能力有待提高	9	
13	缺乏系统的专业指导	13	
14	违反师德，有待加强，制约学校发展	8	
15	社会家长并不是很配合学校老师的管理工作，家庭教育欠缺	24	
16	分层教学没有计划性、随意性太强，检查反馈难不及时。分层考试处理方式不科学	6	
17	学生不主动学习，厌学	11	

序号	具体内容	份数	备注
18	没有体育馆，有时上体育课不方便。加强学生的体育锻炼	8	
19	七、八年级对教学付出关注明显不足	4	
20	决策者过于迁就，手软不果断	4	
21	学校门前路窄、停车位少、拥堵存在安全隐患	4	
22	教师缺乏职业规划、职业倦怠	6	
23	培训外出机会不均衡	2	
24	学校学生学习时间安排得太满，没有自我反思时间	2	

学校SWOT分析汇总（机会点）103

序号	具体内容	份数	备注
1	校长领航班导师团队资源是学校整体提升的体会，借此选择2—3项目做出自己的品牌，引进专家进行顶层设计	19	
2	打造发挥省、州市骨干教师作用，带领引导学科进行钻研	13	
3	学校的课程和多元化教学开发有利于学生全面发展	27	
4	完善学校各方面管理制度，形成系统的管理体系	15	
5	利用名校长效应，招聘一些素质、业务能力强的教师	8	
6	学校合作学习的开展，使师生的展示机会增多，有利于发展	28	
7	学校关注教师的专业发展，提高教师队伍的专业素养和业务（培训、外聘专家、外派学习、交流等等）	20	

8	社会对珲春四中的信任和认可	16	
9	借着阳光分班的机遇树立每位班主任的自信心	3	
10	学校的理念先进，目标明确；中考成绩一直领先	14	
11	家长对孩子教育越来越重视，对学校工作的支持	7	
12	国家对农村教育、基础教育的重视……	6	
13	发动全科教师全员育人管理	20	
14	学校重视青年教师的培养	22	
15	继续做好学年前50名的培养模式，关注100-200名，提升空间更大	5	
16	增强对学校中层领导干部能力的培养	8	
17	创设学校课程数据库，丰富教学内涵	7	
18	分层教学、分层考试要用心进行真整理和真琢磨	5	
19	不定期对教师进行学校办学理念、目标、精神等宣讲	5	

学校SWOT分析汇总（威胁点）102

序号	具体内容	份数	备注
1	中考成绩差距不断缩小，生源质量无优势，其他学校学习我校的经验做法	52	
2	管理机制不够科学，干多干少都一样。（教师管理、学生管理、班级管理）	12	
3	部分教师（理念）改革创新意识差、不利于学校整体的发展	11	

4	教师缺少团队意识，不作为，小团体比较明显	22	
5	学科带头人、学科首席、引领人缺乏	9	
6	教师学习意识不强，专业素质、业务能力不达标，执行力打折扣	31	
7	领导中一些人工作能力不强	5	
8	班主任的素质对班级有不良隐患威胁	4	
9	七、八学年学习抓不实、九年级再抓太累效果不好	6	
10	部分学科师资不足，业务能力不强	6	
11	加强青年教师的培养，特别是责任心强的教师	13	
12	教师要加强锻炼身体和心理调节	9	
13	与其他学校相比，我校班额大、人数多、管理难，课堂效果差	11	
14	学生学习主动性太差，学习品质不高，限制学校教学质量的再提升	15	
15	学校活动偏多，孩子不能静心学习	11	
16	教师压力大，晋级难、工资低，降低教师工作的热情	9	
17	学校面临外界压力，教师与家长沟通时语言不文明……	36	
18	教师的教育行为有时与学校的办学理念不符	4	
19	周边车流量大，上下学时学生安全存在隐患	4	

附件2：学校文化建设现状调查问卷

问卷说明

本问卷用于了解学校文化建设现状，作为提出学校改进建议的依据之一，对学校的未来发展具有重要价值。请您认真作答。

本问卷不记名，不对号入座，具体的填写情况不反馈给学校。

请读清题意后，根据直觉选择答案。

基本信息（请在符合您实际情况的选项序号上打"√"）

1. 性别：

（1）男　　　　　　（2）女

2. 年龄：

（1）30岁及以下　（2）31-39岁　　（3）40-49岁　　（4）50岁以上

3. 教龄：

（1）1-3年　　　　（2）4-10年　　　（3）11-20年　　（4）20年以上

4. 校龄：

（1）2年以下　　　（2）3-5年　　　　（3）6-10年　　　（4）11年以上

5. 学历：

（1）研究生　　　　（2）本科　　　　　（3）大专　　　　（4）其他

6. 职称：

（1）中学三级　　　（2）中学二级　　　（3）中学一级　　（4）中学高级

主体问卷（所有题目都是单项选择，请在所选项序号上打"√"）

1. 假设有一个从别的学校新调来我校任教的老师，他（她）会在多长时间内和同事们开"只有在朋友间才会开"的玩笑？

（1）一个月内　　　（2）半年内　　　　（3）一年内　　　（4）一年以上

2. 假如把学校的发展比喻为太阳，1-10代表太阳从升到落，1代表"早晨的朝阳"，10代表"落日"，那么，您的学校现在是？

（10，9，8，7，6，5，4，3，2，1）

3. 假如用下面1-10这些数字标示我校的课程、教学、管理等等对学生个性的尊重程度，10代表"非常尊重"，1代表"非常不尊重"，您倾向于选择哪个数字？

（10，9，8，7，6，5，4，3，2，1）

4. 在下面的词语中，请选择1个最恰切的来形容我们的校长：

（1）小草　　　　（2）鲜花　　　　（3）树

5. 假如10分代表"教学这项工作是快乐的"，而1分代表"教学这项工作是痛苦的"，请您在下列分数中选择一个表达自己的感受：

（10，9，8，7，6，5，4，3，2，1）

6. 假如用下面1—10这些数字来标示我校所有教师拥有的"自我成长"或"专业发展"机会的丰富程度，10代表"机会很充分"，1代表"根本没有机会"，您的选择是？

（10，9，8，7，6，5，4，3，2，1）

7. 假如10分代表自己与学生的关系"非常愉快"，而1分代表"非常烦恼"，请您在下列分数间选择一个表达自己的真实感受：

（10，9，8，7，6，5，4，3，2，1）

8. 我校一位老师产生了一个很有创造性但有失败风险的教学改革设想。假如10分代表"肯定会"，1分代表"肯定不会"，您认为他会在多大程度上公开自己的设想或直接尝试改革？

（10，9，8，7，6，5，4，3，2，1）

9. 假如10分代表对自己的学科教学"非常熟练"，而1分代表"非常生疏"，请您在下列分数间选择一个表达自己的感受：

（10，9，8，7，6，5，4，3，2，1）

10. 假如10分代表学校的规章制度"非常合理"，而1分代表"非常不合理"，请您在下列分数中选择一个表达自己的感受：

（10，9，8，7，6，5，4，3，2，1）

11. 假如 10 分代表自己的同事们"非常可爱",而 1 分代表"非常可恨",请您在下列分数中选择一个表达自己的感受:

（10，9，8，7，6，5，4，3，2，1）

12. 如果硬性给我校教师的"教"与学生的"学"在整个教学工作中占的比例打分,"教""学"合在一起是 10 分,你认为学生的"学"是几分?

（10，9，8，7，6，5，4，3，2，1）

13. 假如 10 分代表我校未来的发展"非常有希望",而 1 分代表"根本没有希望",请您在下列分数中选择一个表达自己的认识:

（10，9，8，7，6，5，4，3，2，1）

14. 假如 10 分代表"教学完全忠于教材",1 分代表"教学完全脱离教材",您给我校的教学工作打几分?

（10，9，8，7，6，5，4，3，2，1）

15. 假如 10 分代表我校的办学理念或办学思想"非常明确",而 1 分代表办学理念或办学思想"非常模糊",请您在下列分数中选择一个表达自己的感受:

（10，9，8，7，6，5，4，3，2，1）

16. 如果用一组词语比喻您正处于其中的"师生关系",下列选项中哪一项最为贴切?

（1）导游与游客　　　　　　　（2）裁判与运动员
（3）厨师与食客　　　　　　　（4）导演与演员
（5）影院中的观众与观众　　　（6）交通警察与司机

17. 假如 10 分代表我校领导班子"非常强",而 1 分代表"非常弱",请您在下列分数中选择一个表达自己的感受:

（10，9，8，7，6，5，4，3，2，1）

18. 假如 10 分代表自己的学生"非常可爱"，而 1 分代表"非常可憎"，请您在下列分数中选择一个表达自己的感受：

（10，9，8，7，6，5，4，3，2，1）

19. 假如用下面的 1—10 这些数字来标示您的自我发展与同事的"关联度"，10 代表"我的成长完全是由同事们帮助而得"，1 代表"我的成长与同事们无丝毫关系"，您会选择哪个数字？

（10，9，8，7，6，5，4，3，2，1）

20. 假如用下列 1—10 这些数字来标示"我对目前的工资和福利待遇的满意度"，10 代表"非常满意"，而 1 代表"非常不满意"，您的满意度是？

（10，9，8，7，6，5，4，3，2，1）

21. 如果现在学校号召开展教学改革，您是否会在短时间内（比如 1 个月内）自主找到改革方向、主题或课题？

（1）是　　　　　（2）不是　　　　　（3）说不好

22. 假如分值越高代表您越倾向于选择，那么再给你一个选择职业的机会，您选择"教师"的可能性是：

（10，9，8，7，6，5，4，3，2，1）

23. 假如分值越高意味着越倾向于选择，现在给你选举校长的机会或权利，你仍然选择当前这个校长的倾向性是：

（10，9，8，7，6，5，4，3，2，1）

24. 假如分值越高代表你的"阳光情绪指数越高"，那么每天你走出家门走向学校时的心情是：

（10，9，8，7，6，5，4，3，2，1）

25. 假如你的职业生活存在着"问题"和"困难"，那么这个"问题"或"困难"可能是：

（1）教学业务方面的　　　　　　　（2）同事关系方面的

（3）与领导关系方面的　　　　　　（4）师生关系方面的

（5）自我发展和进步方面的　　　　（6）其他方面的（能写下来吗？谢谢）

26.在下面的词语中选择一个来形容你和同事的关系：

（1）登山伙伴　　　　　　　　　　（2）接力跑队友

（3）打麻将伙伴　　　　　　　　　（4）高铁上的邻座

27.在下面的词语中选择一个来形容您的学生：

（1）小草　　　　（2）报纸　　　　（3）汽车　　　　（4）土地

28.假如用1-10这些数字来表达我校学生学习的快乐程度，1代表"很不快乐"，10代表"非常快乐"，您倾向于选择？

（10，9，8，7，6，5，4，3，2，1）

29.假如10分代表"差别非常大"，而1分代表"没有差别"，贵校现在的教师团队和理想中的教师团队相比较，差别多大？

（10，9，8，7，6，5，4，3，2，1）

30.假如10分代表"差别非常大"，而1分代表"没有差别"，现实中的校长和您心目中理想的校长差别多大？

（10，9，8，7，6，5，4，3，2，1）

31.假如10分代表"非常有压力"，而1分代表"完全无压力"，您觉得，学校给您施加了多大压力？

（10，9，8，7，6，5，4，3，2，1）

32.假如10分代表"非常认同"，而1分代表"完全不认同"，您认为现在的学校发展思路或发展计划可以打几分？

（10，9，8，7，6，5，4，3，2，1）

33. 假如 10 分代表"非常想"，1 分代表"根本不想"，您在多大程度上选择换一批学生来教？

（10，9，8，7，6，5，4，3，2，1）

34. 假如 10 分代表"非常想"，而 1 分代表"根本不想"，在"换一个工作环境"这一项上，您的选择是？

（10，9，8，7，6，5，4，3，2，1）

35. 您认为学校大部分教师在课程建设中的角色是？

（1）执行者　　　　　　　　　　（2）设计者与执行者

（3）执行者与评价者　　　　　　（4）设计者、执行者与评价者

36. 假如 10 代表"非常必要"，而 1 代表"毫无必要"，您对校本课程的态度是？

（10，9，8，7，6，5，4，3，2，1）

37. 假如用下列 1—10 这些数字来标示"我校老师自主选择教学方法的自由度"，您认为实际情况用哪个数字标示比较合适？

（10，9，8，7，6，5，4，3，2，1）

38. 假如 10 代表"非常重视"，1 代表"完全忽视"，您认为学校大部分教师对"学困生"的关注程度是？

（10，9，8，7，6，5，4，3，2，1）

39. 办公室里最常议论的话题是？

（1）家事家务　　　　　　　　　（2）社会热点或影视资讯

（3）读书心得　　　　　　　　　（4）教育教学

（5）学校事务　　　　　　　　　（6）其他（能写下来吗？谢谢）

40.假如10代表"非常必要"，而1代表"毫无必要"，您认为学校组织的集体备课对您的帮助是？

（10，9，8，7，6，5，4，3，2，1）

问卷到此结束。

非常感谢您的支持和帮助！谢谢！

附件3："学校文化建设现状调查问卷"分析报告

杨玉宝 蔡京玉 卢文祥 刘 瞳

本问卷共包括40个问题，分别指向6个层面的信息采集。其中，有个别问题因设计缺陷，最终成为无效问题，相关数据被排除在分析之外。

编制问卷的基本假设包括但不限于以下几个：其一，学校的课程与教学、管理、教师队伍建设、师生关系等，都可以看成"学校文化"的一部分，同时其要素、结构、发展水平都可以被监测或认识；其二，被调查者无故意"敌对"行为或"混乱"行为（故而，未设"测谎题"）；其三，不同角度的问询题目可以相互验证。

下面是对吉林省珲春市第四中学的调查问卷相关数据的信息解读。

一、关于学校发展认同与期望

本部分内容关注的是学校全体教职工对于目前学校发展现状的基本判断（包括主观判断）和发展愿景。

本部分由2、13、15、32四个题组成。其中，15题、32题着力于考察对学校发展总局的认同度，而2题、13题则主要关注学校发展现实水平与未来规划（预期）的认同度。

在学校发展总局的认同中，尽管很多学校并没有明确的"教育理念"且管理层及教师等对此并非有明确的感知，但学校全体教职员工"思想理念"或"教育哲学"层面的认同，在我们看来是最为重要的，它是学校文化建设的核心以及未来发展过程中全体同仁"志同道合"的基础。基于此，我们断定，"教育理念"的明晰、完整和高认同度，是任何一个学校健康发展的第一要件。

发展理念是教育理念的一部分。考察"学校发展理念"认同度最少需要两个维度：一是"有无"，二是"合理与否"，调查问卷之第15题主要关注的是第一个维度，而"理念合理性"的把握是用第32题的综合判断来达成。

问卷 15 题的数据表明，教师群体对于"学校办学理念"的明确度，总平均值达 8.52；49.4% 的教师选择"非常明确"；在 1—10 的极差数列中，总标准差只有 1.88，选择 6、7、8、9 四个档次的教师比例共计达到近 40%。综

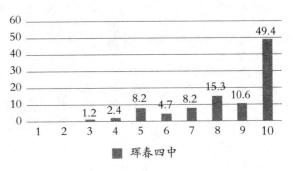

15.假如……表达自己的感受

■ 珲春四中

合起来，教师对"学校发展理念"的感知和认同度是相当高的，而且离散度较小，选择在高分值上集中。

分年龄组的数据，"30 岁及以下""31—39 岁""40—49 岁""50 岁及以上"四个年龄组（下文中涉及年龄组及其次序均与此同）的平均分分别为 8.64、9.15、8.00、8.35，分组标准差分别为 1.95、1.46、2.17、1.87。

以上是对"发展理念"明晰度的判断。

那么，对于学校发展理念的合理性或认同度，大家是一种什么认识状态呢？32 题的信息可以从一个侧面来帮助了解。32 题的数据表明，在从 1—10"学校发展思路"认同度序列中，认同度基本呈现的是递进序列，全部选择的总平均值达 8.26

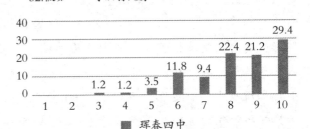

32.假如……可以打几分

■ 珲春四中

的高分，而总平均差只有 1.65，可见总体上是递进式高分取向。数据说明大家对学校发展的总体思路认同度很高，主要集中在 8、9、10 三个分数中，而赋分为 5 分以下的比例，加在一起不到 6 个百分点，根本不认同的"1、2"分值没有人选。

分组数据，四年年龄组的平均值分别是 8.86、8.62、7.62、8.24；分组标准差分别是 1.23、1.75、1.55、1.82。数据表明，年龄组的数据差别不太明显。

不过，如果比较上面第 15 和第 32 两个题的数据，可以看出，在"合理性"认同方面，大家的认识分歧有所放大，并不像第 15 题那样"高度集中统一"。

正如前面所说，第 2 题我们主要关注的是对学校发展阶段（水平）的判断。在这个问题上，老师们呈现了比较大的认知分歧，2.59 的标准差说明数据的离

2.假如……，您的学校现在是

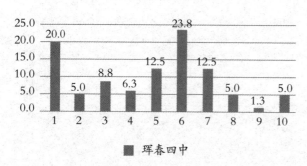

■ 珲春四中

散度相对较大。具体说：有20%的人认为学校是初升的太阳（打1分），而另有38.5的人认为学校"如日中天"（选择5、6、7分）。这种认识，可以形成两种学校发展预期愿景：对于给出1分的老师们来说，他们对学校未来发展寄予了非常高的期望，甚至是"梦想刚刚形成"；而那些占有三成以上的认为学校"如日中天"的老师们，对于学校发展的未来会形成"爬上高坡"以后的"松口气"的心理预期的同时，也有对未来发展空间的较小预期（对于自身则会是较低成就动机）。前一种认识，会形成对管理层的较大压力（背负着较强烈的发展期望），后一种认知，则可能是某种"高原反应"的认识基础或对未来迷惘的认识基础。

那么，分年龄组老师们的认识有什么差别？本题的总平均值和标准差分别是4.75、2.59；四个年龄组的平均值分别是3.83、4.64、5.60、4.24；年龄组平均差分别是2.44、2.84、2.04、2.93。数据表明，30岁及以下年龄组的老师们拥有最高的"发展抱负"，他们认为学校是早晨八九点钟的太阳；相对来说，第三年龄组（40-49岁）的老师们有了"过午"的感觉。在比较时，我们被一个数据所吸引，就是第四年龄组（50岁及以上组）的4.24平均分，它不仅高于第三年龄组的5.60，而且高于第二（31-39岁）年龄组的4.64，其所体现出的"活力"和"高期望值"令我们印象深刻。

对于第2题所收集到信息的解读，可以用第13题来对照验证。

第13题所要及能够采集到的信息，将会从一个侧面反映老师们对学校未来发展的预期和方向合理性的判断，也可能体现着老师们对"学校价值取向"的认同度。

数据表明，教师群体对学校未来发展抱有很高的期望：平均值达8.69的高分；有47.1%的人选择了数列里的最高分10分，另外还有9.4%、18.8%和14.1%的人分别选择了7、8、9高分值，总体平均差只有1.63，数据的离散性很低。这说明，总体上看，大家对目前学校发展的方向及未来学校发展预期评价较好，也是学校管理过程中可以充分利用的心理资源。

分组数据的差异在此引起我们的注意，总平均值8.69，而四个年龄组的平均值分别为 9.21、9.27、7.92、8.59；总标准差1.63，四个年龄组的标准差分别为1.19、1.19、2.00、1.62。从数据看出，年轻教师组相比其他中老年两个组来说，认定"学校发展希望"更大。

13.假如……，请您在下列分数中选择一个表达自己的认识

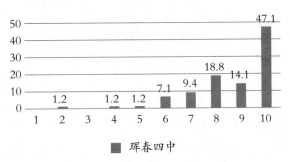

二、关于管理文化认同

本部分关注的是教师群体对于学校管理的基本认识和态度，这是上述第一部分之"学校发展"期望或认同的一个延展。理论上说，对学校管理文化的认识，起码包括"管理理念""管理制度""管理者及其团队"等层面。

本部分包括第4、6、10、17、23、30、31题；第34、第40两题也可部分归于此信息的采集目的，其中第34题还可以侧面反映同事关系、师生关系等，而第40题还可以侧面反映课程与教学文化的认同度。

本部分问卷试题的具体划分，还可以有以下归类：（1）第10、31、34题主要采集教师群体对学校总体管理文化的感知或认同度；（2）第4、17、23、30题主要倾向于采集对"管理者及其团队"的认同度；（3）第6、40题则将信息采集方向转向了个体角度，即关注"管理文化与个人发展的关系"。

从以上题目信息采集取向分类可以看出，我们重点关注的是"学校管理者及其团队"文化建设情况在教师群体中的反应。这部分内容还可以从"校长""管理团队"两个相关但相对独立的角度来分析。

先看对"校长"的认同，涉及此问题的有第4、23、30题。

第4题的编制谋求用心理投射的方法采集老师们的看法，虽然采集的信息相对比较模糊，但它更可能反映老师们的真实想法或诉求，从中可以"管窥"教师群体对校长角色现实认同度以及校长角色预期。

"小草""鲜花""树"三种"角色"，在我们看来，对应着不同的"个性"。其中，"小草"对应着"平凡、质朴、强大生命力、民主、亲和力"等；"鲜花"对应着"光鲜、高贵、出众、受人爱戴和喜欢"等；"树"对应着"高大、出众、

4.在下列词语中……校长

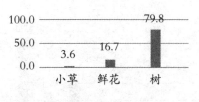

■ 珲春四中

可依靠、抗挫折"等。我们假设，老师选择不同的"角色认同"，是对校长目前个性的"归类"。

数据表明，近80%的老师对目前的校长"认知"是"一棵树"，选择"鲜花"的有16.7%，选择"小草"的比例可以忽略不计。

基于这些数据，我们能够推断的有以下几点：其一，校长在老师心目中有足够的"认同度"和专业威信；其二，校长会承受较大的"被依靠"的压力；其三，"大树"校长也会给老师们形成"压迫感"，甚至会导致教师的"低效能感"；其四，老师们对校长的高认同也可能会形成高依赖性，这种依赖性发展下去甚至会影响到教师团队、教师个体的专业独立性的成长和彰显；其五，校长有"高权威"与"高疏离度"的对应风险需要防范。

年龄组数据可能帮助我们校正上述认识。四个年龄组选择"鲜花"的百分比分别是21.4、15.4、20.0、11.8，而选择"一棵树"的百分比分别是78.6、76.9、80.0、82.4。数据表明，两个低年龄组教师的选择值低于平均值，而"老教师"组的选择值更高一些。特别是，有了一定工作经验而慢慢走向成熟的第二年龄组的教师选择"一棵树"的比例最低，是值得思考的一个数据：与其他三个组的教师相比较，他们的独立性、民主意识、专业自信会更强吗？

如果说第4题的调查信息可以供我们判断老师们对"校长"的认同度，那么辅助把握这一信息的，还有第30题，它在评价方向上依然是"素质取向"的。

首先，统计数据表明，在小分值代表"现实的校长和心目中理想的校长差别小"的情况下，平均值只有3.89，这显示大家对校长的认同度很高，认定校长是一个"理想的校长"。但与此同时，我们也发现，对这个问题的回答，数据的标准差达2.96的相对高值，说明大家在这个事上存在认识的差别。

30.假如……差别多大

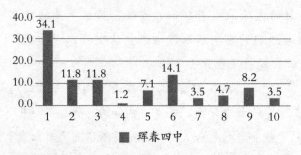

■ 珲春四中

接下来，我们再具体看"赋值"情况。

数据表明，有超过三分之一的老师直接选择了"代表最理想校长"的"1"，选择"差别较小的""2""3"分的比例均为11.8%。这三个数据加在一起，给我们的印象是远超过半数的老师认同校长是一个"理想"的校长。

与此同时，我们也注意到，选择其他高分值的老师，也占有一定比例，加在一起也近半数。比如，有7.1%的人选择了5，14.1%的人选择了6，8.2%的人选择了9，甚至还有3.5%的人选择了10。如果不是"读题"不细而导致"误答"，那么，实际数据表明的，是有较大比例（近三分之一）的老师给"校长"留出了发展空间，他们对校长的发展有更高预期。

为了更好地认识这个问题，我们从年龄组数据看看。总平均值3.89，四个年龄组的平均值分别是4.57、3.08、4.19、4.06；总标准差2.96，四个年龄组的标准差分别是3.41、2.91、2.73、3.13。数据表明，第一年龄组也即最年轻教师群体对校长的"潜在期望"最高，这个组在"潜在期望"上认识的差别也最大；而第二个年龄组的认同度最高，只有3.08。

如果说以上两题是"素质取向"的信息采集，那么第23题则是"主观意向"取向的。实际生活中，下属对管理者的"主观感受"受制于许多因素，如"利益"考量，很多时候的下属选择管理者不一定与管理者的专业素质有完全的对应，即"高专业素质"的管理者不一定

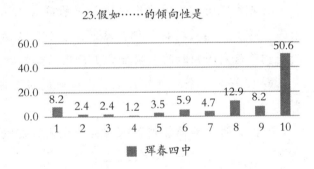

23.假如……的倾向性是

■ 珲春四中

得到下属"高认同度"。这是我们设定第23题的主要原因。

调查数据证实了前述第4题、第30题的信息的可靠性。数据表明，大家赋值的平均值达7.94，但标准差也达2.91。从这里以及图表可以看出，大家对于"仍然选择这个校长"既有较高认同度，也存在选择的"离散度"相对较高的问题。

首先，我们确定相对较严格的"选择线"为"8、9、10"，选择这三个分值的老师比例达到70%以上。这说明，校长得到了老师们较高程度的认同，也拥有数量庞大的追随者。

但另一个层面，我们也注意到，有一定数量的老师选择了低分值，说明少数老师对于校长还是有一些想法的。

需要特别说明的是，与选择2、3、4、5这些低分值的相对较低比例相比较，选择"1"的竟然达到8.2%，这让我们有些困惑。这个比例数的出现是不好解释的，

特别是它和选择2、3、4低分值的较低比例的巨大差距。目前，我们用猜测的办法解释这个低数据：有部分老师误读了题目，把数值越高"理解成"越倾向于"换校长"；有个别老师与校长形成了对立情绪（联系其他题目的数据，也有这样的判断）。

接下来，为了弄清"高赋值"和"高离散度"同时出现的问题，我们再看看以年龄分组群体的选择情况。数据表明，"年轻"老师（第一组）给出的平均值是9.29分，标准差是1.14；接下来第二个高平均值8.41是"50岁及以上"的"老教师"给出的，他们的标准差是2.45；而31-39岁年龄组（第二组）给出的是7.77，标准差是3.18（离散度较大）；40-49岁年龄组（第三组）给出的是7.27（相对最低），标准差是3.17（离散度较大）。这组数据，在我们看来，很有意思：年轻老师和年纪大的老师更多倾向于"仍然选择"；相对这两组老师，"年富力强"的中间"骨干力量"却有"意见分散"的特点。

我们再看与"校长"相对应的"管理团队"的信息。

采集管理团队（学校领导班子）的群众认同度（以分值高低来断定领导班子强、弱）信息的题目，现在看来，整个问卷编制中显得数量偏少，这可能影响到相关信息的判断的准确性和多角度综合判断的合理性。

第17题是一个用直接数值表达认同度的题目，分值越高则代表着认同度越高。

数据表明，学校管理团队的群众认同度趋向集中于高分值区域。其中，选

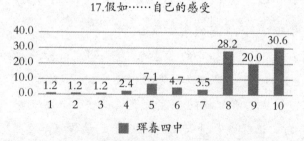

17.假如……自己的感受

择8、9、10三个分值的比例分别是28.2%、20%和30.6%，也就是说，近80%的选择集中在高分值区域。一方面，这说明学校管理团队的整体素质得到了绝大多数群众的认可；另一方面，这个数据从侧面印证了前面有关"校长"高认同度的数据的真实可靠。

不过，也有一个具体数据值得分析。虽然，本题的"平均值"达8.16的高分，但各年龄组的平均值分别是9.29、8.62、7.65、7.35，呈现的是年龄越高赋值逐步走低的形态或趋势，即年龄越大的老师对"班子"的评估值越低；此外，四个年龄组的标准差分别是0.83、1.60、2.06、2.67，也说明年龄越大的老师在

认识上的"离散度"也越大。

以上调查数据综合起来，可以看出，无论是个体的"校长"，还是集体的领导班子，在群众中都拥有非常高的认同度，这个认同度是未来发展的资源，也是管理者拓展改革空间的基础；同时，这种高认同度也意味着领导班子和领导者个人承载着群众的高期望，它会构成领导班子及其成员的前进压力，还是改革发展动力，这决定于领导班子如何看待和利用。需要提请管理团队及成员们注意的是，年轻老师对校长和管理团队有较高的依赖和崇敬，而"中间骨干"老师和老教师们不太明显的"选择差别"要么体现的是"思想独立性"，要么体现的是对校长和管理团队更多、更高的期望。

此外，有一个数据是可以从侧面辅助认识"管理文化"的。尽管它提供的数据并不能直接说明群众对领导班子及其成员的认同度，但却可以帮助推断。这就是第 34 题所提供的信息。

首先，从问卷数据的分布看，低分、中分和高分值的分布，相对其他题来说，"比较平均"而且呈少见的波浪形。具体说，从 1—10 间的选择百分比是 22.6、15.5、4.8、3.6、10.7、6.0、9.5、11.9、3.6、11.9，总体数据提供的信息较复杂和混乱。如果把全部序列

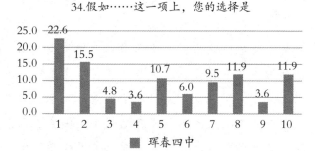

34.假如……这一项上，您的选择是

珲春四中

数据划分为 1—3、4—7、8—10 的"低、中、高"三部分，那么，低的部分占百分比 42.9；中的部分占百分比 29.8；高的部分占百分比 27.4，三个部分的比例差距不是非常大。

为了更好地认识这个问题，我们再引入平均值和标准差两个数据说明。在这个问题上，其一，4.85 的总平均值差不多是一个中数，显示大家在"换工作环境"这事上有一些想法，这是需要注意的；其二，从低到高四个年龄组的老师的平均值分别为 5.43、5.35、4.15、4.56，说明低年龄组的老师更倾向于"换"，尽管这个"倾向度"并不凸显；其三，总标准差 3.22，说明大家选择的离散度很高，各有各的不同程度的想法，认识上有较大差别；其四，各年龄组的标准差分别是 3.32、3.59、2.68、3.46，也说明每个年龄组内部的数据离散度都不小，大家认识不统一。

这些数据，在我们看来，可以从一个侧面暗示下述几点：其一，教师群体尽管对校长和领导班子有较高的认同度（前述），但对学校总体"文化"（包括管理文化，也可能有我们没有调查的其他方面）的认同度不容过于乐观；其二，群众对学校的改革发展有内在需求，而且这种需求比较普遍，甚至不排除需求的内容可能较复杂（具体的方向和目标我们还不清楚）；其三，群众对学校的"向心力""忠诚度"并不容过分乐观，集体（团队）感和主人翁责任感等是未来文化建设上需要注意的一个问题。

三、关于教学文化认知与价值取向

课程与教学是学校文化的核心，因为教学是学校工作的核心，学校的教育哲学、管理理念、社会评价指标，都会集中在课程与教学文化建设层面得到反映。

问卷中有 3、12、14、21、28、35、36、37、38 共 9 题涉及此主题。在这些题目中，第 3、12、28、38 等 4 题是"学生、学习取向"的，即关注"学生""学习"在教学文化中的地位和受关注程度；第 14、21、35、36、37 等 5 题是"教师、教学取向"的，即关注"教""教师"和"课程管理"的。

我们有这样一个假设：一个学校，它的"学生观"最能体现自己的教育理念。另外，我们还认为，对待学生学习的价值取向，深层次地反映着课程教学文化的核心素质及其性质，即由此可判断其教学文化是先进的还是落后的，这在 19 世纪后期、20 世纪以后的社会，是一条不变的律条。

本次学校文化调查没有编制学生调查项目，是一个缺憾；因此，尽管安排了上述教师问卷，意欲从侧面采集关于学生学习的信息，但依此对"课程教学文化"做出的判断，其准确性不容高估。

先看"学生学习"层面的相关信息采集情况。

第 3 题，是老师反映的"课程教学等对学生个性尊重"的程度。显然，这是教师个体的主观感受，和客观课程文化之价值取向有本质的差别。不过，从老师们的感受中，我们可以预判两点：其一，学校课程教学理念和价值取向可以通过教师的感受推断；其二，老师们对学校教学文化的态度也

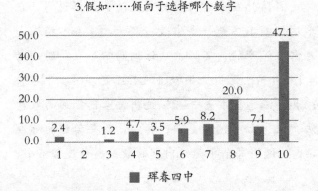

3.假如……倾向于选择哪个数字

■ 珲春四中

可由此来推定。

　　数据并没有出乎我们的意料，有超过八成的老师选择了 7 以上的高分，总平均值达 8.29 分，总标准差为 2.18；直接选择 10 分的比例最高，达到 47.1%；第二年龄组教师给出 9.23 的高分（四个年龄组的平均值分别是 8.57、9.23、7.58、8.00；四个年龄组的标准差分别为 2.17、1.27、2.47、2.35）。对这组数据，我们的解读包括：其一，随着新课改理念的推进，老师们头脑中已有相对明确的"价值认同"（即知道了尊重学生个性是先进教学文化体现），虽然在很多学校里这种价值认同仍然停留在思想层面而与制度建设无涉；其二，我们学校在课程教学及管理文化里，明确了"学生本位"的思想；其三，老师们在"尊重学生"这个问题上，有较高的"成就感"或非常明确的目标达成的自我体认。这些认识状态和思想动向，对未来发展会有什么影响？如果作推断或猜测，起码有以下几点：第一，由于没有具体的"教学文化制度"及其落实的监测数据支持，我们并不能明确老师们的这种"尊重学生个性"的体认在多大程度上反映着现实，但可以肯定的是，老师们对这个价值取向是不陌生的；第二，我们感觉老师们这么强烈的"尊重学生个性"的现实体认度，对未来的教学改革发展可能有"双面效应"，其负面效应是：在学校推进更进一步的自主学习、学生本位等改革时，老师们会在此前的"已经差不多了"的体认基础上犹疑甚至反对。这里，涉及学生学习自主问题，可以再结合第 12 题采集的数据来看。

　　第 12 题关注的是"老师们感受到的教与学的比例"，内部隐含着"教学民主""教师和学生分权"的价值考量。

　　调查数据表明，我校老师们对学校教与学结构性平衡中的学生自主学习程度的判断是较高的。具体来说，总的平均值是 6.54、标准差是 1.84；选择 5、6、7、8、9 五个分值的教师比例分别是

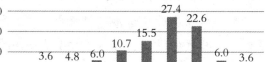

12.如果……几分

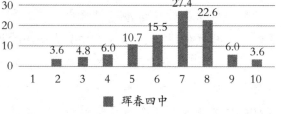

珲春四中

10.7%、15.5%、27.4%、22.6%、6.0%。一方面，数据表明多数老师认定学校已经给学生自主学习留出了很大空间；另一方面，数据重心偏向后面的大分值，大比例集中在"7、8"两个分值上，说明老师们再向高分值推进的空间也就有限了。这从一个侧面印证了前面第 3 题上我们的判断：如果学校管理层再推动

学生自主发展、自主学习为主题取向的课程教学改革时，能够在多大比例上得到老师们的进一步支持，是需要事先考量的问题。

分组数据是值得我们注意的。总平均值6.54，总标准差1.84的基础上，四个年龄组的平均值分别是7.57、7.04、5.81、6.06。这说明，越是年轻老师，越可能认定学校给学生的学习自主的空间越大。

接下来，我们看看老师们对学生"学习快乐程度"的主观判断情况。这个指标也会帮助我们把握教师群体对学校教学文化的认同度（假设赋值越高即代表认同度越高）。

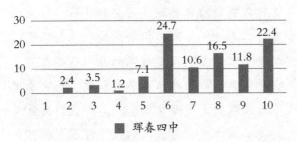

28.假如……，您倾向于选择

数据显示，老师们在"估量"学生学习快乐程度方面，总平均值是7.39（认定较快乐），总标准差是2.08（离散度适中）；比较多的倾向于选择中、高分值，选择5、6、7、8、9、10分值的老师分别占百分比7.1、24.7、10.6、16.5、11.8和22.4。把以上选择8、9、10三个分值的比例数加一起即超过半数，说明老师对"快乐学习"的文化感受度很高，即他们中有一半的人认为学生学习已经够快乐的了。从年龄组赋值差别看，四个年龄组的平均值分别是8.43、7.42、6.38、8.12；四个年龄组的标准差分别是1.45、1.96、2.30、1.87。可见，年轻教师群体（第一组）和老年组（第四组）认为学生学习快乐的比例更高些，第三年龄组总体上判断"学生学习快乐程度"相对低，而且群体内部的认知差别也较其他年龄组要大。

单纯从较高的"快乐学习指数"看，接下来的教学改革的心理预期空间就受到一定程度的限制，特别是对于第一年龄组老师来说，相比较更是如此。

同样是"学生学习"取向的题目编制，第38题脱离了学生全体而重点关注"弱势群体"即"学困生"。我们想从这方面判断学校办学理念、教学文化核心价值，同样也想验证前面几个题采集到的信息之信度。

从数据看，总平均分值为8.01，总标准差为2.08。从下图上可以看出，如果把选择9分的低分值4.7的比例忽略，那么从4分开始到10分的选择比例总体上体现为一条上升曲线。我们在此可以先做出一个推断：老师们认定学校的教学文化对"学困生"这个弱势群体的重视程度是很高的。

在此基础上，有些数据值得关注和分析：其一，40%的老师认定学校教学足够重视学困生，给出10分高分，这意味着什么呢？其二，选择9分的比例是4.7，远低于左侧8分的18.8和右侧10分的40，这意味着什么呢？是说明老师们在"赋值"时"轻率""模糊"？还是9分是体现为一个"过渡分值"？或者其他？

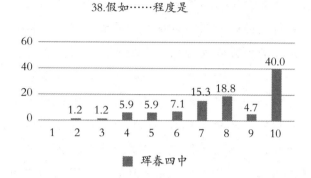

38.假如……程度是

■ 珲春四中

如果没有对应的"验证调查"，不敢做明确解读。目前，我们倾向于"高分值递进增加的曲线"来忽略这个低比例数据。其三，四个年龄组平均值分别是8.50、8.23、7.42、8.12，总体上，大家的认识相对较为统一。

再来看看第14、21、35、36、37等5题调查提供的信息。

从几个题目采集数据的角度来说，我们相对比较重视第21题所提供的信息，甚至把它作为判断教师队伍总体专业化水平、日常教学的"探究性""改革的自主性""教学的自主性""教学的批判性反思"以至"学校文化包容和开放性"的基础。因此，我们先看它呈现的信息。

数据表明，有近三分之一的老师能够在短时间内自主找到教学改革的方向或主题。或许可以推断，这部分老师在平时的教学过程中已经有了对教学文化的批判认识，或对教学实际问题有高位思考和把握（这与教学文化批判是一体之两面）。

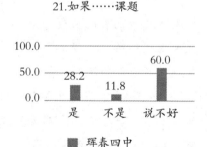

21.如果……课题

■ 珲春四中

不过，选择"不是"的11.8%和选择"说不好"的60%让我们有些验证前面的关于管理文化认同时得到结论的感觉。

先说11.8%这个数据，在我们看来，它意味着什么。我们大胆判断，这部分老师一时半会儿找不到改革的主题，或许可以是下面几种（或都有，或之一，但不限定）情况的反映：其一，老师们的教学已经成了"套路"，或他们已经形成成了教学的"固化模式"，他们找不到"创新改革"的方向和问题；其二，这些老师缺乏基本的"研究素质"，专业发展层面没有"自主设计课题""实施改革"的规范技术素质；其三，他们在学校中是被动部分，不会主体推动和参与改革；其四，这部分老师很可能构成改革的阻力。

再看60%这个数字，这是我们最关注的。这个数字，让我们想到前面已经分析到的"老师们对校长（或管理层）的依赖性"。对于现代教育来说，改革是发展的前提或基础，发展的实质就是改革，发展的过程就是改革的过程。当一半以上的老师在"寻找改革主题"面前表示"不好说"时，我们的基本推断可以归纳为以下几点：其一，老师们的改革意识和改革意愿并不强；其二，老师们有很高的自我成就感、自我认同感的同时，也有自我满足感，有安于现状的要求；其三，与前面的第二点相联系，老师们在改革的主题面前有被动和消极的倾向，或者有依赖外界推动的取向；其四，学校过去的课程与教学改革有可能是"整体推进"的多，而老师独立设计、操作的少，或者学校给老师预留的自主改革空间过小；其五，学校改革文化有待于更好地壮大发展。

年龄组的差别数据可以给我们提供未来完善工作的方向。四个年龄组教师选择"是"（代表着能够在短时间内自主找到改革方向或主题）的百分比分别为14.3、34.6、19.2、41.2；而选择"不是"的比例分别是7.1、11.5、15.4、11.8。这个数据给我们的印象，除了第三组之外，其他都属正常。总体来说，"能够在短时间内找到改革主题"的比例有些低。第一年龄组78.6%"说不好"的比例，让我们联想到年轻教师的研究意识、研究能力还是一个有待解决的课题。

针对此，我们建议，学校在未来发展过程中：第一，强化改革的意识和精神，让改革成为发展的主题；第二，加强教师改革规范的培训，让老师学会改革的技术规范；第三，强化教师的批判性教学反思，增强问题意识，在教学现状中查找不断进步的课题；第四，强化教师之教学自主性，不要过于强化"集体备课"和"教学模式"等消解教学创造性、教学个性的做法和导向；第五，设计或推动"教学变形""教学变式"破解现有的"程式化教学"的硬壳，鼓励、甚至表彰创新改革，哪怕是失败的改革；第六，推动教师个体的改革之外，可用小组（团队）的方式推动，或者用"一托二""一托三"的方式，充分发挥28%的带动作用或专业引领辐射作用，用一部分人带动另一部分人的方式实现全员探究的改革局面，或形成全员创新的风气。

接下来，看看代表教学品质的"教学与教材"关系。在现代课程与教学体系中，教学资源的多样化和课程的开放性背景之下，"唯教材"或"教材中心"代表着教学的封闭和保守。从教学"忠于教材"的程度，我们可以从一个侧面探查教学的品质。

调查数据表明，老师们选择高分值的倾向性较明显。总平均值为7.73，总

标准差为1.83（相对来说，
离散度较低）；从7分开始
一直到10分，选择的比例都
很高；而且，越是年轻的老
师越是认定度较高（四个年
龄组的平均值分别为8.21、
8.31、7.31、7.00；四个年龄

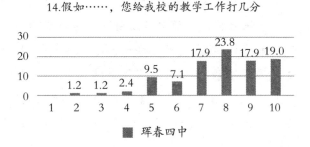

14.假如……，您给我校的教学工作打几分

■ 珲春四中

组的标准差分别为1.42、1.57、1.98、2.10）。如此高的"教材忠诚度"有点超
出我们原来的预想，而且年龄组的差异也让我们惊讶：我们原先设定，年轻老
师的教学或许会更活络、教学更具开放性。

怎么解释和理解这种数据都可以。我们想到：其一，学校在教学的规范性
引导上可能用功较深，以致形成普遍的对教材的高依存度（下面我们会接着验
证这一点）；其二，教师的专业素质和现代教学思想修养还有待于提高，教学
的"教材中心"意味着老师较依赖教材这个"拐"，这个情况应该引起重视；
其三，由此我们再一次读出学校在教学文化的"创造性""开放性"引导上有
不足；其四，年轻教师组相较于老教师组更高的"忠诚度"，有专业发展初阶
段的原因，也可能有"学校文化"导引的原因。我们先将上面的四点判断作为
一个假设，再通过第35、37、40三个题来对照验证。

第35题：应该说，虽然有
22.5%的老师选择了"执行者"
这个被动角色，但仍有53.8%
的人选择了现代教师角色意味
更强的"设计者、执行者和评
价者"。这与我们的预想是符
合的。

那么，为什么会有那么大
比例、那么高强度的"忠于教
材"呢？我们认为，合理的解

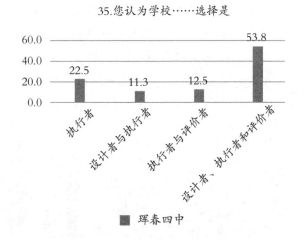

35.您认为学校……选择是

■ 珲春四中

释是，对第35题的解答更多地了解了老师们的"专业认识"，这在新课程推行
多年以后，已经较好地被老师们所理解，而老师们还不能完全理解"课程""教

学"的区别和联系，他们更容易把"教材和教学"联系在一起。因此，他们虽然知道教师是课程的设计者，但仍然"忠于"教材。这说明，课改的培训需要进一步深化，让老师更多了解现代教育理念。

年龄分组数据会帮助我们在上述认识上形成立体感。四个年龄组教师选择更多具有现代意义的"设计者、执行者与评价者"的百分比分别是69.2、62.5、48.0、37.5，数据呈现的是梯次递减的趋势，说明越是"老教师"越是需要"更新观念"。这从一个侧面验证了我们的上述判断。

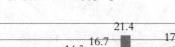

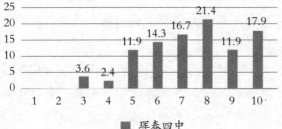

37.假如……比较合适

■ 珲春四中

第37题：在现代教学中，教师自主选择"教学方法"应该是相对"教学内容""教学资源""教学目标""教学评价"等最为开放和自由的。然而，调查数据表明，实际情况并非如此，从3分开始，一直到10分，每个分值上都有选择，最高的比例出现在8分上，即21.4%，共有6%的老师选择了3、4的低分，选择5、6、7这几个中位分数的比例分别是11.9、14.3、16.7。这说明，在选择教学方法这件事上，老师们感受到的并不是相对比较充分的自由度。调查没有涉及"影响自由选择的原因"，是一个很大遗憾。无论怎样，教学方法层面上反馈出的不太高的自由度"感受"，是学校管理层应该反思的：教学是创造性工作，过度的规约和拘束，既不利于教师的专业感受，也不利于教学创新发展和持续提高质量。或许，在学校"爬坡"过程中，统一教学设计会取得立竿见影的效果，但高品质的学校经营最终必然依赖于教师团队的自主创造。

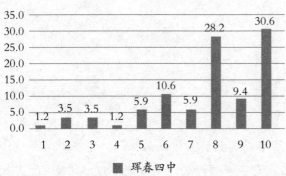

40.假如……您的帮助是

■ 珲春四中

第40题是我们在面对前面的相关数据并尝试着做归因分析的时候一直萦绕在心的问题，"大面积的忠于教材是集体备课的原因"？

第40题的相关数据给我们的印象是：大家认定集体备课的重要性很高，对自己的帮助很大。1—10的分值序列表达的是"集体备课对自己的帮助程度",大家的总平均值是7.74,总标准差是2.29。柱状图可以直观地看出老师们的答题情况。数据说明,集体备课对教师个体的教学影响较大,有近三分之一的人甚至直接选择了10这个顶级分。

年龄组数据或许对我们深刻认识这个层面有帮助。四个年龄组的平均值分别是9.21、8.54、6.81、6.82,说明年轻教师群体相对更倾向于集体备课。这一点,并不费解:年轻老师需要更多的同侪辅助,也需要认识和学会遵守教学规范。那么,这个对集体备课的"高认同度"是否就是对教材"高忠诚度"的源头呢?管理层可以关注这一点。

我们的建议是:如果集体备课有"忠于教材"的规范要求,那就需要做出改变,因为对于一个以"优质教育"为发展目标的学校来说,课程与教学资源的开放性更有利于保证教学品质,这就是平时我们所说的"用教材教而不是教教材"。

四、关于职业认同和自我发展期望

教师的职业认同感、自我发展期望值,均是学校文化的重要组成部分。一方面,它代表着教师团队的专业发展水平;另一方面,它作为学校文化内容也是学校管理者了解队伍稳定性、向心力和改革发展取向等状态的最为重要的部分。

在问卷中第5、9、20、22、24、25、29、39等题目所采集的信息与教师职业认同、教师自我发展期望相关。其中,第20题独立,从"经济人"角度检测或侧面

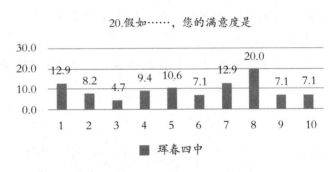

20.假如……,您的满意度是

了解教师的"自我实现抱负";第5、24题了解教师日常情绪状态(和职业认同有关);第9、25、29、39题了解教师专业发展水平的"自我认知",其中29题是"团队"层面的认知;此外,第22题从整体角度考量教师的职业忠诚度。

调查数据表明,从"经济人"角度来考量老师们的"自我实现"情况,情况并不是特别明确,但也值得乐观看待。教师们总的平均值是5.61,代表着对自己的工资福利总体上是中等程度的"满意";而代表数据离散度的总标准差

是 2.85，说明大家在这个问题上"众口不一"。选择对目前的"工资福利"满意的高分值（我们设定从 7 开始起算）的比例，加和达到一半稍弱。这说明，这部分老师在学校未来的改革与发展过程中可能更关注除"经济待遇"以外的层面，如精神满足、自我效能感等，起码他们投入主动变革或创新不会单纯因为"利益驱动"。

需要注意的是，选择 1、2、3 这些低分值的比例总和有四分之一强。这说明，有四分之一以上的人，对目前的经济待遇不满意，这也就成了影响这部分人职业认同度的主要因素，而推动其改革发展的内生动力，也应该主要从增加其待遇角度着手考虑，或者把改革创新与经济利益挂钩，单纯从职业成就感、荣誉感等角度进行改革动力设计，对他们的激励作用有限。

各年龄组老师对于"工资福利待遇"的态度也有一定差别。如前所述，全体老师总平均值是 5.61，而四个年龄组老师的平均值分别为 6.57、6.62、4.42、5.35，由此可见，前两个年龄组的老师（年轻老师）对工资福利的总体满意度高于后两个年龄组老师。从标准差角度看，总标准差 2.85 说明大家在这个问题上认识差别不小，而年龄组标准差（分别是 2.65、2.67、2.67、3.02）也说明每个年龄组都存在一定的"贫富差别认知"。

教师这种以人际影响为基本机制铺展的专业工作，其情绪状态及其控制是专业素养的一部分，也是专业工作机制的一部分。因此，虽然是考察学校文化建设，但教师的情绪情感是我们关注的重点之一。我们来看看第 5、第 24 两题采集的信息情况。

第 5 题的数据可以当作教师的"教学快乐阳光指数"看，越是选择高分值的老师，其"教学快乐"程度越高。数据说明，选择高分值的老师所占比例远超出我们的预估，达到 63% 强，另外还有三分之一的人选择了 4~7 分的中间位置来表达自己"不好不坏"的情绪状态。全体老师的平均值是 7.69，可以代表老师的教学阳光情绪指数较高，说明学校里的教学生活是快乐、积极的。

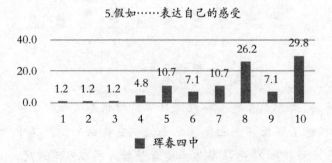

5.假如……表达自己的感受

那么，年轻与年长的老师，谁的教学生活更显快乐呢？四个年龄组的平均值分别是 8.21、8.15、7.12、7.94。数据说明，年轻的老师们体验了更多的"快乐教学生活"。

上述判断在第 24 题上也得到了验证。第 24 题的数据标示的是老师们学校生活的"阳光情绪指数"，总平均值达 7.77，选择 8-10 分的"高阳光指数"的教师达到 55.4%，选择 4-7 分中间值的人有 44% 多，

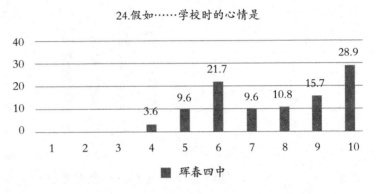

24.假如……学校时的心情是

■ 珲春四中

而选择"低阳光指数"的人可以忽略不计，总标准差是 1.93（离散度不大）。四个年龄组的平均值分别是 8.36、8.32、7.00、7.88，最大的标准差出现在第四年龄组，是 2.25，最小标准差出现在第一年龄组，是 1.39。这再一次说明，年轻教师群体更多地享受着学校快乐生活。

老师们的阳光指数是教师高质量专业活动的基本反映和基本依靠。也即，老师们持续的高情感投入是高度专业自尊、自主等内在需要得到满足后的内心反映，也可以部分地说明专业自信状态。数据表明，学校总体的文化状态是健康向上、充满活力和具有较高感染力的。由此一点，就反映了学校具有较高管理水平，也拥有较充分的变革资源。

我们需要注意的，是四个年龄组阳光情绪指数的差别。从第 5 题反映出的四个年龄组的快乐"平均值"（8.21、8.15、7.12、7.97）看，年龄小的两个年组老师们更快乐阳光些，而 40-49 岁和其他三个组的老师相比，有一点点差别。再看 24 题，总分值是 7.77，四个年龄组的"平均值"分别是 8.36、8.32、7.00、7.88，几乎是第 5 题相关数据的"复制"。这说明什么呢？为什么 40-50 岁老师们的阳光指数会更"低"一些呢？或许我们可以从职业倦怠、家庭压力等各层面来做归因分析，那是另外一个调查的事了。这里我们想提醒管理者，"中高年龄"组教师的情绪管理或许应该成为一个课题，比如针对他们来设计一些调整工作压力的活动等。

以上两题所呈现出的"阳光情绪"指数之数据是学校管理团队值得骄傲的，也是未来学校改革发展的宝贵资源。

从高情绪指数中我们甚至看到了老师们对自身素质认知的乐观。

第 9 题是让老师们对自己的"学科教学素养"作自我判断。前面的阳光情

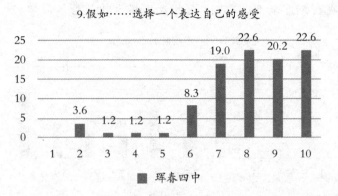

9.假如……选择一个表达自己的感受

■ 珲春四中

绪指数已经能够透视出老师一定会在自身专业发展上有高度自信。实际的数据也证明了这一点：总平均值 7.94，总标准差 1.88，从 7 分到 10 分这些分值的选择集中了老师们的高度自我素质评价，每个分值的选择比例都接近或超过 20%，加在一起接近 85%，这是一个相当高的"专业自信"指数。

坦白地说，这么高的专业自信，是超出我们预估的。这个数据，积极的意义很多，专业的自信会形成诸多的专业素养增益，比如学科教学改革勇气、对专业权利的诉求、思想观点的独立等。在这些之外，我们想提醒的是，过度的专业自信也可能形成"抵牾专业引领"等负面效应。

在专业自信这个问题上，需要对照"年龄组差异"数据来比照认识。这是因为，教学这种工作是一种比较多地依赖"经验累积"而走向成熟的职业。四个年龄组的数据表明，随着年龄的增加，老师们的专业自信也就越充分：四个年龄组的平均值分别是 6.62、7.81、8.31、8.53；总标准差 1.88，各年龄组的标准差分别是 2.18、1.94、1.76、1.42。分析这些数据，可能是相当有意思的。比如，四个年龄组的平均值差别接近 2，但是只有"30 岁以下"的年轻老师才有较大的"谦虚度"，其他三个组的差别就小多了，说明教师学科教学的专业成熟年限并不长，"新手"很快就会有"专家"的感觉；再比如，年纪越大，在自信层面差别越小，说明现实的教学还是"依赖经验"的东西多。需要关注而在这里特别提醒的是，"经验依赖"和"职业倦怠"问题是联系在一起的，当"经验层面"新鲜不再时，职业倦怠的嫩芽也就勃勃生发了。

对照上述个人专业发展自信的数据，29 题所采集的对"教师团队"的评价信息就有趣了。坦白地说，当对照第 9 题和第 29 题的数据时，我们甚至怀疑统计数据有误，或者是问卷编制存在问题。

第 29 题，所有老师的总平均值是 5.21，而总标准差是 2.41；和第 9 题数

据呈现上升曲线不同，第29题的数据，如果用曲线来表达，形成的是类似"低高低"的"山"字形正态分布曲线。即，老师们判断学校的教师团队的发展状

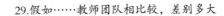

29.假如……教师团队相比较，差别多大

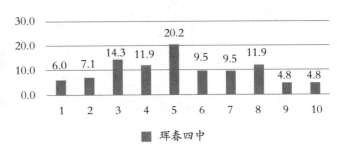

态时，就不像评估自己的学科专业素质那么"自信满满"了，5.21的平均值与个体高度自信（7.94的平均值）相比较，集体专业发展自我评价虽不能说是"低水平"，但也不能不说有较大落差。为什么会出现这种情况呢？

年龄组的数据可能帮助我们更立体化地认识现状，但对于归因分析不会有太大帮助。四个年龄组的平均值分别是4.93、4.86、5.27、6.00；四个年龄组的标准差分别是3.05、2.46、1.76、2.71，总标准差2.41。分组数据给我们的最大印象是，年轻教师群体（前两个教师组）对于建立理想教师团队的期望值最高。

可以肯定的是，教师团队不是教师个体的简单加和，教师与教师之间形成的复杂的"既独立工作又相互牵系的社会关系"是其他工作所不多见的，如果再考虑到教师个体、教师群体共同影响学生并动态接受学生影响（包括人际关系影响）的群体动力学特点，那么，理想的教师团队真是一个很难建构的组织。

调查数据隐含的信息，可能是我们根本无法完全认知的。不过，有一点是基本可以断定的，即老师们对团队协作等团队品质的评价并不像评价自身专业素质那样高；或者说，老师们对"教学团队"的感受并不像"自信感受"那样强。还有一点需要提请管理者注意，即：老师们对建构一个"理想的教师团队"是比较期待的，未来的学校创新改革发展中应该给予"团队建设"以更多的关注，同时可引导老师们主动关注和建构"团队文化"。

在开放的市场经济社会，管理者对下属的忠诚度是特别关注的，也是文化建设的重要问题。虽然，对于优质学校来说，这个问题并不难以应对，但它仍然会在某些特殊情况下凸显出来。第22题所采集的信息，就是学校文化建设的"职业忠诚度"或"教师专业精神"这个层面的问题。

第22题，分数可以看作"职业忠诚度指数"，分数越高代表着对职业越忠诚，所有老师的总平均值是6.73，不算低；而总标准差却也是不低的2.67，代表着较高的离散度。数据表明，有个别老师的职业忠诚度不高。

22.假如……，您选择"教师"的可能性是

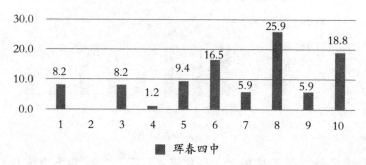

■ 珲春四中

20.假如……，您的满意度是

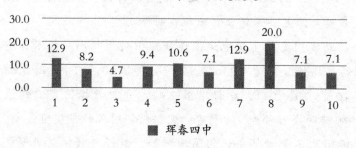

■ 珲春四中

在统计图上，数据直观呈现的也是一个在本问卷中少见的"犬牙交错"的状态。从图上可以看出，如果把5、6两个分值的选择作为"中位数"统一看待，那么1、3、5-6、8、10的选择比例与2、4、7、9恰好形成了对应的"高低起伏"状态，这说明大家的态度是不统一的，或代表着"人各有志"。这种统计数据是难以解读的，我们能够读出的，是群体中的个体在回答这个问题时的差别心态。

分析到此，我们忽然想到此前已经见过的这种"矛盾形态"的一个图表，即关于"经济待遇"满意度的图表。我们不妨把它拿来，对比一下。当然，不是说老师们的职业忠诚度是与"经济待遇"联系在一起的，而是说，我们可以设问：这两张图表的"相似"，背后有什么联系吗？

上面的把"职业忠诚度"和"经济待遇"的相关性两相比较的做法是简单粗暴的。我们还是回到问题本身。

仍然是第22题，四个年龄组的老师们的认知差异较大，值得我们高度重视。在注意到总平均值6.73、总标准差2.67的同时，我们注意到，四个年龄组的组平均值分别是7.86、7.88、5.62、6.29、分组标准差分别是1.66、2.21、2.43、3.14。这组数据说明：其一，年轻的老师"职业忠诚度"更高，他们更倾向于"仍然选择当教师"，这和前面说过的较高"阳光情绪"指数相合；其二，40-49岁年龄组的老师，相对来说，"职业忠诚度"最低，这也和前面提到的他们相对较低的"阳光情绪"指数相合；其三，随着年龄增长，大家的职业态度和价值观的差别也越大，最大的认知差别在"老教师"组。同时，我们推断：其一，

总体上说，年龄越大的老师们创新改革的动力会越弱；其二，高标准差说明有一部分年龄大的老师可能有更高的职业热情，也可能保持着更高的改革激情；其三，年龄大的老师，特别是四五十岁的老师，可能更具"职业倦怠感"，因而才会形成"厌倦了再选这个职业"的情况。

五、关于同侪关系的感受与认同

在学校文化建设所涉及的人际关系网络中，"同事"关系备受关注；而且，越是"现代化取向"明显的学校文化，对同事关系的关注度就越大。这是因为，在现代教育思想体系中，超越教师"个体劳动"局限而形成教育合力是教育组织学、教育管理学、群体动力学等共同关注的话题。

在我们的调查问卷中，有1、8、11、19、26等题着力于同事关系、合作文化的考察，其设计又可细分为"主观情绪感受"和"理性反思认识"两个层面。

先来看主观情绪感受层面。

第1题、11题是倾向于考察老师们主观情绪感受或主观认知的内容。第1题，有人可能认为其无法检测老师和学校文化的真实情况，因为"新来同事适应学校文化的时间长短与其自身性格相关"。但是，在我们看来，在"不明确新来同事个性"的前提下，每个受访者的"设想"或"设定"恰恰是其主观世界的"真实投射"，"心理投射"法甚至比第11题的直接说明更有机会让调查者接近被调查者的内心世界。

总体上，老师们分别选择一个月、半年、一年及一年以上（更久）这个涉及"适应时间"的比例，呈现的是U型。单纯从这些比例的分布，就可以看出老师们的个性是多样化的。这对于一个学校群体来说是一个好事。因为，在我们看来，

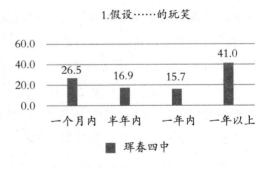

1.假设……的玩笑

虽然说"人以群分"，但单一性格结构的群体对学校来说是个很糟糕的事。

如果把"一个月"看成是"较快适应"、而"一年以上"为"适应很慢"，再大胆一些分析的话，可以有这样的预判：有超过40%的人认定要经过一年或更久时间才能完全融入集体；另有四分之一的人是可以"速热"的"自来熟"。对于学校的团队文化、群体组织的亲和力、包容性、开放度，我们从上述数据中可以有自己的判断。我们的推断是，26.5的百分比，说明有这个比例的老师

是开朗、随和，很容易融入群体的；"半年内""一年内"两个比例加在一起达到近三分之一比例，也说明了人际关系的亲和性较好。

年龄分组数据是可以让我们知道大体上是哪个群体更具备"开放性"性格或个性。四个年龄组选择"短时间"（一个月内）就能开玩笑的百分比分别是46.2、38.5、12.0、17.6；选择"长时间"（一年以上）才能开玩笑的百分比分别是7.7、34.6、52.0、52.9。可以说，个性开放性（也意味着文化的开放性）与年龄相关情况已经跃然数据之上。

11.假如……选择一个表达自己的感受

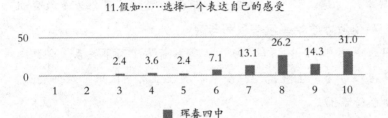

第11题直接询问对同事的"爱恨情仇"。设计这个题，当初更看中的是统计时呈现的"平均分值"，将来供校际间数据比较使用。尽管如此，数据仍然可以给人呈现一定的"团队文化氛围"标示。

从柱状图可以看出，老师们对同事给予了很高的积极评价，单纯是选择8、9、10分三个高分值的比例就达到70%以上；统计表明，在这个问题上，所有老师的总平均分值是8.15，而且标准差1.79说明大家的认识差别不大。可见，绝大多数老师在团队中拥有积极情绪，保持着和谐的同事关系，学校的团队氛围非常好。这一点可以结合前面的教师个体"阳光情绪"指数来认知和分析。

我们再看看分组数据的情况。四个年龄组老师平均值分别是8.57、8.38、7.64、8.24，而标准差分别是1.45、1.79、2.08、1.60。相对来说，虽然无论分值还是标准差，两个数据都显得不错，但40-49年龄组教师既是分值最低的，也是认知差别最大的，还是引起我们的注意。

第8、19、26题是"诉诸理性反思的感性认识"调查，主要观察对"同事角色"的认定。

先看26题带给我们的信息。

用一个词来形容自己和同事的关系，这个词可能融合了"理想与现实""价值与期望""个体与集体""现在和未来"等多重因素的综合，我们更关注的是包含着主体期望的"角色设定"。在这个过程中，角色的"有限选定"让心理分析成为可能。

"登山伙伴""接力跑队友""打麻将伙伴""高铁上的邻座"，这是我们设定的供选择认定的"角色"。很显然，不同角色对应着不同的"同侪关系"认同。

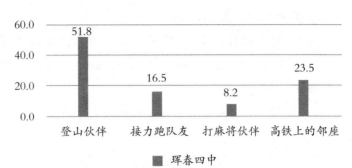

在我们看来，"打麻将伙伴"作为零和游戏的"对手"，如果被选中，那么同事关系就很难处理，也不符合"教育"性质；"高铁上的邻座"，虽然有"同舟共济""环境共有"等联系，但在"行为独立性""目标价值趋向""行为联系紧密性"等层面上，其"临时关系"特点也让教育行为突出了"独立性""个体化"特点。在上述四种"角色"中，我们倾向于老师们选择"登山伙伴"和"接力跑队友"。其中，"登山伙伴"的可预期价值设定包括：目标一致、行为既相互独立又相互联系、心理互动、协作；"接力跑队友"的可预期价值设定包括：目标一致性、行为的紧密联系与高度相关、协作、心理互动，等等。

需要说明的是，无论是"登山伙伴"（四个年龄组教师选择的比例分别是50.0、46.2、42.3、70.6）还是"接力跑队友"（四个年龄组教师选择的百分比分别是28.6、15.4、19.2、5.9），都能够概括"教育影响的团队特点"，但接力跑队友所暗示的"行为高度相关"和"登山伙伴"暗示的"开放、松散的组织关系"还是有差别的。这种差别，在答卷的短时间内能否被清晰认知，并不值得过多考量。在此题的回答上，我们更关注的是后两种角色认定比例。

8%的"麻将伙伴"，虽然是我们最难于理解的，但感觉没必要过多解读。这里提供分年龄组百分比数据供参考，四个年龄组中选择"打麻将伙伴"的比例分别是7.1、0.0、15.4、11.8。需要注意的是近四分之一的"高铁上的邻座"，这个是学校老师中很容易出现的角色认定，而且会对教育教学团队形成实质性影响。四个年龄组选择"高铁上的邻座"的比例分别是14.3、38.5、23.1、11.8，老教师年龄组比例最低是好理解的，而第二年龄组教师的38.5%的高比例不能合理解释。

总之，未来的学校文化建设中，管理团队或校长应该注意这部分处于"游离状态"的老师，争取引领他们融入团队文化中，形成协作意识和教育合力意识。特别是，对于年轻老师来说，让他们尽快学会理解教育工作的"团队性质"，是非常有必要的。

与 26 题相比较，第 19 题所采集的信息更有助于我们了解学校老师对教育工作"协同性"和"独立性"的认识，这个题是让老师们直接说明"自我发展与同事的关联度"。

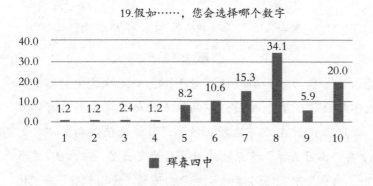

19.假如……，您会选择哪个数字

从 19 题的数据看，总平均分 7.53，总标准差 1.94；有 5% 左右的人认定自己的发展与同事"不相关"或"低相关"；有三分之一强的人认定是中度相关（选

择了 4、5、6、7 分），选高度相关的比例最高，而且选择 8 分的人最多。

年龄组的差异，仍然构成一个焦点问题。四个年龄组的平均值分别是 8.21、8.19、6.62、7.35，而标准差分别是 1.72、1.41、1.88、2.50。这个数据说明，40-49 岁年龄组的老师们，相对其他三个组来说，给同事的"赋值"最低。相反，年轻老师给同事们"赋值"更高，体现了团队建设上的后劲、活力及未来的希望。

把这些数值和第 26 题提供的信息相比较，在我们看来，是一个很有趣的事。需要强调的是，老师们整体上对同事的"价值认知"是合理的，意味着学校文化很健康，既有对个体独立性关照，也有对团队协作性的认同和关注。如果说建议，我们相对比较倾向于有意识地强化老师们的"专业发展独立性"，甚至可以以此作为未来改革创新的突破口。易言之，我们认为，老师们过于强调"同事关联度"，不符合教学工作相对独立性特点，也不利于自身专业成长。这一点，与强化"团队建设"的诉求并不矛盾，而是一体之二面。

"一个有失败风险的改革创意，会不会公开于同事之间？"这是一个关于团队文化包容度、开放性和团队成员间"安全感"的综合考察，我们对这个题带来的信息，也有很强的期待。

本题的基本数据是：总平均值 7.29，标准差 2.03，最小值是 2。老师们选择而形成的柱状图与第 19 题、第 11 题的柱状图很相似。这让我们感到非常有意思，也感受到了"安全感"与"融洽性""同事关联度认同"的高度相关性。

从图中可以看出，当一个改革创意形成，老师们会在很大程度上"公开"并有勇气付诸实施。60%以上的高分（8、9、10）集中度，说

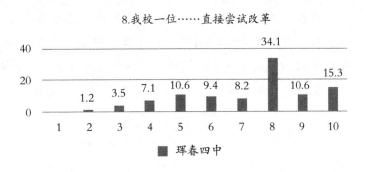

8.我校一位……直接尝试改革

■ 珲春四中

明学校的团队文化氛围开放、包容、协调、融洽性很强，给老师创新、创造和大胆冒险甚至失败提供了较好的安全心理保障。对于一个团队来说，这一点非常宝贵，也是长期的文化经营的结果。需要提醒关注的是，老师们的高安全感是学校校长、管理团队值得高兴的，也是未来学校创新发展的"心理空间"所在；特别是，管理团队可以充分利用这一点征集改革创意，引导大家群策群力凝聚共识，而不要过分地迷信于"顶层设计"。

我们再来看看年龄组差异：四个年龄组教师的平均值分别是8.07、7.58、6.65、7.41，标准差分别是1.33、2.14、2.12、2.06。数据说明，相对其他几组来说，40-49岁年龄组的老师们安全感差一些，而越是年轻老师，改革创新的"勇气"和"冲劲"更大、更足。

六、关于师生关系的感受与认同

把"师生关系"放在学校文化建设考察的最后部分并非因其次要，而恰恰相反，是因其最为重要。我们认为，师生关系所代表的学校文化如此之重要，以至需要其他几个部分来先行条分缕析而大体明晰其内在结构与生成机制。亦即，我们先行分析管理文化、教学文化、同侪文化等，而最后分析师生关系文化特质，大体出于这样的考虑：其一，学校工作以师生关系为联结纽带，以师生共同参与其中的教学业务为核心活动内容，而教学指向学生的学习与成长，学校的一切都是为了促进学生发展而设，判断学校文化品质高下的最终标准还是要从学生角度设计；其二，我们的"学校文化建设调查"没有设计学生发展信息的采集，这个缺陷需要其他方面的信息从侧面来弥补；其三，师生关系既是学生发展的条件和资源，同时也是学生发展（即社会学习的内容）本身，是学生沉浸其中而实现"社会化"过程的一部分；其四，我们的调查也好，学校文化建设的核心原则也罢，都需要坚持人本位，对于学校来说，人本位即师生本位或师生关系本位。

问卷第 7、16、18、27、33 题采集的信息给我们了解学校师生关系文化提供了机会。五个题从不同侧面但又集中围绕着共同主题来设定信息采集点，让我们能够相对立体地认识学校的"师生关系文化"状态和特点。

我们先看第 27 题提供的教师视角的"学生角色"。

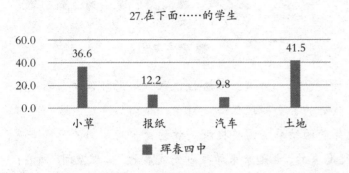

27.在下面……的学生

珲春四中

我们提供了四种差别比较大的"角色"供老师们选择：小草、报纸、汽车、土地。我们相信，老师们在选择时一定会仔细考虑不同的角色之间的差异：报纸是供阅读的，教师可以赋意其中，但其固化的内容是无法改变的；汽车是可以驱使而让驾驶员实现自己意志的，机车的性能与驾驶员的技术等都会影响运行状态；土地是需要耕作者认识而"因地制宜"的，不同性状的土地和耕作者的技术与耕作态度等一起决定着最终"土地生态"；小草是有生命的，其生长与发展既有自身规律，也依靠营养和辅助条件。如果用上述几种"角色"来设定学生，都可以有一番"道理"解释。

此题采集的信息有一定模糊性而难以让我们准确猜测老师们在选择时所持有的"价值取向"。坦白地说，数据超出我们原来的"老师们会更多地选择小草"的预想，尽管做出这个选择的比例相对来说是比较高的。

不同年龄组的老师价值取向不同。四个年龄组选择"小草"的比例分别是 64.3、26.9、25.0、43.8；选择"土地"的百分比分别是 14.3、42.3、62.5、31.3。可见，大家的分歧主要出现在这两项选择上。特别是，第一年龄组选择"小草"的 64.3% 和第三年龄组选择"土地"的 62.5%，是两个更让人印象深刻的数据。

在我们看来，无论老师们选择报纸、汽车、土地的理由是什么，在定位学生时，"生命"与"发展"这些和"小草"能够联系在一起的字眼应该是更重要的砝码。然而，实际的情况并非如此。我们想到，这和老师们内心对教育本质的认识或许有一定相关。

由此而想到，我们的老师们也许还应该再仔细探讨一下教育的最终意义这个问题，再反思一下内心里的教育理念。许多年来，我们强化的是"新课程"理念，但教育本真的东西和教育过程中"人际关系"所言说的"生命价值"或"生活意义",或许并没有形成真切的认识。

与上述"角色认定"相关的,还有另外一个类似的题,即16题,它是把老师也"代入"而确立"学生角色"的。

师生关系到底可以类比为哪一类人际关系呢?这又是一个心理投射试题。在16题中,"导游与游客""裁判与运动员""厨师与食客""导演与演员""影院中的观众与观众""交

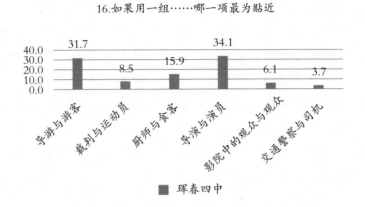

16.如果用一组……哪一项最为贴近

通警察与司机"对应于不同的师生关系,或者按我们的设计,它们分别是不同的师生关系的隐喻。

我们在设计此题时,预估在填写问卷时被调查者会仔细甄别每组词语间的意义差别,故而会耗费很多时间;另外,我们对个别教师误读此题也有预估。

首先,我们来看设想中不同词组对应的师生关系内涵:(1)影院中的观众与观众,是临时搭组的群体内独立成员间的关系,相互之间没有在实现生命意义层面形成紧密的关联。因此,这样的师生关系是"相互陌生"为基本表现的,交互性弱和临时性是突出特点。(2)交通警察与司机,这是一种相对标准的"管理关系",规则的制定、权变与执行均依靠"警察",这些规则是刚性的,而"司机"处于相对被动和被约束的地位;关键的一点是,"交通警察与司机"关系的建立存在很大的不确定性和临时性。这样的师生关系,在制度化的现代教育过程中,也不健康。(3)导演与演员,从"演员"这个角度讲,这是一种相对更为开放和自由的角色,但也有其限制:首先,演员要听从导演的要求,遵守规则,既不能是"自然表现"也不能是"自由表现";其次,"艺术作品"的水平决定于导演与演员双方,演员素质是基础,导演水平是保障;再次,演员要经过对"剧情—表现"的主体"内化与外化"创造性过程,水平之发挥不能完全依赖于导演的启发、示范等,发挥自身主体性是基本条件;最后,导演与演员是为了"任务"(成就作品)而搭组的团队组织,而且导演与"预设剧本"是决定性的力量,演员的个性张扬只能是服务于"剧本"。(4)厨师与食客,

这是一种"服务"为基本内核的关系，厨师服务于食客，食客具有决定"服务关系"的主动性和"服务活动"的主体性；而且，这种关系的"临时性质"很突出。（5）裁判与运动员，这个类似于"交通警察与司机"，但又有不同，即"裁判"有更多的"组织"责任，服从于明确的活动任务的落实，而且凸显了裁判的"评价"职能。（6）导游与游客，这又是一个以"活动任务"明确性为突出特点的"关系"，导游提供旅游产品的同时也构成旅游产品（服务）的一部分，他和"游客"共同成就和实现活动目的；同时，导游具有服务的主体性，游客拥有接受服务及游览的主体性。相比较上述关系，"导游与游客"关系的最大特点是"主体性"和"活动组织性"。

明确了上述"词语内涵"设计意向，我们就可以试着解读老师们每个选择背后可能的"意向"。

数据显示，老师们在定位师生关系时，各有三分之一左右的人选择了"导游与游客"和"导演与演员"，这与我们的预想相符合。这里需要提示的，是6.1%的影院中的观众与观众、3.7%的交通警察与司机以及8.5%的裁判与运动员。这几个项目的选择比例虽然不高，但也值得注意，毕竟它们代表着一种片面的"师生关系"解读。例如，选择"交通警察与司机"的老师，集中在50岁以上的老教师组，他们是更看中教职的"管理"。再比如，分散在后三个年龄组中选择"影院中的观众与观众"的老师，他们主要追求或关注的是"后现代"的"松散的自由"？

为更好地了解不同年龄组教师对"师生关系"的定位，我们把相关数据列表附上。

	30 岁以下	31-39 岁	40-49 岁	50 岁以上
导游与游客	38.5	34.6	28.0	31.3
裁判与运动员	7.7	7.7	16.0	0.0
厨师与食客	15.4	15.4	12.0	18.8
导演与演员	38.5	34.6	36.0	31.3
影院中的观众与观众	0.0	7.7	8.0	6.3
交通警察与司机	0.0	0.0	0.0	12.5

表：不同年龄组教师对师生关系的定位

第7题是正面问询"师生关系"给老师们形成的主观情绪感受。这个信息不会被误读。数据表明，老师们的选择倾向于在高分值区域集中，总平均分为8.22，总标准差为1.84，他们总体上和学生"友好

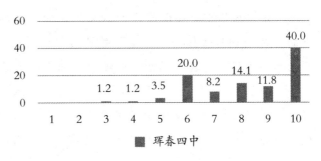

7.假如……表达自己的真实感受

相处"，心情愉快。相对来说，年轻老师群体的"愉快指数"更高些，四个组老师的平均值分别为9.00、8.27、7.96、8.00，而四个组数据离散度的差别并不大。这个数据验证了"阳光情绪"指数的可信度。

第18题与第7题形成相互证实的关系：第18题的数据表明，用分值来表达学生"可爱度"的老师在高分值区域集中，甚至有超过42%的人直接给了满分10分。这是"师爱指数"的基本显现；"师爱指数"的总平均值为8.47，分组平均值分别为9.36、8.65、

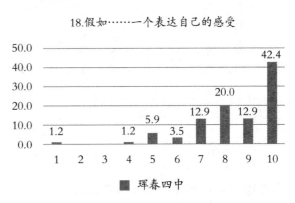

18.假如……一个表达自己的感受

7.62、8.82，分组标准差分别为1.34、1.35、2.23、1.59。在这组年龄组数据中，我们又注意到了40-49岁年龄组的差异性。

以上两个数据给我们形成的判断，可以帮助我们对第33题的数据进行更好的分析。这是另外一个侧面的"师生关系"认知，即询问老师们"换一批学生而重建师生关系如何"？然而，第33题的数据却增加了我们的迷惑。

第33题，用数字来代表自己"选择换一批学生"的倾向性。最后的数据是：总平均值4.05，总标准差3.13。这个数据说明，老师们总体上很满足于现有师生关系，不太主张换学生来教，但在这个问题上的态度是有差异的。单纯从"柱状图"就可以看出，选择"低分值"（1、2、3分）而不倾向于换学生的老师，比例数达到一半以上。当然，选择8、9、10三个高分（代表特别想换学生而重新建立师生关系）的人，加在一起也占到近二成的比例。从年龄分组的数据看，

各组平均值分别是 5.07、3.46、4.27、4.00，分组标准差分别是 3.56、2.98、2.88、3.46。分组数据中，年龄较小的两组老师的数据增加了分析的复杂性，30 岁以下的老师们相对较倾向于"换"并且内部分歧较大，而 31-39 岁的老师们相对倾向于"不换"，其他两组"老教师"倒是相对"平和"。

对照第 18 和第 33 题两组数据，必然会陷入更大的分析困难。为什么会出现这种情况呢？为什么会有一部分人一边说学生们很可爱、和他们相处得很愉快，一边又想结束这愉快的"师生关系"呢？背后的原因是什么？是否"换一批学生来教"是一个吸引老师们的具有挑战性的"新鲜而有趣"话题呢？这一点让我们感到很好奇，但却无法准确解读，有待于学校管理者进一步调查和了解。

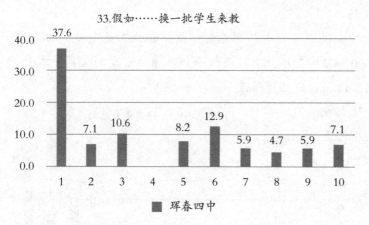

33.假如……换一批学生来教

■ 珲春四中

七、结论

除了以上在陈述各部分数据时所做的推断外，总体上，我们还应该重点突出及进一步推断得出以下简单结论：

第一，学校总体文化建设成果相当令人兴奋，具备优质学校在未来创新发展的丰富资源和条件。

第二，教师群体对管理团队、对校长的评价和期望很高，但也表现出较高的"依赖性"。单纯从"依赖性"角度说，它可以构成创新改革的助力或支撑，也可能成为创新改革的障碍。

第三，学校在教学文化的"创造性""开放性"引导层面以及教师群体创新改革的"自主性""主动性"层面表现一般。特别值得注意的是，大家对学校已经取得成绩有较高的自我评价，但对存在的问题或许没有明确的认识；他们的"批判性反思"表现得不明显，创新探索精神也没有突出显现，这值得注意。

第四，教师专业素质结构方面，价值观或思想意识层面还有待于进一步的冲击，从而为更具现代性的实质性变革打下基础。目前估量，先进思想理念在部分老师那里或许还没有确立（甚至没有明晰），在思想价值层面还保留着诸多"保守和落后性"，这会实质性影响学校的创新改革。

第五，创新改革，特别是以激发教师团队性、个体创造性为基础的改革（区别于顶层设计推动的改革），是激活教师发展活力及解决目前学校文化建设诸多问题的主要切入点或路径。

第六，40-49岁年龄组的老师值得注意，这个组应该是学校发展的骨干力量，但其数据所呈现出的多数发展状态、发展水平都不如其他几个组。

第七，年轻教师的素质和发展水平以及他们所表现出的自我发展期望，是管理者可以依赖的。不过，在一些数据上，他们也表现了这个专业发展阶段常见的"矛盾冲突"。我们认为，学校需要在引领他们规范教学的同时，有针对性地强化培育反思与批判精神，培养探索和研究素质，使他们尽快成为学校创新发展的核心力量。

第八，教师群体对学校总体文化的认同度、对学校的"向心力""忠诚度"不容过分乐观；团队文化和主人翁责任感建设等是未来文化建设的重要方向。

第九，教师群体对学校的改革发展拥有较高的内在需求，甚至不排除诉求的内容较复杂，管理层应该注意了解。对此，一方面要用改革促发展、以发展满足需求；另一方面，要小心规划和设计改革，照应"改革需求"和"各方利益诉求"的复杂性。

从校长成长的感悟中走来

一次课，一生情

　　毕业之后我被分配到了现在工作的学校——珲春市第四中学。上班不到两个月就迎来了学校的导言课大赛，我代表化学组参赛。

　　比赛时间是一个星期三的下午，全校教师齐刷刷地坐满了一间教室。轮到我上场了，我提醒自己教态亲切些，声音柔和些，表达再清晰些，为提高学生对起始学科的兴趣，赛前查阅了大量的资料，选中"空手点灯"的魔术作为开场实验，神奇的酒精灯真的自燃起来了，奇妙的实验吸引了现场每一位老师。走下讲台走到老师们中间，一下子就被各种赞美之声包围。我能真切地感受到老师们对我讲课的欣赏。毫无争议地在这次导言课大赛中，我以全校第一名的成绩获奖。赛后的很长一段时间里，很多老教师见面还夸我的设计新颖，夸我表达清晰，条理清楚，像演员。记得当时的老教师杨晓蓉老师跟我说："小李好好努力，将来一定能成为一名出色的老师的。"这些由衷的赞许让我在入职之始感受到的尽是美妙，一下子就爱上了老师这个职业。在以后的日子里有很多机会可以改行，也有很多人劝我，当老师这么累，你图个啥呢？但是不管别人怎么说，我从未对教师职业产生动摇。不是因为别的，真的就是因为喜欢和热爱。我想这也是身为校长的我却仍然坚持给一个班的学生上化学课的原因吧。

　　导言课的经历也给我带队伍、办学校很多的启发：年轻的老师也好，学生也好，在他的学习工作中，你能给他以最真诚的赞美、尊重、表扬、欣赏，对教师或学生对职业或对学习的美好感受，会支持他克服困难，迸发潜能。

　　好的开始，是成功的一半。在我做校长之后，特别践行和崇尚赞美文化，应该和我的这次经历有关。

　　要把每一节课都上得和这次导言课一样的精彩，导言课的经历让我好像对上好课着了魔。每天下班后，我都躺炕上，眼睛望着天花板，一遍一遍地重复导语怎么说，正课怎么引入，过渡语怎么说能说到学生的心坎里，想好后再把每一个步骤，每一个环节说哪些话都写出来，而且还要把它背的流畅又有感情。每天在上下班的路上，也是一边骑车，一边备课。

　　记得那是一个深秋的早上。骑着我的 28 自行车，往学校走的过程中，一边蹬车，一边脑子里捉摸今天的课我要怎么上更好。一抬头突然发现对面来了一个机动车，骑车技术水平不高的我，躲闪不及摔倒了，脚被自行车别着拿不下来，整个人卡倒在地，脚踝当时就出了血。为了不迟到，忍着疼痛快速骑上自行车，照常上了一天的课。由于前一天下雨地上有积水，一天下来，湿衣服是用体温烘干的，脚上流着血还不好意思让人看到，偷偷拿餐巾纸把有血的地方盖在袜子里面。我的右侧脚踝上至今还有一个比较大的疤痕。

　　如果说导言课大赛上让初出茅庐的我在校内初次体验工作的美好的话，全国化学竞赛颁奖大会在珲春的召开更是让我自豪不已。

　　1992 年，我上班的第二年，辅导的学生杨宏宇（后考入清华大学）获得了"天源杯"全国化学竞赛吉林赛区一等奖的第一名。1992 年的珲春进出还是很不方便，这样偏僻山区的学生能在吉林省赛区中获取全国化学竞赛一等奖的第一名，应该说在当时的吉林省、在珲春市都产生了极大的反响。省教育学院亲自派人坐了一夜的火车从长春辗转到珲春颁奖。竞赛的颁奖会在当时珲春最大的公共场所——市影剧院举行（坐满可容纳 600 人），市里出重金奖励了我现金 500 元，1992 年，我一个月的工资刚刚 100 元钱多一点。

　　1991 年大学毕业，1992 年指导学生国赛获奖，如果说是我辅导的好，不如说是孩子天资聪慧。我自己知道我这个指导老师纯属捡漏，当时辅导竞赛都是利用中午的休息时间，组里的其他教师中午要照顾家，照顾孩子，没有时间。说的再直白一点应该是其他人都不想干，组长找到我，二话没说就接下来。

　　这次经历让我亲身感受到"吃亏是福"。工作了近 30 年，从未在工作上挑挑拣拣过，从未和组织讨价还价过。

　　两次刻骨铭心的获奖经历，让新入职的我尽享职业的美好。树立了一辈子做教师，做好老师的职业理想。

难忘的公开课

从教至今，我上过的市级以上的公开课不少于 50 节。其中具有特别意义的令我终生难忘的公开课有以下这些：吉林省首届新教材研讨会（1996 年珲春），当时我 26 岁，刚生完孩子 42 天。我现在还记得我讲的那节课是《氢气的实验室制法》。在当时信息技术比较匮乏的年代，我把在玻璃仪器内进行的实验，放在幻灯机上进行演示。实验室制氢气关于固体药品的选择，是选择锌、选择镁、还是铁的时候，为了最大限度地增强演示实验的可视性，我就把这三种金属分别放在表面皿里，并且把三个表面皿放在幻灯机上，然后再通过幕布打出来，一倒上酸之后反应的快慢程度形象生动直观地展现在大家面前。此演示实验经过这样一改进，不但台下的每位学生对现象看得一清二楚，就连坐在最后排的听课教师也都看得明明白白，此实验的改进在当时全省处于领先地位。

第二个就是在实验室制取氢气的装置的选择方面，我也有改进。让学生自制可以即开即停的氢气实验装置，在当时大家还都是照本宣科的年代，我对教材内容做了重新设计编排，加之现场我的语言表达能力，和学生之间这种亲切融洽的师生关系，孩子们在我的启发之下，智慧灵光一次一次的乍现。一下课，省教育学院教研员赵宁老师主动走到讲台前，拉着我的手高兴地说："课讲得非常不错，你是个好苗子，将来一定能成为一名非常优秀的教师。我叫赵宁，是省教育学院的化学教研员，以后在工作上有什么问题和困难尽管找我。你在这样一个偏僻的地方能讲出这样的一节课，真是很了不起。"日后我和赵老师结下了非常深厚的工作情谊。

2002—2004 年延边州名师汇报课：作为延边州首届名教师培养对象，在两年的培养期间，在延吉、珲春、敦化、和龙、安图共上过汇报课 8 节。我自认为这两年是我对课的设计能力提升最快的两年。一方面是因为按照名师培养方案阅读了大量的书籍，写过大量的作业文章；另一方面，到各地讲课时，时任州教育学院的陈光陆副院长，我的导师金百莹老师、中语室鞠胤忠主任、董迪老师等许多的州学院的教研员老师，都坐于台前听课，不管我的课讲的精彩还是平常，台下的各位导师给予的永远是欣赏的眼光，课后导师们会以极艺术化的方式，以不同的视角给我以极为乐于接受的点评。在这么多当时延边州最权威的老师们的指导下，我对课程的设计能力以及讲授能力都有了突飞猛进的提高。我的课堂实录刊登在了《中学化学教学参考》杂志上，后又被人大的复印资料转载。在我们吉林省连续两年的中考中，都把我这节课的片段作为中考试题一个出题的素材。

延边州第十一届年会（2004 年 11 月安图），出课题目"煤和石油"。因这节课在中考的时候没有考点，平时大家都不重视，再加之教材内容都以文字叙述的方式呈现，很枯燥，从未有人以这节课为名出过公开课。这节课是全州的高中化学教师选出来的点名请我来讲这节课。课具体是怎么设计的我就不在这里赘述了，让我最难以忘怀的是这样的一节课，我上成了无法结束的一节课。在我的调动下，学生们的学习热情异常高涨。45 分钟的一节课，好不容易在60 分钟后学生才同意下课，下课时学生都对这节课的学习对象"煤"产生了喜爱和尊重的情愫，还有的同学要拿一小块"煤"回家留作纪念。

回顾这些课例的设计过程，共同点都是站在"巨人"的肩膀上开始自己的工作（每次设计课之前都要先广泛学习优秀教师的课例，在优秀课例的基础上再进行改进或有所借鉴），并且能推陈出新。

回顾个人的专业成长经历，延边州首届名教师，吉林省首批化学十佳教师第一名，吉林省化学学科带头人，每一个奖项的获得都要经过笔试、面试、讲课层层选拔。一方面通过比赛打下了扎实的教学基本功，另一方面让我坚信成功要靠实力、实绩，幸福是奋斗出来的。我的这些荣誉称号的获得和课例获奖的时间都集中在 2003 年至 2006 年，新课程理念对我的教育观、学生观的形成有很大影响。

"非典"来了

2003 年 5 月份，受延边州教育学院指派到和龙市去送课。讲完课后刚要和学校领导及老师进行座谈，这时州学院的陈光陆院长突然间接到一个电话，要求活动停止，请陈院长把所有人员全部带回。

据媒体报道在吉林珲春马滴达乡发现一例疑似"非典"患者，一下子空气变得特别的紧张，就这样我匆匆返回了学校。

学校也马上传达了上级的通知要求，学生马上全部放假，什么时候复课等待通知。当时距离学生中考就一个多月的时间，每一位老师都很着急，怎么办？

珲春市教育局决定开办空中课堂，通过电视把课送到千家万户。在全市范围内遴选优秀教师在空中课堂上授课，化学科由我担任主讲教师。为更好地备课，我把七岁的女儿寄放到妈妈家里。每天上午去录课，中午回来之后就备课、做课件，一般都是前一天备到凌晨的一、两点钟，第二天去录课。备课到第四天凌晨 1 点多的时候，感觉突然鼻子里有热热的液体流出，用纸一擦是鼻血。我有些害怕，但一直没跟家人说，就这样坚持完成全部工作。

记得每天从家走路到录课地点，大街上很少能见到人，即便见到人也好像都避得远远的，生怕被传染。每天独自外出，录课，步行回家备课……，每天神经高度紧张，有累，有兴奋，就从未害怕过。

七天之后接到通告，这则疑似病例只似不是，我们又开始恢复了正常的教学。

这件事之后我也变成了珲春市的一个小名人。买菜的时候，走在菜市场里，卖菜的阿姨就问："你是不是'非典'期间在空中课堂上讲课的化学老师？"我说："对"；她说："你的课讲得很好啊"！那一年中考，我们学校、我们珲春市的孩子都考出了自己应该考出来的分数，正常的升入了高一级的学校。

自己觉得特别有价值感。

一次难忘的演讲——让师爱充满校园

作为一名从教十年的青年教师，在我每一本的教案扉页上都附有这样一首小诗：

如果学生生活在批评中

那是你失去了宽容

如果学生生活在友谊中

那是你有一个平易的心胸

如果学生生活在敌视中

那是你待人不公

如果学生生活在受欢迎的环境中

那是你爱深情浓

一个学生就是一个五彩的世界，一本内容丰富的"书"，更是为人师者的一面"镜子"。在过去的三千六百多个教学日子里，我用心研读过近万本"书"，用情感悟过近万面"镜"，实践让我深深理解了爱是教育之源，没有爱便没有教育的真谛。我是这样品味师爱的：

师爱首先是奉献。说到奉献，我不由得想起了马宪华老师，我的耳边至今还回荡着马老师八岁孩子在她入学那天的哭喊："妈妈，你不要去果树小学了，你去那儿上班我可怎么办，我自己上学害怕呀……"。说到这里我又一次感到鼻子酸酸的，老师——母亲的心也是肉长的啊！可马老师却擦干眼泪头也不回地把爱奉献给了大山的孩子。是什么使得这位瘦弱的女性能在物欲膨胀的今天甘愿恪守这份清贫？——是爱，是浓浓的师爱，是对事业的执着之爱！

在我的学校里也有这样一群"狠心"的母亲——黄晖、马峥、吴鸿波等等，她们接手班主任工作时，孩子都只有二、三个月大，有时忙于班级工作，一天只回家送一次奶。舐犊之情人人都有，更何况是年轻的母亲。她们深知年幼的孩子更需要母亲的关怀和爱抚，但在学生和儿女不能兼顾的情况下，老师却把更多的爱给予了我们的学生。

师爱还是一种等待。记得美国通用电气公司总裁杰克.威尔士在总结自己的成功经验时说，他的成功应归结为母亲小时候对他的鼓励赞赏与耐心等待。杰克小的时候口吃，受人嘲笑，过度的自卑让他变得萎靡不振。他的母亲对他说，这并不是什么缺陷，只是你心里想的比嘴巴说的快而已。别急，慢慢来，让我们一起努力。我想，经过一段时间的锻炼，你的嘴巴肯定会和你心里想的一样快。

这一事例让我看到了美妙而珍贵的人生赞赏，让我明白了教育不能拒绝等待！教育不能拒绝哪怕是看似漫漫无期的等待。

在教育过程中，由于学生个体之间的差异，出现一些学习暂时有困难、行为一时有过失的学生是很正常的。对于这些学生，我们应该耐心地等待他们的成长与进步，指望他们能一蹴而就完成所谓脱胎换骨的转变是不现实的。也许是生活节奏的加快，现代社会倡导的高效率，让我们渐渐疏远了等待；也许是急功近利的心理影响，让我们多了一份浮躁，不再习惯于等待；也许是因为"恨铁不成钢"吧，于是在等待的过程便平添了更多的烦躁。正是因为如此，在我们的队伍出现了这样一些现象：有些老师动辄对学生批评指责，不顾情面；有些老师则喜欢越俎代庖，揠苗助长；更有甚者对班级的"弱势群体"不闻不问，弃之不顾……。他们放弃了满怀信任的期待、美丽安详的等待，竟让"别急，慢慢来"成了一句久违的话语。

其实教育中的等待是一种遵循教育规律的理性选择。它是皮格马里翁式的期待与固守；是爱、宽容、信任、尊重的化合物，是学生成长与进步的催化剂；是孕育欣喜，播撒爱的过程。唯有等待，积极的等待才会让我们的学生在前进中体会到柳暗花明的欣喜与自信。

师爱又是一种真诚。真诚是平等交流的基础，是人际沟通的渠道。教师只有发自内心，表里如一，言行一致的完美人格，他的教学活动才能在学生心中激起共鸣。

您听说过因为不考试停课而引发全班同学伤心、哭泣的事儿吗？您又见过中考抽签结束，学生还坚持要再上一节本来中考已经宣布不考的课吗？

这是我亲身经历的一件事——

那是六年前四月的一天下午，敲门声过后，我的教研室进来了三年八班的化学课代表，他走到我的面前说，老师，今天下午的第一节是我们班的课。我愣了一下说，傻孩子，中午电台不是已公布了今年中考抽签的结果是考物理吗？化学课进度已经完成，课程也就结束了。他还是坚持着，老师，你快去吧，同学们都在教室等你哪！我有些不解地来到了班级，同学们已经齐刷刷地坐在了那里。"起立"，随着班长的一声令下，大家都站了起来，"老师，再给我们上最后一节课吧，老师……"，不少学生哭了。此时此刻，我只能任凭幸福的泪水尽情地流淌。这不正是同学们对我真情付出的真诚回报吗？不也正是对我——一名普通教师的最高奖赏吗？

在备战中考的紧张氛围中，我就是这样流着泪和一群我最可爱的学生们共同上完了这届学生初中化学的最后一节课！

假如我们不能为教学活动注入真实的情感，我们就不可能获得教学活动的成功。失去了成功的体验，教师的情感生活是可悲的。如果从来就没有成功的体验，那么我们的教师生涯是苍白的、遗憾的。

师爱更要求平等。一天，一个学生匆匆塞给我一张字条，上面写道：李老师，我要到职高上学了，临走前想告诉您，我爱上您的课不是因为我喜欢化学，而是觉得您对我那么好，我再不好好学也太不懂事了，你是除同学以外没把我当差生的人……。孩子渴求平等，渴求被平等地对待。我们应该相信，每个学生身上都有天分，每个学生都有其独特的潜质，即便是最差的、最调皮的孩子。千万不要因为我们的冷眼而埋没了未来的"瓦特"，也不要因为我们的歧视、嘲笑而泯灭了未来的"爱因斯坦"。教师的责任应是用他那充满慈爱和宽容的心怀去发现每一个学生的"世界第一"，并帮助学生去发掘和实现可能连他自己都不知道的"世界第一"。

这时我正参加市里师德演讲比赛一等奖的稿子撰写，原来作为老师是这样理解和践行教学观的，从教师走上校长岗位，教学观上升为教育观，我是这样理解教育，也是这样办教育的。

135 张贺卡

每个儿童都有童话情节。

每年的圣诞节，我都会冒充"圣诞老人"给女儿悄悄送个小礼物。

2007 年是我担任校长的第一年。圣诞节前学校事多，一忙就忘了给女儿买礼物了，怕女儿伤心，晚上就写了张贺卡藏在了女儿的枕头下。圣诞节的早晨女儿一起床便到枕头底下翻看有没有礼物——一张贺卡。一开始女儿有些失望，但打开读到"圣诞老人"给她写的话，便哭了，并抱着我说，这是"圣诞老人"送给她的最好的礼物。

看着女儿激动的样子，我就想如果在学校的教师迎新年联欢会上，把一年来对老师的感谢、表扬、建议写在贺卡上送给每一位老师，会不会给老师也带来一丝欣喜，洗去一年的疲劳呢？

说干就干。第二天一上班就找来了当时的信息组组长隋泽强老师，问他135 张贺卡现在找人来做，三四天能否做完？当隋老师知道学校要给老师做贺卡时就提议其实学校自己就能做，只需买来一台彩色喷墨打印机即可。贺卡好做，但隋老师担心，再有三天就过年了，校长能写完吗？

创意贺卡的制作秘密开始了。李昌范主任负责抓拍老师的工作瞬间。备课组集体备课、作业批改、上课、与学生促膝谈心……一个个平凡而又伟大的瞬间被定格。照片经过隋老师修饰并用彩色喷墨打印机打印后，一张精美的创意贺卡就做成了，也成了世界上独一无二的贺卡。

不包括照相时间，一张贺卡从制作到喷出大约需要 15-20 分钟，写一张最快需要 8-10 分钟，理论上 135 张全部写完需要 1080 分钟—1350 分钟。第一张贺卡做出来时已是 28 号了。隋老师马不停蹄地制作、喷制，我在办公室不停地书写。为使每一张贺卡上的文字一定是他的工作表现、他的喜忧、他的默默付出，那几天里我的脑子里就像过电影，一年来或感动，或激动，或烦恼，或欣赏——跃然纸上。写到动情时，自己都掉下了感动的泪水。预算写一张十分钟左右，但实际写起来就不是那么回事了，连续两天晚上都是写到凌晨。135 张贺卡终于在 31 号下午 4 点钟联欢会开始之前全部写完了。

在老师们到达联欢会的会场之前，特意让马云慧老师偷偷把每个人的贺年卡藏在了摆放他名卡的桌布底下。

联欢会上特别安排了一个环节叫新年有喜。当所有老师在主持人的指引下掀开自己名签下的桌布时，果然有一份意想不到的惊喜。打开这份惊喜，读着校长亲手一字一句书写着可能连老师本人都没有注意到的自己——温暖的问候，大大的表扬，善意的提示，新年的祝福……许多老师禁不住热泪盈眶。

虽然这一幕已过去 13 年，但历史组的郭玉萍说，现在还清晰地记得校长给她写的话：随着 2008 年最后一页日历的翻过，一切坎坷都将成为历史，愿新的一年里，笑容永远洋溢在你的脸上，幸福度过每一天。

老公最需要的时候，为了工作没陪在身边，孩子最需要的时候，又是因为工作把他放在后边。谢谢你对学校工作的付出，2009 年争做好媳妇！

2008 年郭老师的丈夫因车祸在医院住院半年，孩子又摔折了胳膊。郭老师当时正在教毕业班，因为工作放不下，在家人两次最需要她的时候，她都选择了工作，是丈夫部队的士兵一直替她承担她丈夫和孩子的护理工作。

就是这样的一个个我和老师之间、学校和老师之间珍贵的过往，凝成了团结无比的珲春四中。

用心做教育，用真情对待老师，让教育暖起来。

"国家把整个学校交给你，要你用整个的心做整个的教育"，陶行知先生的这句话被刻在我办公室门外的墙上，时时提醒要求着自己。

第三章

学校的文化到哪里去

在党的十九大报告中，文化和美好生活是分别出现数十次的高频词，也是勾勒中国蓝图的关键词。文化建设与美好生活高度互动，互相成就。学校文化是学校生活的全部，是学校全体成员共同创造和经营的文明、和谐、美好的生活方式，是学校核心价值观及其指导下的行为方式和物质形式的总和。学校文化建设是其目的、取向和手段组合之总称，是指按照学校文化的框架规划和实施学校文化管理地图的过程，回答学校文化到哪里去、为什么和怎样去的问题。学校文化建设的目的，包括引导和促进学生学习，形成价值驱动型学校，引导学校成员过上气质优雅、举止从容、内容完整、精神健康的美好教育生活。学校文化建设取向即其价值取向，是通往这些目的的取道方向和走法，要借助于合乎取向的各种方法和工具实现其目的价值取向与路径选择。

当代是理性主义胜利和人本主义呼声甚高的时代，规范、科学、民主、高效和审美成为当代管理凸显的价值取向。学校文化建设是时代画幅中文明美好的小窗，中小学要运用多种手段落实好的、实的、美的价值取向，建设秀外慧中的学校文化。

一、好的：学校文化建设的价值选择及表述应向善向好

好的就是善的、优的、妥当的、喜欢的、满意的、慧于中的。就其动机而言，学校文化建设选择好的价值取向和手段，指其价值选择及其表述等应向善向好，主要包含以下四层含义。

1. 抑恶扬善致良知

孟子曰："人之所不学而能者，其良能也；所不虑而知者，其良知也。"依此性善论观点，良知人人都有，个个自足，教育的责任是推广和扩充人的良知良能。在性恶论的主张者荀子看来，"化性以起伪，伪起而生礼义，礼义生而制法度"，而教育是使人"长迁而不返其初"的重要手段。人类希望自己在童年阶段保住百分之百的善端并使其稳固和延展开来，其责任便落在教育和学校身上：不仅要过好自己的生活，还要负责引领社会，传承经验，繁荣文化。

这些动机和期待形成社会规约和人类意志：教育乃向善之学，必须取法乎上，立德树人；学校乃文化传承之地，必须取道善良，不求回报；学校文化必须追求光明和甜蜜，抑恶扬善；学校文化建设必须调动人的善意，引导和鼓励平凡的人们做出不平凡的事情，强化生活信心和意义，保持兴奋和投入，持续奔向美好生活。

2. 价值选择究其远

动机明确后，就要做出价值选择了。所谓价值选择究其远，是指学校文化是一种亚文化，其办学理念体系 的凝练和表述不是文化的终点，而是一个中间站，其背后的文化哲学是国家文化和人类基础价值，它们构成学校文化建设价值选择的远景。国家文化是民族群体的生活方式，包括优秀传统文化和当代主流价值。中国优秀传统文化依照修己惠人的逻辑，展现出三省吾身、和为贵、家隐喻、群体本位的特点，而且一脉相承，在当代表达为社会主义核心价值观：倡导富强、民主、文明、和谐； 倡导自由、平等、公正、法治；倡导爱国、敬业、诚信、友 善。人类基础价值是对于人类生存、稳定和发展起引导作用的根本价值，如智、仁、勇、美等。国家文化和人类基础价值是经验的积累，丰富而美丽，构成不同层次、 嵌套存在、能够次第打开的价值序列，国家、社会和学 校都必须做出文化选择，形成自己的合乎规范和目的的价值选择。学校文化包括办学理念体系和办学实践体系，其办学理念体系的凝练和表述就是在国家意志把关的前提下，积极培育和践行社会主义核心价值观，在灿 若星河的文化珍宝和美德中，选择学校成员所珍爱的价值，这样才是妥当的、积极的和从容的。

3. 凝练表述慧于中

学校文化建设做出价值选择后，就要进行办学理念体系的凝练和表述了，这是学校文化的眼睛，也是学校文 化领导力的标志之一。好的凝练和表述是慧于中的：腹实不空洞，厚实不苍白，言之有实，内核坚固，解决学校文化建设的中空与合理性焦虑问题。其标准是：以高级、生动、合休、简单的方式表述全体学校成员所珍爱的价值，属我性强，朗朗上口，易于传诵。学校要积极、清醒地在办学历史和现实情境中，寻找、利用有价值的线索，其具体建设方法有：文化定位法、理念提升法、概念提炼法、事实倒推法、校名利用法等，也可以组合使用。慧于中的凝练和表述等于是为学校文化定制服装，如果没有能力个性化定制，那么选用品牌服装甚至"团购"也是不错的选择，尽管有时会撞衫但不影响功能。学校文化表述或居其朴素，或求其华丽，没有优劣之说，只要是正能量的表述都没有问题，主要取决于学校的审美和偏好。

4.管理境界大不同

学校文化建设就是学校文化管理和领导的过程，管理境界是对学校文化建设过程和结果的感知。就管理本身而言，其过程和结果很微妙。条分缕析、精打细算、科学评估的理性设计不一定获得理性的结果，不管占比如何、意愿如何，非理性结果都是管理的结果之一。同样的制度，同样的一群人，在不同校长的管理下，会有不一样的结果，形成不一样的管理境界：或成就人或将就人或难为人。学校管理过程和结果是校长的直觉、经验、个性、科学和艺术手段综合运用的交响曲，因此选择校长至关重要。"好的管理者就是好的管理，好的校长就是 好的学校"，这句话虽然从学理看是不完全成立的，但在学校管理实践中往往就是如此。当代对学校管理的要求格外高，管理者不仅要具有遵守规范和利用科学手段的能力，还要有实施民主、获得成果的能力，这就要求校长是个有想法、有办法和有说法的人。这样还不够，还得让追随者们感知很好。老子主张无为而治，描述了四重管理境界："太上，学校文化不知有之；其次，亲而誉之；其次，畏之；其次，侮之。信不足焉，有不信焉。悠兮，其贵言。功成事遂，百姓皆谓'我自然'"。学校文化建设的目的就是希望能够达到前两种境界。概括起来就是：过程结果很微妙，当代要求格外高，四重境界古有之，不知有之为最好。

二、实的：学校文化建设的过程应追求内容真实、方法实在

实的，意味着千辛万苦实打实地付出。实的就是实在的、真实的、充实的、有果实的、诚于内的。就其内容、过程和理性的管理结果而言，学校文化建设选择实的价值取向和手段，就是要做到内容真实，方法实在，解决学校文化建设中认同内虚的问题：既要辛勤耕耘也要关心收获，既要务虚更要务实，既要讲究方法也要看到结果。实的价值取向和手段包含以下三层含义。

1.有用：有助于形成系统思考学校发展的框架。有用就是有好处、有用处。

学校文化建设对学校成员的好处和用处是：管理者获得以文化为抓手的系统思考学校发展的框架。这是一个系统思考的方法论和认识论工具，即把学校管理置于学校文化建设的框架之中，把千头万绪归于一件事：带领学校成员凝练、表述、实现学校的办学理念。校长掌握之，学校做的每一件事情都是在做文化；未掌握之，所做的每件事情就是每件事情而已。学校文化建设热闹也罢，

冷清也好，终究是为着人的发展的。在积极建设学校文化的过程中，教师和学生获得知识和能力的增长，人格的健康和完善，这是最好 的利益和回报，其成就感和获得感足以支撑人生的长远。学校文化建设致力于提供工作和学习环境的安全，满足学校成员的安全感和确定性，为其高级心理需求的实现提供健康平台。积极开展文化建设的学校，也会得到社会公众的认可和赞誉，成为社会资本丰厚而且受欢迎的好学校，这反过来又会提高学校成员的自豪感、奋斗感和组织承诺水平，为学校带来更好的发展结果，其合法性得到进一步扩展，镶嵌在更广阔更深刻的社会结构中，最终使人们相信：美好生活值得一过。

2. 有招：以具体策略助力学校文化有效落地。有招就是有办法、有手段、有把式。学校文化落地需要有招，概括为以下几种常用的手段。

一是制定方案。学校可以着手制定或者继续执行文化建设方案。学校文化建设方案完成后，可以分解为四个行动方案，分别由相应的职能部门重点负责执行，校长统一指挥。其中教师文化、课堂文化和课程文化合在一起形成的行动方案由教学副校长负责；学生文化和公共关系文化合成的行动方案由德育副校长负责；管理文化建设方案由校长或书记负责；环境文化建设方案由总务副校长负责。第一个轮回需要三到五年，学校文化建设永不封顶，质量提高没有止境。

二是人人参与。学校管理者不仅需要民主的态度， 还需要具备实施民主的能力。也就是要以邀请的姿态和方式，引导和鼓励学校成员参与学校文化建设，改善权力运作方式，增加教师在专业领域内自主决策的机会， 提高学生自主学习的机会。在那些好的学校，协商、对话、研讨的方式常被使用，且效果显著，增权和赋能能够产生人人自主、组织自转的管理效果和不知有之的管理境界。

三是数据驱动。学校文化建设需要数据支持，包括定性研究数据和量化研究数据。学校要从数据收集开始，记录和保留学校文化建设过程和结果的所有事实证据和研究证据，尽量克服量化数据收集和应用不足的问题；同时要利用这些数据制订教师分类分项培养计划和学生个性化干预辅导计划，定期调整管理计划和方案，改进管理过程和行为。

四是寻找支援。学校文化建设需要外部专业力量的支援和专家系统的帮助，这些专家来自大学和研究机构。在专家很多的当代，特别考验学校识别、整合、驾驭和利用专家系统的能力。学校要会寻找对路的专家，寻找好用的教育理论和管理理论；要和专家共同研讨，锻炼理论的还原能力；要寻找恰当的研究工具收集数据，熟练使用社会科学统计软件分析数据；要发挥具有研究生学位的教师的研究优势，带动整个学校的研究水平，提高研究的规范性和科学性；此外还要取得这些研究生教师的导师的支持。

3. 有成：及时提炼、固化学校文化建设成果，有成就是有成果、有果实、有说法的真把式，这些成果是实在的、看得见的，这些说法是提炼后的有一定概括性的想法和办法。与抽象进一步接近才不辜负实践和成长。学愈深、知愈明、行愈笃，抽象实践需要一定的功夫，做得好就会理实更加相生相长、相合相爱。学校要及时固化研究、管理和文化建设的成果，这是攒家底儿的好习惯；要组织和帮助教师发表论文、出版专著，给予其适当的资助和奖励，以组织方式干预和提高教师的研究水平；要积极组织教师、学生申报各类奖项和参加竞赛，全面锻炼实战能力；要积极申报各级课题争取立项，对学校课题的立项、开题、中期检查、结题等进行科学管理，提供开题报告、研究报告和工作报告等的标准模板，规范省时；要通过学习和研究共同提高教师的专业表达能力，让教师能做又能说出来。概括起来就是：固化成果有说法，能说会练真把式；成果形式可多样，专业表达须助力。

三、美的：学校文化建设的成果呈现应走向怡景怡情怡人

美的就是好看的、耐看的、好受的、安全的、愉悦的、秀于外的。就其审美表达而言，学校文化建设选择美的价值取向和手段，追求环境安全好看，身心健康愉悦，所谓怡景怡情怡人。在学校文化建设中，我们需要努力干活，也需要总结提炼，更需要享受工作成果及其带来的美好，为生活打气儿，实现人生意义。美的价值取向和手段包括以下三层含义。

1. 享受工作意义

工作的意义绝不仅仅是工作，这里有事业和友谊；教书也绝不仅仅是教书，这里有成就和人生。教书工作享有两大便利：一是容易与书为伍，读书可以博采众长，方便反思和领悟，看事情讲道理透彻些，容易习得研究习惯；二是与学生为伍，算是比较干净的美丽的职业之一，教师善良才能教得学生善良。教师属于精神生产者，较少有犯恶的可能和机会，自律自觉，恪守师德，容易接近精神自由和心灵自在状态，是为怡情。

2. 享受安全环境

学校成员有 70% ~ 80% 的时间是在学校度过的，组织为他们的工作和学习

生活提供安全庇护和成长支持，包括物质安全、心理安全和精神安全，是为怡景。譬如：可靠的收入和福利，会给人带来稳定安心有尊严的生活；围绕学校文化主题的装饰和舒心好看的环境设计，会让人产生喜悦放松的心情；越来越宽敞明亮的公共空间和学习空间，不仅方便还赏心悦目；卫生、可口的饭菜让人胃口大开。安全和美好是奋斗出来的，享受安全和美好也是新一轮奋斗的起点和理由。

3. 享受美好生活

学校教育可以教育学生，引领社会，参与美好生活建设。同时，学校文化建设也要完成价值驱动型学校建设的任务，经营学校成员正在过的当下的生活，使其走向美好，是为怡人。这种美好的教育生活是气质优雅、举止从容、内容完整、精神健康的生活。学校要从改造教师的审美经验开始：学校工会制订好学期活动计划，丰富教师的业余生活，做好教师社团活动；闲暇才是生活，从穿衣吃饭到兴趣爱好，从备课上课到眼神手势，让一言一行、细节生活走向审美。教师过上这样的好日子，学生就能过上这样的好日子；学生过上这样的好日子，美好社会和美好生活才能普遍而充分地实现。

——此文选自张东娇（北京师范大学教育学部）《绘制学校文化管理地图——价值取向与路径选择》

让学校成为对学生有吸引力的地方
（2007 年—2011 年）

记得 2007 年我刚回到学校任校长的时候，两个现象看得我痛心。一是学生流失：小学升入初中的时候，每个班级的学生应该在 60 至 65 人之间，但一到初三快毕业时班级就只剩下 40 至 45 人了，近 20 人哪里去了？过早地流失了。二是上课学生的状态：走到九年级的课堂一看，班级里仅有的 40 至 45 名同学还分出三类，前面三排的孩子在专心地听老师讲课，最后两排的同学趴着的、睡觉的、玩的，干什么的都有。当时我就想，一家就这么一个孩子，如果家长看到孩子在学校、在班级、在课上是这样的一种状态，会怎么想呢？越想心里越痛。

我来到学校两个月之后就是期中考试。数学考试时，当我巡视到最后一个考场时，原本 30 几名学生的最后一个考场，开考有一会儿了，当时坐在考场里面进行考试的就只剩不到 20 人了，那 10 来名学生哪去了？监考员老师说不清楚，上科考语文的时候在呢。在我的一再询问下，有的同学说了实话："校长，那些同学在厕所抽烟呢。"为了让学生都参加考试，找我们的男领导上厕所把同学都找了回来，一顿批评教育后，这科去考了，等下科学校领导要不是去看着，就又有几个孩子翻墙跑了。可想而知当时学生的厌学状况。

1991 年大学毕业的我进入四中教化学。在当时珲春市内的三所汉族初中里，我们学校由于历史原因，被冠以脏乱差之名。为了扭转学校中考的被动局面，老校长要求每次期中期末考试之后，教导处都要把每个学年各个学科、各个老师成绩做详细的统计，教学副校长在教师大会上代表学校要逐个读出每个老师的名次和成绩。老师们对成绩都是很紧张的，很重视的，对成绩如此看重的学校，为什么这么多年过去了，学生流失现象还这么严重，为什么学生越来越厌学呢？

当时我对学校的办学理念是什么还不是很清楚，但是我有一个朴素的教育思想，作为一校之长，更着急的是怎样能把逃离校园的孩子们重新再拉回校园；让那些厌烦学习的孩子能有一点点喜欢学习，喜欢学校。这比把多少个学生推到重点高中去还重要。

十四五岁的孩子对新鲜事物敏感。2007年的时候，电脑在一般家庭里还没有普及，不上学的孩子偷偷猫在网吧里，乐此不疲。我和学校负责学生工作的领导们多次去网吧找学生，不少学生怕被学校抓到，一看到学校来人查网吧，顺着窗户就跑了。女孩子追星，有些孩子毛泽东是谁可能不知道，但对周杰伦等歌星影星却如数家珍。

一次电视里明星走红地毯的颁奖典礼让我有所启发。能不能也在校园里让孩子们走走红毯，体验一下当明星的感觉？如何能把孩子们的注意力从电脑游戏里面转移到课堂上，把孩子们从对遥不可及的明星的关注崇拜转为对自己身边榜样的学习、模仿、喜爱上来？本着有这样的想法做了这样几件事。

1. 开展校园之星的评选活动，评选校园内的明星，让孩子在校园内学有榜样、做有楷模。首先设立的是礼仪之星、学习之星、劳动之星，还专门的在开学典礼上对这些"星"进行表彰奖励，利用学校的广播不间断地宣传这些校园之星的先进事迹。开家长会或是学校有大型活动的时候，让他们佩戴有自己之星的绶带，让这些"星"在校园中流动行走起来，形成校园一道靓丽的风景线。引导同学们的注意力由校外、课堂外转向校内、课堂内。

2. 开展走过百米红地毯的开学典礼活动。学校搞点什么样的活动能把学生吸引回校园中来，能让他觉得在学校学习是一件挺有意思的事？我有这样的想法后主动跟很多同学进行了交流，很多同学都说：校长，你不知道其实我们的班主任老师不敢让我们参加活动，也不愿意让我们参加学校的活动。我说：为什么？他说：我们班主任老师怕我们参加学校的活动，就学习不专心了，怕耽误我们学习。有的班级的团支部书记跟我坦言，他说："每次咱们团委要搞活动，回去给班主任汇报时，班主任都叮嘱我说：别跟同学们说，这件事不能让同学们知道。"还有的团支部书记说：我们老师也是这样，但是比他们老师稍微好一点，我班老师告诉我别提前说，活动的前一天再通知同学们，尽量减少活动对同学们学习产生的冲击。

班主任思想观念的转变是重中之重。

受到明星走红毯的启发，2007 年 8 月份，新学期开学的时候，学校举行了隆重的开学典礼，我们学校老师骄傲地称之为走过百米红地毯的开学典礼。

在我们原来的老校舍的两栋楼中间是操场，宽度就是一百米多一点点。在珲春一问一百米红地毯可能得花五、六千块钱，在长春批发市场同样这一百米两千多元就够了。当晚副书记亲自做了一夜的火车到长春批发市场，订了一百米的红地毯，配货至珲春。开学典礼那一天，天气特别的好。

开学典礼下午两点钟如期在操场上举行。典礼结束后，一位同学在日记中记下了他的感受：这是一场出乎意料的开学典礼，与以往有很大的不同。以前感觉每年的开学典礼其实和我没什么关系，因为每年总是表彰那么几个人，不用想我都知道我们班要表彰谁。第二个呢每年八、九月份下午两点的太阳特别毒辣，老套典礼，每年都是那几个环节，没意思，最烦的是顶着太阳听校长长篇大论。接着他又写道：但这次的开学典礼与众不同，很多同学都觉得眼前一亮——有长长的红地毯。表彰的奖项与以往不同，听颁奖词走红毯好像电视明星一样。

这次表彰的项目由原来的几项变成了 20 多项，勤学善思奖、最具礼仪奖、最具爱心奖、关心集体奖、作业规范奖、进步生奖、特长生奖、优秀团员奖、三好学生奖、优秀学生干部奖等等，学校还精心为每个奖项都制作了颁奖词。受表彰的同学们听着颁奖词，走过红地毯。

走上红地毯的学生在日记里进行心情表达的时候是这样说的：真是想不到，一个简单的开学典礼，学校为我们费了这么多的心思，当听到学校的麦克里喊出了我的名字，走上红地毯的时候，我都不知道那一百米我是怎么走过来的。只觉得心脏都要跳出来了，脚都不知道应该先迈哪只，胳膊也不知道该如何摆动，这一百米的每一步走起来都觉得很长，但是走过之后又觉得有点短，没有走够。

这次的开学典礼结束之后，很多同学和老师围绕着红地毯久久不愿离去……。开学典礼结束之后，有一位班主任老师就跟我说：校长，这次的开学典礼确实让我们班学生受到了很大的触动。我们班原来备品柜门坏了、掉了，我说了多少遍都没有人管这个事。但是开学典礼刚刚结束，我们班一个特别调皮的同学（这次什么奖项也没有得到），主动找了我说：老师，咱班以后所有柜门就归我管。说到做到，这个孩子利用周六的时间把班级破损的柜门都修理好了。

2015年开始学校有了报告厅，开学典礼转至室内，现在不但开学初有开学典礼，学期结束后还有休业礼。

有开学典礼，就少不了"毕业典礼"。2008年第一届的"毕业典礼"是从下午四点到凌晨一点。把学校所有的柳树都挂上了霓虹灯，在操场中间燃起熊熊的篝火，美术和物理教师连手制作火炬，毕业典礼上设计了象征学校精神传承的围绕操场的火炬传递跑，活动高潮时在校园里放起了烟花，凡是愿意登台的学生都可以上台进行表演。用我们珲春人的话说，我们学校的这个"毕业典礼"就相当于中央电视台的《同一首歌》。

第三个大型活动就是春游。给每个班级补贴300元钱，每班租一辆大客车。说到春游一开始老师比较抵触，害怕出什么危险。为确保安全，班主任提前去踩点，确定路线，和同学们一起制定预案，邀请家长和科任教师进班做安全协管员。一切妥当之后，明媚的五月份最后一周的周五，每个班都打着班旗，列着队，集体登上停在校门口的大客车，一路欢笑一路歌声。有的班级来到了珲春的吉林八景——防川，领略一眼望三国的风光；有的班级来到了土字碑，来到了吴大澂像广场，那段屈辱的历史激励同学们努力学习，报效祖国。还有的班级来到了满族文物陈列馆，了解满族文化；来到了美丽的红旗河畔，来看自己的家乡、了解自己的家乡。

通过这一系列同学们喜爱的活动的开展，学校变得有意思起来，原来逃学的学生也找老师说要回来上学，辍学生明显少了。

为了不让一个孩子掉队，改革课堂教学。我们提出了学生动起来，课堂活起来，效果好起来的课堂目标；确立了先学后教，以学定教，多学少教的课堂原则；进行课堂教学改革，改革座位方式，变插秧式为小组合作式，实施小组合作学习；变关注升学有望的少数学生为从最后一名抓起，一个都不能少。

经过两年的实践，教师的观念有了一定的转变，学生课堂上放弃学习，甚至流失的问题有了明显的改观。

让学校成为充满幸福感的地方
（2012 年—2017 年）

2011 年 11 月学校搬入崭新的教学楼，尽管 17544 平方米的教学楼里除了每班一块黑板是新的以外，其他都是旧的，但老师和同学们都很开心。新的教学环境，学校要有新的气象，下一阶段，学校何去何从？这时，央视的一档节目引发了我的思考。

2012 年中秋、国庆双节期间，中央电视台推出了《走基层·百姓心声》，深入基层对几千名不同行业的人进行采访，面对的问题都是"你幸福吗？"一时间，"幸福"一词成为媒体热词，也引发了中国人对幸福的思考。

（1）2012 年 10 月 11 日莫言获得诺贝尔文学奖，接受央视采访时表示，在被董倩追问"你幸福吗？"时，莫言干脆地回答说"我不知道，我从来不考虑这个问题"。"我现在压力很大，忧虑重重，能幸福么？"莫言说，"我要说不幸福，那也太装了吧。刚得诺贝尔奖能说不幸福吗？"（2）一位清徐县北营村务工人员面对记者的提问时，首先推脱了一番："我是外地打工的，不要问我。"该位记者却未放弃，继续追问道："您幸福吗？"。这位清徐县北营村务工人员用眼神上下打量了一番提问的记者，然后答道："我姓曾。"（3）一位 73 岁的捡瓶子的老人再次爆出神回复："我耳朵不好。"

改革开放 30 多年来，我国人民物质生活水平大为提高，伴随而来的价值观、人生观和生活方式的变迁对当代中国人特别是青年人幸福观的形成产生了重大影响，中国人产生了新的选择困惑和幸福困惑；当前世界各国在关注经济发展的同时，越来越将注意力转向国民幸福问题，我国政府对此问题的重视程度也不断加强，当时国务院总理温家宝就曾经指出"要让人民生活得更加幸福、更有尊严"，将提升国民的幸福感作为一项涉及民生的重要工作。重提中国人的幸福观，既是时代发展的新要求，也是党和政府关注民生的新表现。

当时，不但成年人幸福感缺失，青少年被作为流水线上的产品成批地送入学校，又被批量性地输出，无视学生的个体差异性，异化的知识教育，一切以升学为指向，目中无人的现象在学校中普遍存在。当时北京大学儿童青少年卫生研究所最新公布了一项全国性的调查结果显示：过去 12 个月感到孤独的报告率男女生分别为 50.1%、56.9%，因学习压力或是因成绩问题感到心情不愉快的男生和女生经常或是 64.6% 和 72.6%，分别有 37.1% 和 39.9% 的男女生经常或总是因担心某事而失眠，17% 的男女学生连续两周或更长时间感到非常伤心或绝望而停止日常活动。该项调查还显示中学生 5 个人中就有一个人曾经考虑过自杀，占样本总数的 20.4%，而为自杀做过计划的占 6.5%。中学生，特别是初二、初三和高一年级，男女生自杀意念和自杀计划报告率远高于其他年级。男生自杀未遂报告率维持在 3% 左右，初二、初三和高一女生自杀未遂报告率远高于其他年级。如此高的不幸数据反映了中学生的生存状态，也从侧面反映中学教育危机存在的程度。"为了僵化的知识，考试成绩和升学而心力交瘁"。我们不禁试问：心力交瘁的人如何能真正地成才，如何能幸福，如何能实现自我价值和社会价值？

在当时的社会背景下我们提出了办"有幸福感的学校"的目标。我们把"让教育成就幸福，让人生别样精彩"作为办学理念，用烫金大字高高镌刻在学校教学楼的外墙上。有幸福感的学校是什么样的学校？为此，学校多次开展师生大讨论，进行学校的 SWOT 分析，幸福学校的模样逐渐清晰起来。

1. 有幸福感的学校一定是目中有人的学校。学生是人，不是"物"。而人是有差异的，差异不是差距；差异是工作起点；差异是宝贵的资源；尊重差异，依靠差异，锻炼差异，发展差异；确立了学校的学生观：大家不同大家都好。

2. 有幸福感的学校为学生创设的是有温度、有意思、有意义的校园生活。

3. 有幸福感的学校里的每一个人都把让别人因为我的存在而感到幸福作为座右铭。

4. 教师幸福学生才会幸福。有幸福感的学校，把理解人、尊重人、完善人、发展人作为管理的理念，善待每一位教师。

有幸福感的学校不能只停留在理念层面上，如何让幸福感既看得见又摸得着？在学校的环境文化的布置上，我们用足了心思：打破学校陈旧刻板的印象，让学校一定要比校园周边的网吧、咖啡厅的环境更对孩子们有吸引力;学校和家庭比要有家的温馨,比家里更具有成长的功能性;学校是孩子们的,学校里的环境设施孩子们可以随便动,随时用……

经过反复地征求师生对于学校即将进行的环境文化建设的意见,确定了学校环境建设思路:现代化、家居化、重体验,可选择!学校的一期环境文化建设重点打造了"四区 + 一园 + 一堂 + 一轩",即琴、棋、书、画区,植物园,润德堂以及虚静积轩。当崭新的环境展现在全体师生面前的时候,学校的朋友圈沸腾了,这哪是学校呀,像咖啡厅,像植物园、像书吧,太喜欢学校了!

进行学校的校本课程建设。基于尊重差异,发展差异的原则,2012 年 8 月,七八年级全面开设选修课,时间为每周五的 3:00—4:30,学生依据兴趣爱好自主选择课程,七八年级所有学生实行选课走班上课。2014 年 1 月,把研究性学习、假期综合实践活动课程纳入课程体系,提升课程体系的宽度和深度。

附件 1:珲春市第四中学选修课课表

2013 年 2 月

课程名称	科目	指导教师	开课年级	招生数	活动地点
DV 摄影	信息	隋泽强	七、八年级	30	217
打开心灵之窗	心理	于海燕	七年级	30	511
礼仪表演	思品	王艳	七年级	30	7-1
生物标本制作	生物	郭志颖	七年级	30	7-2
英语童话剧表演	英语	程莉莉	七年级	30	7-3
数学培优	数学	张树天	七年级	30	7-4
红烛诗社	语文	孙文	七年级	30	7-5
英语听说练	英语	杨琳	七年级	30	7-6
英文歌曲	英语	关清清	七年级	30	7-7
麒麟戏剧社	语文	肇立新	七年级	30	7-8

探寻——中国古代枭雄	历史	王胜楠	七年级	30	7-11
硬笔书法	语文	张若安	七年级	30	7-12
走进李白	语文	吕福惠	七年级	30	7-13
科普与科技	综合	高跃飞	七、八年级	30	8-1
国学智慧与写作	语文	徐绍文	八年级	30	8-2
校园星主播	语文	徐佳利	八年级	30	8-3
古典阅读	语文	石媚	八年级	30	8-4
营养与健康	生物	邢姝	八年级	30	8-5
趣味数学	数学	潘红梅	八年级	30	8-6
毛笔书法	语文	温金龙	八年级	30	8-7
趣味数学	数学	陈非非	八年级	30	8-8
数学培优	数学	郎旭东	八年级	30	8-9
英语戏剧	英语	刘霞	八年级	30	8-10
神秘的动物世界	生物	曲英杰	八年级	30	8-11
物理培优	物理	孟凡晶	八年级	30	8-12
作文语言提升	语文	侯晓霞	八年级	30	8-13
花样跳绳	体育	韩春发	七、八年级	30	操场
健美操	体育	孙亚萍	七、八年级	30	操场
网球	体育	陶伟	七、八年级	30	操场
田径	体育	姜威	七、八年级	30	操场
排球	体育	徐明明	七、八年级	30	操场
篮球	体育	周楠	七、八年级	30	操场
足球	体育	杨旭	七、八年级	30	操场

集邮、观鸟	综合实践	臧云娟	七、八年级	30	劳技教室
中国画	美术	马云慧	七、八年级	30	美术室1
卡通画	美术	于 静	七、八年级	30	美术室2
电子报制作	信息	贾中军	七、八年级	30	微机室
物理基本实验操作	物理	周琳琳	八年级	25	物理实验室
声乐	音乐	郭美延	七、八年级	30	音乐室1
素描	美术	李延新	七、八年级	30	音乐室2

附件2：2015—2016学年度上学期七年级寒假作业

（备注：研究性学习作业自选至少完成一个个人作业和一个小组作业）

语文作业：

小组：每组选择一位自己喜欢的诗人，背诵其代表性诗作；读诗人的传记，了解诗人的创作风格和诗人的形象特点；搜集有关诗人的故事，加深对诗人的了解。

个人：每人每天练习一段朗读，开学上交一段朗读录音。

数学作业：

个人：数学在家庭生活中的应用（要求：整理成500字左右的报告）

小组：搜集中外数学小故事（要求：以小组为单位，整理成材料，汇总成PPT或者视频，开学回来以小组为单位在班级汇报）

英语作业：

请下载软件"英语趣配音"，两人一组，三人一组或因角色需要而定，进行"英语趣配音"，把最好的一次配音发到班级微信群里，开学进行学年评优展示。

思品作业：

一、活动主题

1.个人潜能测试（个人）。

2.身边的不良诱惑小调查（小组）。

二、活动内容

1.个人潜能测试：在网上搜索测试卷，通过多元智能测试卷检测自己的潜能（要根据自己实际情况填写测试卷）。

2.小组合作：

A：调查目的：通过调查身边的不良诱惑及产生的不良影响，从内心深处感知不良诱惑对青少年的危害性及严重性。从而自觉抵制身边的不良诱惑。

B：调查对象：熟知的沉迷电子游戏的青少年、身边的家长、网吧工作人员

C：调查方法：采访式，蹲点调查法（网吧门口）。

三、活动要求

1.记录调查过程，有图有真相（照片或视频），制作海报。

2.针对小组调查的内容要形成内容真实调查报告，内容包括调查目的、调查对象、调查方法、调查内容、调查结果、调查总结（展示以 PPT 形式）。

3.开学初进行成果展示，评选优秀成果。

历史作业：

个人作业（必做）：

选择七年级上册任一单元制作单元历史知识树。

小组合作探究作业（二选一）：

1.珲春历史遗址或文物调查（珲春有许多文物或遗址，例如龙虎石刻、炮台、张鼓峰纪念馆、裴优古城、大荒沟党史纪念馆等等，可通过走访珲春历史博物馆、实地调查、上网查询等方式进行调查）

2.春节民俗调查（春节有很多民俗，如贴春联、包饺子、守夜等，请通过上网了解民俗的来龙去脉），要求调查做成PPT（幻灯片），有图片，有解说文字。

地理作业：

个人作业：手绘一幅中国特色地图。

活动要求：以手绘平面地图的形式展现对中国的热爱，将创意元素融入绘画中，主题鲜明，内容积极向上。

作品要求：包括地图标题，图标示例，制作人——班级名和姓名。

小组合作研究性作业：在国际合作中珲春和其他国家有哪些交通通道？

珲春是中国唯一地处中俄朝三国交界的边境窗口城市，与俄罗斯、朝鲜山水相连，与韩国、日本隔海相望。2012 年 4 月 13 日，经国务院同意，正式批准在吉林省珲春市设立"中国图们江区域（珲春）国际合作示范区"。并且珲春市主动融入国家"一带一路"战略。那么，你知道在国际合作中珲春和其他

国家有哪些交通通道吗?

小组分工任务:

1. 通过电视新闻、珲春示范区网等门户网站收集信息。2. 整理。3. 制作PPT。4. 写解说稿。5. 解说。

作业要求:能够收集到主要的珲春与周边国家的交通通道,并进行整理。PPT简单明了,运用图片,使人们直观了解交通通道所在位置。

生物作业:

个人:你想品尝自己亲手发的豆芽?自己发的豆芽,吃起来味道 也许没有什么不同,心情可就不一样了。动手试一试吧。

1. 浸泡至绿豆破皮 。

2. 将干净的吸水的纱布浸入水中,不完全挤干水分,再盖在绿豆上。

一天至少将纱布投洗一次,至少往纱上洒少许水三次,保持湿润,但不要让绿豆内浸入水。

3. 接下来每天都按上述的方法做。

看看自己成果吧,要有图片才精彩哦。

(注意:动手之前,先要想一想行动方案。用什么样的材料,用什么器皿,需要给豆子提供什么样的环境,等等,都要考虑周全。开学初要上交文字形式的研究课题报告(A4纸)打印稿,制作出文字、图片、小报形式交流)

小组:

一、调查课题名称"远离温室效应,还地球一片晴空"

标注:

1. 调查课题组成员;

2. 课题组长;

3. 班级;

4. 指导老师。

二、调查课题的目的、意义

随着工业经济的发展、人口的剧增、人类生产生活方式的无节制,世界气候面临越来越严重的问题,二氧化碳排放量越来越大,地球臭氧层正遭受前所未有的危机,全球灾难性气候变化屡屡出现,已经严重危害到人类的生存环境和健康安全。如何减弱二氧化碳的排放,远离温室效应,还地球一片晴空,已经成为全民的责任。如何提高提高每个民众的绿化、低碳意识,也是中学生的重要责任。为此假期开展《远离温室效应，还地球一片晴空》课题研究。提出自己见解，发出低碳、环保号召，同时培养中学生的爱护环境责任意识。

三、调查方案措施及成员分工（以下可供参考）

1. 设计调查计划；

2. 明确成员分工；

3. 设计调查表并统计分析；

4. 外出采访调查记录；

5. 拍照及视频积累；

6. 图书查阅；

7. 网络资料收集；

8. 撰写调查报告（温室效应的危害事件及改变措施）。

四、调查对象

问卷式（需要附上问卷样本，如都有哪些问题？）、交流式（如观察、走访、与气象局、大单位、家庭成员、街头流动人员交流。）

1. 由于时间有限，调查不可能很全面，碰到了哪些困难？

2. 解决困难的方法；

3. 调查后的感受及反思。

五、本次调查课题的资料，主要来源于哪里？

（如媒体的报道和社会调查等）

1. 课题研究时间：如几月几日~几月几日

2. 研究分四个阶段：（每一周要附带上时间）

第一周：确定选题，并初步制定计划、安排。

第二周：制作调查表格，并展开问卷调查、收集资料。

第三周：整理资料内容，并作归纳、进行数据统计，总结整个活动及课题。

第四周：通过电脑，做出图片、文字、多媒体的研究课件，并进行展示。

表达形式：多媒体展示

报告撰写人：

课题组组长：

　　　年　　　月　　　日

音乐作业：

寒假作业：每人学1首歌曲。

要求：1. 内容健康积极向上；

2. 节奏平稳、音准准确，情感真挚，歌曲表现到位；

3. 必须要跟随伴奏演唱。

体育作业：

现今将体育锻炼作为假期作业布置给学生，是为了督促学生在假期中坚持锻炼。

1. 每天跳绳 300 个或 5 至 7 分钟；

2. 女生仰卧起坐 50 个要求一次性完成；

3. 男生每天俯卧撑 40 个；

4. 篮球运球 左右手交替运球折返跑 15 米。

假期里，希望家长可在下班后或休息日带着孩子跑跑步、做做仰卧起坐。假期的体育锻炼至关重要。希望各位同学能认真完成每天的练习内容，为开学后的体育课做好准备。

2016 年寒假马上就要开始，各位同学还可以参加市里组织的以下活动。

1. 积极参加室外活动，在家长的带领下到珲春市冰上活动中心滑冰。（地址珲春市公园车大人工河上）

2. 参加青少年活动中心组织的桑博竞技训练。（青少年活动中心六中）

3. 以上活动全部是免费的，不收一分钱。请各位学生踊跃参加，丰富自己的课外活动内容。

综合实践：

1. 每人完成一件《第 31 届吉林省青少年科技创新大赛》"小发明、小制作"作品，开学交作品。

2. 每人完成一件《第 24 届吉林省青少年科技艺术大赛作品》，开学交作品。参赛项目：水粉、水彩、蜡笔画、国画、油画、素描、纸版画、钢笔画、铅笔画、电脑画、剪纸等。绘画作品不要超过 1 开纸，书法作品 4 尺以内。作品背面，写上主题、年级、作者姓名。

3. 每人完成一幅 2017 年"个性化邮票作品"，绘画图案画"鸡"。作品背面，写上主题、年级、作者姓名。

美术作业：

1. 寒假作业内容——宣传海报设计

可以根据小组假期活动的内容进行宣传海报设计，例如：环境保护、水源、树木保护、野生动物保护等。

2. 收回线条图像：可以选择卡通动物、人物、场景、连环画等形式

3. 作品要求：

在制作图画书之前，你可以动员你的小组成员一起参与进来，因为他们会为你提出更好的建议和意见。

（1）作品大小：八开纸张

（2）标好作品名称，可以在你的画面中加入文字

（3）作品背面右下角写好小组和个人名字、材料可以多选（选择签字笔、彩色铅笔、颜料，也可以使用拼贴技法。正是这种多样化，才让绘画拥有了迷人的外貌）

注：以上作业可以独立完成、也可以小组合作共同完成，但在作品背面标注好作品作者，个人或小组名字。

附件3：特殊学生的成长故事——《一位校长和天才少年的故事》

题记：

心理学上有一种效应叫"皮格马利翁效应"，是指热切的期望与赞美能够产生奇迹：期望者通过一种强烈的心理暗示，使被期望者的行为达到他的预期要求。它又被称作"罗森塔尔效应"和"期待效应"，我们从中得出这样一个启示：赞美和期待具有一种超常的能量，能够改变一个人的行为与思想，激发人的潜能。一个人得到别人的信任与赞美后，他会变得更加自信和自尊，从而获得了一种积极向上的原动力。为了不让对方失望，他会更加努力地将自己的优势发挥到极致，尽力达到对方的期望！

正文：

班上有一个孩子，叫"涵"，七年级一入学，我就发现这是一个性格怪异，行为习惯很差，总是自言自语的孩子。他上课从不听课，下课就喜欢与同学聊电脑游戏，最让我头疼的是他的自理能力，书包里杂乱无章，老师发什么卷子就丢什么卷子，等老师讲卷子时问他的时候，他总是一脸茫然地回问老师："啊，你说什么呀？什么卷子呀？"，气得所有科任老师都来向我告状，于是我找他的家长了解情况，知道了他在家里情况更糟，天天要么上网打游戏，要么就把自己关在屋子里和一屋子娃娃说话，妈妈说他也不知道孩子为什么是这样！

在七年级一次期中考试后，学年主任找到我说：你班一个孩子在考政史的

时候不答卷，在卷子上画画，被校长发现，他竟然还振振有词！我一听，脑子就大了，想都不用想一定是我班"涵"，然后，我马上去校长室了解情况，抱着要挨批评的准备进了校长室。可万万没有想到，事情的结果出乎我的意料……

校长说：莉，你班这个孩子一定是个天才！"啊，这样的孩子还能是天才？"我的心里暗想，怎么可能啊？校长说：你知道这个孩子在卷子上画什么吗？他在画两个历史人物，他们拿着刀剑在打仗，我过去问他：你怎么不答卷呀？他朝我嘘了一声：说：别说话，他们在打仗，打完了我就答卷！而我发现，卷子上就有关于历史战争的试题，所以我断定这个孩子与众不同，是个天才！

从校长室出来，我心里特别疑惑，我也发现"涵"这个孩子的确与众不同，但是他真的是个天才吗？不管怎么说，校长说他是天才，校长一直是我特别崇拜的人，我相信她的判断，好吧，我就把"涵"当成天才来对待吧！

从那天起，我经常会跟同学们说，咱班"涵"是个天才，他会创造奇迹，甚至在家长会时，我也这样说！可是即便这样说，我们也没看到多大的起色，整个八年级，"涵"的成绩一直在四五百名游荡，一次家长会上，涵的妈妈含着眼泪跟我说："老师，我看我儿子将来学点别的吧，学习是不行了！"我说："别急，还不到放弃的时候，我们再等等……"

奇迹真的发生了，九年级一开学的《初三，我们来了》的班会上，每个人都要制定自己的中考目标，轮到涵的时候，他站起来说，他要脱胎换骨了，要考一中小班！他的这个目标让全班同学哄堂大笑，一中小班那可是学年前一百的同学，而涵现在的成绩是学年四百多，要进步三百名，谈何容易！尽管同学们笑话他，甚至我的心里也不相信，但是我仍然将他写的近八百字的个人计划在全班面前读了，计划写得相当有骨气，字里行间都透出他巨大的决心，读到后来我的眼泪也不知不觉流了下来，尽管我不太敢相信他能实现目标，但是我的骨子里始终坚信他是个天才，那我就静静地期待吧……

从此，"涵"真的就脱胎换骨了，买了一大堆参考书，开始了适合他自己的学习之路，下课从不乱跑，要么是自己看书，要么是与同学研究数学。第一次月考，他竟然考了144名，我特别惊讶，以前拉下那么多课程，竟然在这么短的时间内都能补上，这个名次，让我更加确定他是个天才，于是我鼓励他，陪伴他，天天一口一个"大儿子"地叫着他，他似乎真的找到了适合他的学习方法和乐趣，他是我班唯一一个能自学，会自学的孩子，从144到112，再到83，到61，最后到这次的47名！孩子真的创造了奇迹！前几天，他跑到我这儿问我："老师，珲春一中有考清华北大的学生吗？"我说以前有过考清华的，之后就再没有了。他说他要成为下一个考清华的学生！！

感谢在我的职业生涯中遇到这样一位校长，具有高瞻远瞩的教育理念，具有发现天才的一双慧眼，让我们没有埋没一个天才少年，试想一下：如果没有校长的一句话，这个几乎被所有老师判了死刑的孩子将会怎样，而现如今的他，又会让我们有多少期待……

附件 4："涵"的两段文字

第一篇：《我的中考目标》

亲爱的程老师：

你若问："什么是旅途？"我便答："求知的过程便是旅途。"你又问："路在何方？"我即一指这天地，回道："旅途无处不是路。"说罢，我仰望天空……

珲春四中，在九年三班《初三，我们来了》主题班会上：

我们的班主任程老师八面威风地站在那三尺讲台上，以一种运筹帷幄、决胜千里的神态登高一呼："下面我们开始制定中考目标。"这份未雨绸缪的目标让人不得不仰天大喊一声：服！

"请要考一中指标生的同学起立。"话音一落，台下的同学浩浩荡荡地站了起来。人与桌，与椅，与地，摩擦之声，不绝于耳。随即就是一片尘土飞扬，看那架势，直占了全班的半壁江山。

我捏紧了手中的成绩单，愣是没有适时地站起来。

"要考一中择优生的同学请起立。"紧接着，三三两两的同学纷纷站了起来。在我眼中，他们就像一位位将要奔赴沙场的壮士，大有一副"不破楼兰终不还"的气势，一脸决绝！

我像是接连错过了两班公交车的孩子，无助地坐在椅子上。不知怎的，我的身体的重量仿佛突然间就和自己的学年名次一样"重"——三四百名，压得自己都喘不过气来。

"要考一中小班（前一百名的）请起立。"

霎时间，平日里游荡徘徊在二三百名的同学仿佛打了兴奋剂一样，眼神坚定而犀利，略往下弯的双肩像是背负了千斤重担，难道这就是传说中的拼命三郎？

我的身体在这千钧一发之际，竟然鬼使神差般地跃然而起。看吧，平日里只能望洋兴叹的高手们都和我平起平坐了，有如我已经达到前一百的境界，怎是一个畅快了得！

"翟泓涵，你现在照前一百可是差着十万八千里呢。"程老师带着半信半疑却略带几分鼓励地提醒我。

"没事。"显然，在这一刻，我激动得有些语无伦次。

一段小插曲过后，程老师机械般的声音再度响起。

"要考延二的请起立！"

"要考全州前十的请起立！"

……

我就像一粒小石子，在错的地方遇上了对的人，于是那个人便孤注一掷，并不是多么有力的一双手，却将我投到了充满理想的地方，从此一发不可收拾。那个人就是程老师，老师，您一定会很惊喜吧。

依稀记得，七年级期中考试的时候，我在历史卷上画画。校长走过来，问我为什么不答卷呢？我说，我在画小人打仗，等他们打完了就写。其实这真的就是我无意的回答，可程老师却说：校长认定你是一个天才！

燕南归，河初融，古道边，桃花开。在这个春暖花开的季节，也就是"小人打仗事件"的两年后，我终于"画完了"！开学前的那一个假期，我又畅快淋漓玩了一夏天的电脑游戏，简直是忘乎所以。其实，我知道，这是我第 n 次玩电脑游戏，也是最后一次。这两年的初中生活，我都是在浑浑噩噩中度过的，唐诗宋词，ABC 和二元一次方程都在我的脑中一闪而过，唯独程老师时常挂在嘴边的那句"咱班翟泓涵是个天才，他一定能创造奇迹"不断地在耳边回荡，老师，我真的想证明一下您和校长说的话，我要开始学习了！我想证实一下，我真的能行吗？

梦想起航的号角已经奏响……

一路上注定风雨连绵，而我将昼夜不停。

一路上注定高手如云，而我将策马奔腾。

一路上注定艰难险阻，而我将勇往直前。

一路上注定几经波折，而我将东山再起。

十万大山，瀚海之间；强者林立，身怀绝技；妖孽无数，手段通天；考场争锋，谁是榜首？十年寒窗，我占鳌头！

2014 年 9 月

第二篇：《写在报考之前》

　　记得上个学期，我似乎是初入学门，作为一个初学者，还是谦卑一点好。我怀着敬畏、肃穆而庄重的心态，去面对每一个知识点，去对待每一个学科。我肩负着老一辈人们那如火如荼的期盼，抱着不甘落于人后的斗志，斩断一切退路。站在山脚前，白手起家，没有柴火烧，只能拿命来拼作充数。我就是这样奋力拼搏，学而乐之的一路走来，连连飞跃，更上一个新的台阶。还记得我当时取得一点进步与成功的喜悦，都是那么的甜。

　　其实学习就是游戏的一种，我们只要由衷地喜爱它，将学习当成一种乐趣，也就自然而然地能够做到"弗之殆"了。当我们静下心来，闻一闻书香的味道，感受教科书、练习册字里行间的韵味，便能全身心地投入到书山题海中了。学习本就是一场终生的旅行，备战数年，而这场"博弈"的生死较量只在转瞬之间。山雨欲来风满楼，万水千山我为王。大鹏一日同风起，扶摇直上九万里。

　　如今，我已经完成了自己曾经的梦想，铸就了辉煌，谱写了胜利的凯歌，创造了盛世的华章。

　　书山绝巅，一览无余。气象万千，美不胜收。流连忘返，陶醉其间。然而，这就是终点吗？我抬起头，仰望长天。只见，一座座山峰高耸入云，一道道山路曲折蜿蜒！一片片云彩琳琅天上，一位位仙人漫步天际！

　　原来，我竟是一只井底之蛙，却不知外面的世界是多么的宽广。

　　只见，一座天桥浮现在我的眼前，风中传来细细低语："就在此刻。"

　　我平心静气，一改往日的不可一世，重新回到了原来一无所有、一贫如洗的生活，踏上了美好的旅途。

2015 年 5 月

构建新时代幸福学校的模样
（2018年—至今）

一、基于新时代，新幸福教育的提出

十九大报告提出了中国发展新的历史定位——中国特色社会主义进入了新时代。新时代幸福教育简称新幸福教育，又称立德树人幸福教育新体系。其根本宗旨就是以习近平新时代中国特色社会主义思想为指导，落实党的初心和使命。

2017年10月18日，习近平总书记在十九大报告中指出："中国共产党人的初心和使命，就是为中国人民谋幸福，为中华民族谋复兴。"2020年1月8日，习总书记在"不忘初心、牢记使命"主题教育总结大会上进一步强调："为中国人民谋幸福，为中华民族谋复兴，是中国共产党人的初心和使命，是激励一代代中国共产党人前赴后继、英勇奋斗的根本动力。"2018年9月10日，习近平总书记在全国教育大会上指出："教育是民族振兴、社会进步的重要基石，是功在当代、利在千秋的德政工程，对提高人民综合素质、促进人的全面发展、增强中华民族创新创造活力、实现中华民族伟大复兴具有决定性意义。"教育是国之大计、党之大计，高度肯定了优先发展教育事业、加快教育现代化、建设教育强国，对于加速实现"国家富强、民族振兴、人民幸福"中国梦的重要性、基础性、先导性和全局性有重要意义，充分体现了教育是功在当代、利在千秋、造福子孙后代的德政工程。因此，落实党的初心和使命是新幸福教育的根本宗旨，新时代，幸福尤需教育。

十九大报告指出，中国特色社会主义进入新时代，我国社会主要矛盾已经转化为人民日益增长的美好生活需要和不平衡不充分的发展之间的矛盾。美好生活需要的满足和平衡充分发展的获得感直接影响人民的幸福感。

旨在落实党的初心使命的新幸福教育就建立在新时代中国特色世界视野的马克思主义幸福观科学理论基础之上。

二、何为幸福

幸福是一种主观感受，是一种价值系统、知识系统、行为系统、习惯系统、能力系统和体验系统，具有可塑性、可教性、可学性。不同的价值观决定着幸福的不同取向，不同的知识水平决定着幸福的不同理解，不同的行为决定着幸福的不同表现，不同的习惯决定着幸福的不同方式，不同的能力决定着幸福的不同结果，不同的体验决定着幸福的不同感受。这些影响和决定幸福的要素都是可教可学的，因此，幸福需要教育。常言道"身在福中不知福"，要知福必需教和学。教是通向幸福的快车，学是攀升幸福的阶梯。联合国每年发布的《全球幸福指数报告》将教育摆在九条评价标准的首要位置，将个人和社会幸福确立为学习的终极目标。可见，只有教育搞好了，人们幸福起来的本领才会增强，建设幸福家园、幸福社会、幸福国家的愿望才会实现，身在福中不知福的愚昧才会减少，跨越中等收入陷阱后人们的幸福感抗冲击能力才会提升。目前，我国全面建成小康社会，人们物质生活极大丰富后对精神生活和生活质量的要求日益强烈，教育也由机会公平迈向过程公平和结果公平，由有书读向读好书迈进，尤其是面临百年不遇之大变局，空前的信息化、全球化、多元化给教育提出了诸多挑战，在这种新形势下，如何正确认识和获得美好生活、如何正确认识和获得平衡充分发展，也就是如何正确认识和提升获得感、幸福感，都迫切需要教育。

不同文化、不同时代、不同价值、不同制度、不同个体对幸福的认识、理解和追求不尽相同。西方主流幸福观从传统的感性主义快乐论与理性主义完善论的对立，发展出了当今与之对应的主观幸福感和心理幸福感两极，前者追求享乐，后者追求自我实现。但二者的共性都是立足于个体，而忽视了社会。为弥补此不足，出现了社会幸福论。但是，三者之间依旧是各行其是。而中国主流幸福观从一开始就将个体与社会融合成为有机统一体，儒家的"格物、致知、诚意、正心、修身、齐家、治国、平天下"深刻揭示了由内及外、由己及群、由小及大、由近及远、奋斗不息的幸福思想，为构建新时代中国特色世界视野的马克思主义幸福观奠定了传统文化基础。

马克思主义在吸收了感性主义和理性主义的合理成分的基础上提出："幸

福是指人之所以为人的真理与自己同在时的心理状态，包括一切真实的事物、人性的道理、他人的生命甚至动物的生命与自己同在等等，是一种心理欲望得到满足时的状态，是一种持续时间较长的对生活的满足和感到生活有巨大乐趣并自然而然地希望持续久远的愉快心情。那些为最大多数人们带来幸福的人，是最幸福的人。"马克思主义幸福观既肯定了生命、健康、快乐、美德对幸福的意义，又将个人幸福与他人幸福结合起来，独具辩证唯物主义特色。以此为指导，我们提炼出幸福的体验是快乐，幸福的性质是发展、进步、成长。而道德修养保证这种快乐沿着正确方向进步成长，德性成为快乐的保障。这充分体现了中国传统"厚德载福"论的精华和西方"理性"与"感性"幸福观的有机统一，即福德观、德福观以及福德并存观。因此，主观上的愉悦体验即"快乐"，加客观上的有为成长即"有成"，构成了我们所主张的幸福的要义，而身心健康是"快乐有成"的前提和载体。其内涵具体体现为十个有机统一：主观与客观、理想与现实、物质与精神、感性与理性、生理与心理、个人与社会、眼前与长远、付出与回报、吃苦与享乐、过程与结果的有机统一。由上可见，中国特色世界视野的马克思主义幸福观的精髓在于"健康快乐有成"。具体到教育，"有成"既表现为德智体美劳全面发展、平衡充分发展，又揭示出人生赖以成功的五大基础，即"有成"需要德性修养保驾护航，需要真才实学提供力量，需要体格健壮提供保障，需要高尚情操美化心灵，需要劳动创造财富。而这一切的前提是生命健康，动力是积极情绪情感的快乐体验。

综上可见，新幸福教育就是落实党的初心使命的教育，是为人民谋幸福为民族谋复兴的教育；是造福人民、造福社会、造福子孙后代的教育；是五育并举立德树人的教育；是满足人民美好生活需要、提高平衡充分发展获得感的教育；是因材施教、寓教于乐的教育；是轻负高质、公平高效的教育；是让学生欢欣、人民满意的教育；是让师生体验幸福、分享幸福、创造幸福的教育；是奠基幸福人生、幸福社会的教育；是实现"国家富强、民族振兴、人民幸福"之中国梦的教育，它是一种导向一种追求，而不是具体的固定模式，一切优质美好的教育都是幸福的。

三、新时代幸福学校里的心理健康教育

（一）成立班级心理委员会

在实际的心理工作当中，心理老师发现无论是个体咨询还是团体辅导，我

们的辐射面都很窄，受帮助的同学都是有限的，所以后来我们就利用选修课等机会对心理委员进行培训，培养出一批"小咨询师"。对于心理委员的培训，我们也做得非常规范严格，首先是心理委员的选拔，经过自荐和班主任老师推荐以及同学们的推荐，心理老师的面试选拔，每班确定一名。然后由心理教师进行培训，咨询的伦理规范，比如说保密原则，保密原则是做好心理咨询的前提和基础，同时还要培养小咨询师们倾听的能力，共情能力，帮助他们有效地开展工作，经过这样的锻炼，小咨询师们个个自身心理素质得到了提高，学习成绩有了大幅度的提升，极大地带动了班级同学对心理健康状况的关注，和向他们积极求助的愿望。这样一方面锻炼了孩子的能力，另一方面可以及时了解班级同学的心理状况，发现有同学情绪低落，发现有同学最近表现反常，他们都会第一时间找同学聊天，倾听同学的烦恼。遇到困难，他们会转介给心理老师。经常会看到心理委员带着木讷的同学低着头走进心理咨询室，经过老师的耐心疏导，他们会开开心心地走出咨询室，眼神里流露出的不舍，会让我们觉得特别欣慰。这些小咨询师工作开展得像模像样，很多人还确定了自己的生涯规划，就是将来做真正的心理咨询师。

（二）孩子们喜欢的沙盘游戏

沙盘游戏又称箱庭疗法。是国际、国内很流行的心理教育方法。是在沙盘老师的陪伴下，从沙架上自由挑选沙具，在盛有细沙的特制箱子里进行自我表达的一种心理辅导方法。沙盘游戏能够释放情绪、解决实际生活问题，在提升专注力、逻辑思维能力、人际关系、语言表达能力，情商、自信心等方面有非常好的功效。临床案例表明，沙盘游戏疗法对来访者的心理治疗、心灵成长及人格整合起到十分有效的咨询效果。我校有一名心理教师获得沙盘游戏中级治疗师证书，其他两名教师也通过了初级培训。我们在工作中严格按照咨询设置，灵活运用各种咨询技术，并做到有机融合，同时做出了很多精彩的案例。

至今我都清楚地记得2019年的一个考生，这个同学三月份的时候，她在数学考试当中出现了严重的考试焦虑和紧张，以至于两位数的加法根本没法算对，会的题也做不对，家长和孩子异常焦虑，孩子出现了自残行为，几近崩溃。这时候找到了我们心理组教师，至今那个孩子第一次的沙盘创作画面我还历历在目。孩子在沙盘创作当中表现出的就是极度的没有安全感，整个人特别的拘谨，所有的沙件都聚在一起，自己看不到任何出路，呈现了一个非常焦虑的状态。在抚沙的过程中，孩子情绪完全爆发出来，痛哭流涕。在孩子情绪平复之后，心理老师给她慢慢地引导，帮助他借助调整沙盘意象和沙件的位置来缓解自己的心理问题。第一次咨询后，这个孩子的情绪得到了平复，自残情况逐渐减轻，经过了三个月的心理干预，这个孩子的沙盘已经展现出了一个积极向上的场景，孩子的情绪得到了有效宣泄。在咨询过程中，孩子建立了信心，在那年的中考取得了三年来最好的考试成绩，她说感谢沙盘，感谢心理老师。

　　还记得有一个男生刚开始的时候，因为他个子比较小，体育成绩不好，对体育特别没有信心，经过了几次的沙盘干预，这个孩子逐渐找到了自己在理科方面的优势，通过唤醒优势资源，信心越来越足。相信既然是能力经过科学的训练一定会有所提高。记得第二天要进行中考体育体测的时候，他向妈妈提出请求，他想见见心理老师，如果他跟老师聊完了，他明天一定能打满分。就这样，孩子们总是一次次地给我们感动，第二天他真的就获得了体育满分的好成绩。由此可以看出，沙盘游戏疗法在孩子成长过程当中的确是一个特别有效的技术。

　　（三）观看心理电影

　　电影是一种在荧幕的时间和空间里，通过塑造运动的、音画结合的、逼真的形象来反映社会生活的现代艺术。人们从电影中可以感悟世事、人情和生命。电影是一种无比的社会力量，它给予千百万人以文化生活，并给他们解释生活，这种解释会影响到他们的信仰习惯和情绪状态。

　　一部优秀的心理电影是对人性的深入探讨，是对人的心理发展和成长的深入解读，心理电影以轻松愉快、幽默和直观的方式给观众展示着心理学的基础知识，引导着观众去解读深奥的心理学理论和建构健康的自我心理，心理电影是青少年喜闻乐见的娱乐形式之一，也是他们学习和达成社会化的有效途径，它以其独特的内容和形式对青少年的思想、情感人格和行为产生着深远的影响。

　　1. 在心理电影中有一类电影能给青少年学生传递强大的正能量，通过观赏这类电影，学生们可以从主人公身上看到他们对生活的坚强态度，以及与命运的抗争，只要行动不屈服，任何困难都可以克服。我们利用心理选修课，领孩子们看了《当幸福来敲门》《肖申克的救赎》《风雨哈佛路》等影片，孩子们知道了行动决定成败。

　　2. 通过看电影，可以让孩子们正确认识自己，比如说《心灵捕手》，这部电影可以让学生明白，任何人都可能成为天才。

　　3. 通过观看电影学会沟通交流，有些学生不敢沟通或不会沟通，缺少沟通的技巧，导致在学校里同学的关系不好，被孤立在家里，与父母矛盾连连，这些问题常给他们学习生活带来了困扰，那么如何有效沟通才是当前中小学生面临的重要问题之一。电影《小孩不笨》，讲述了三个小孩与他们家人之间产生的各种各样的问题，以及最终问题全面圆满地得到解决，影片中反映了孩子和老师、孩子和家长、家长和老师等各种群体之间的矛盾与沟通问题，我们知道孩子眼中的世界，单纯而简单，当他们遇到问题和困难的时候，往往按照自己的意愿来解决，有时可能与同伴发生冲突，主要原因就是因为他们不懂得尊重别人，不信任对方。

4. 通过观看电影，学会合理调节情绪，中学生由于各方面的压力，很多时候会产生不良情绪，这些不良情绪得不到释放和缓解，就会对学生的心理健康产生不良影响，因此，通过电影也可以让孩子学会如何来调整自己的情绪，比如电影《搏击俱乐部》讲述的就是为发泄情绪而建立的地下拳击组织。

5. 还可以通过电影让学生来识别常见的病例，心理健康教育，除了让学生完善自己之外，还应该让学生学会识别与区分常见的心理问题，确保他们健康地成长，比如电影《海洋天堂》讲述的是有关孤独症的案例，而《火柴人》讲述的是有关强迫症的问题，这些影片直观地向学生呈现患有某种心理问题，患者的具体表现，学生通过观看这些影片，可以简单地了解一些心理学的常识。

心理电影在青少年的心理健康教育当中发挥着巨大的作用，可以让心理学知识渗透到青少年的日常生活中，学校心理健康教师通过选择适当的影片，在学生观看后，并且对他们做适当的引导，引导学生构建健康的生活方式与学习环境，为他们今后的生活提供了良好的心理基础，最终提高了学生的主观幸福感，形成积极的体验和积极的人格。

四、新时代幸福学校里的家庭教育

在实证的视角下国内外对中学生主观幸福感的研究认为，影响学生幸福感的因素有学校满意度、家庭满意度、同伴交往、自我评价四个维度。

当前，我国正处在全面建成小康社会的关键阶段，提升家长素质，提高育人水平，家庭教育工作承担着重要的责任和使命。不断加强家庭教育工作，进一步明确家长在家庭教育中的主体责任，充分发挥学校在家庭教育中的重要作用，加快形成家庭教育社会支持网络，推动家庭、学校、社会密切配合，共同培养德智体美劳全面发展的社会主义建设者和接班人。

2017 年教育部关于加强家庭教育工作的指导意见中指出，为深入贯彻党的十八大和十八届三中、四中全会精神以及习近平总书记系列重要讲话精神，落实教育规划纲要，积极发挥家庭教育在少年儿童成长过程中的重要作用，促进学生健康成长和全面发展。

2018年9月10日第三十四个教师节之际，中共中央总书记、国家主席、中央军委主席习近平出席会议并指出，培养德智体美劳全面发展的社会主义建设者和接班人，办好教育事业，家庭、学校、政府、社会都有责任。家庭是人生的第一所学校，家长是孩子的第一任老师，要给孩子讲好"人生第一课"，帮助扣好人生第一粒扣子。教育部公布2019年工作要点，其中强调，要强化家庭教育，并对目标任务提出要求，要明确家长主体责任，发挥学校指导作用，健全家校合作机制，提高家庭教育水平。2020年5月22日十三届全国人大三次会议在北京召开。其中全国两会热点提案中有关于家庭教育最新提案。

如何实施家庭教育？怎样提高家长的育人水平？这些都是构建新时代幸福学校必须解决的问题。

（一）开设家长课堂

我校是一所县级学校，学生家长总体学历水平偏低，高中以上学历的家长只占35.96%，单亲家庭占20%，还有少部分留守儿童。家长忙于生计，陪伴极少，经常会发现家庭结构失衡，父爱的缺失，母亲的焦虑和无助，家庭气氛充满焦虑，导致孩子出现心理问题。

1.2019年全体领导利用暑假期间集中培训学习，全都考取了"家校共育指导师职业能力证书"。从此开启家庭教育研究之路，先后开展了课题研究：《家校合作视阈下初中生社会责任感培养策略研究》《学生家长教育素养提升策略研究》《新时代背景下城镇初中家校共育的长效机制研究》。2019年8月申报创建全国"家校共育"数字化试点校园等科研工作，用先进的思想和扎实的理论来武装我们的头脑。

2.我们制定了很多工作方案，例如《新时代珲春市第四中学家校共育策略》《珲春市第四中学关于开展家庭会议的操作办法》《家长学分制》，为进一步明确四中家长在家庭教育中应履行的主体责任，为使家长关注点真正落实到学生的发展上来，经学校研究决定，每学期将通过学分制开展"卓越家长"的评选活动。引导家长科学教子，推动家庭、学校社会密切结合，我们学校制定了《家长学校学分制自评表》《家长学分制评价表》。同时还制定了《珲春四中卓越学生养成之卓越行规55条》，要求家长在日常生活当中督促孩子完成并认真执行。坚持实行家长开放日活动。成立家长委员会参与学校管理，为学校发展献计献策。充分发挥家长学校、家长委员会、家长会等作用，加强家庭教育指导，密切家校合作。开展家庭教育主题宣传活动，研究制定家长学校指导手册。聘请专家到校给家长做培训，过后让家长写反思，引领家长不断提高自己的育儿水平。这些活动极大地调动了家长参与孩子教育的积极性，让家长在操作过程中有规可循，有法可依，并收到了很好的效果。

附件：家长学习心得

本次讲座的主题是《创造良好家庭氛围 助力孩子健康成长》。倪老师的讲座包括三个部分：原生家庭对孩子的影响；家庭的内涵；营造良好的家庭氛围。

倪老师讲道：要营造良好的家庭氛围，建立健全并健康的家庭，爸爸妈妈要正视自己的有限性，并愿意去学习，跟着孩子一起成长，在家庭出现冲突矛盾时，要共同思考相互理解不回避，摊开来讲各自看法寻求共识，使家庭透明，彼此亲密无隔阂，家庭成员没有焦虑和恐惧。倪老师在讲到家庭功能时，形容妈妈要充当容器的角色，在孩子面对挑战、遇到困难时在妈妈那都能得到接纳，使孩子获得安全感，同时爸爸给予孩子往外走出去的勇气，父母和孩子在彼此依恋亲密的同时要有边界，父母并不是孩子本人，不要做的太多，要给孩子留有自己的空间，自己成长获得能力并得到发展，敬畏每个生命，用适合他的教育方式使其不断学习，不断成长。用多种多样的形式共同精心创造更多的情感交集时刻，注意力交集时刻，彼此陪伴，学习，交流。

以上是我从本次家庭教育讲座中的一点感受，努力做到让孩子在家庭功能明确健康的环境中，相互陪伴共同学习，一起成长。

八年九班

崔宏源家长

《创造良好家庭氛围 助力孩子健康成长》

听了老师的讲座很受启发，和睦幸福的家庭，让孩子拥有一个温暖安全的生活港湾，孩子会拥有更多的拼搏进取的力量。而吵闹分裂的家庭，让孩子如在大海上漂泊的小船，惊惧，迷茫，全无学习上进的热情，甚至悲观厌世。家庭周围的生活环境影响孩子的生活、学习心理；家庭内部的生活环境也从正、反两方面影响孩子的生活、学习心理。宁静、和谐、团结、上进、卫生的生活环境有利于孩子健康成长，家庭中的亲子关系、家长的语言行为模式对孩子起到潜移默化的作用。如果家长是愉快的，这个家庭就是快乐的，孩子生活在这样的环境中自然就会精神饱满。家长是孩子的第一任老师！营造幸福的家庭氛围，不把负面情绪带进家庭，和孩子多沟通，多给孩子做正能量榜样，和孩子共同成长！

八年五班

卢奕彤家长

今天看了关于孩子心理教育的课程，看完我觉得收获了很多，在平时教导孩子的过程中沟通是一个非常重要的环节，平时要及时和孩子沟通，这样才可以及时了解孩子的心理，知道孩子在想什么，出现问题后可以及时引导孩子，让孩子不断地走向独立自主，成为一个健康的个体，不过分依赖父母，也不过分疏远父母。为了这个目标大家都要共同努力，可以寻找能够让自己沉浸其中的时刻，找到自己喜欢做的事情，使自己可以在未来做事情达到全神贯注。还要引导孩子多观察生活，多观察生活中的人，让他知道最了解他的人是谁，最关心他的人是谁，以及他最欣赏的人，还有熟人里最智慧的人，这样可以帮助孩子树立良好的榜样，让他可以完善心理，向身边的人学习，成长的道路需要我们一起去努力。

七年二班

张馨然家长

（二）开展家庭读书会

什么是家庭读书会？顾名思义，在家里，以会议的形式开展的亲子读书交流活动。家庭读书会不同于一般的亲子阅读的关键是强调仪式感，以仪式感扩大意义感。我校的家庭读书会是 2020 年疫情期间推广开展的，要求七八年级所有班级所有家庭全部参与。疫情期间每周选取一个家庭通过网络对全体家庭进行直播分享。疫情之后，每月以班级为单位推选一个家庭在班级内进行线上分享，每学期学校开展两次线下典型家庭的案例分享。

家庭读书会流程是什么？

1. 家庭成员轮流担当主持人，每次由一个主持人串场并总结。

主持人会搜集大家要分享的内容，并做成目录。

2. 整个读书会的流程大致分为开场诗、图书分享、自由分享三个环节。

3. 具体形式和要求：

（1）开场诗是由当期的主持人提前选一首诗，现场朗诵；

（2）图书分享是用 5—10 分钟来介绍一本书，可以介绍图书内容，也可以分享心得体会；

（3）自由分享的内容和形式不限，比如文学、艺术常识、生活感悟、个人才艺表演、教育探讨等等。时间是每个月的一个周末，每次 2 小时左右。

第一步：先介绍书名；

第二步：介绍作者；

第三步：介绍自己为什么喜欢这本书；

第四步：特别喜欢这本书的哪些章节。

如何进行家庭读书会的管理？

1. 以班级为单位由班主任负责日常的督促和管理。

2. 每月每个家庭至少开展一次读书会。

3. 学校选取家庭读书会开展好的家庭在学年家长会上分享。

（三）召开家庭会议

家庭教育是一切教育的基础。不难发现，一个好孩子的背后一定有良好的家庭教育作为支撑。想拥有良好的家庭教育，父母和孩子的沟通与交流是必不可少的。"家庭会议"作为亲子沟通与交流的一种新型教育形式，不但符合了新时代的发展要求，而且对于家庭、孩子、父母而言都具有重要的作用。对于整个家庭而言，家庭会议在家庭教育中会营造和谐民主的家庭氛围，促进家庭内部分工合作，提高经营家庭的效率，降低家庭决策的不确定性。对孩子来说，家庭会议能够使他们学会倾听与尊重，培养他们各方面的技能，增强他们的自我认同感；而对父母来说，能够使父母深刻地了解孩子内心的想法，增进家庭成员之间的感情，懂得换位思考。

如何开展家庭会议？开展家庭会议应注意哪些问题？我们把操作方法整理清楚，发给每一个家庭，让家长做有所依。

附件：珲春市第四中学关于开展家庭会议的操作办法

家庭会议是营造家庭氛围、改善亲子关系的好方法，对于青春期孩子，家庭尤为重要。

一、家庭会议的主题

每次家庭会议都要设立一个主题，议题要精准正向。有了议题家庭会议才不会慌张，才能真正起到解决问题的作用。比如：家长总是不会和孩子好好说话，议题可以是：父母对孩子的态度。比如孩子做作业很磨叽，议题可以是如何高效完成作业等。

二、家庭会议的时长和分工

1. 时间不要太长，一般控制在 10—30 分钟。定期开，最好每周一次。每次讨论都从家人们关注的小事开始。

2. 家庭会议需要有主持人、记录员和计时员，这些角色家人轮流承担，不固定，也不指定谁干什么。

【主持人不指定：最早了解规则、清楚会议流程的，不管大人还是小孩，先当主持人，给其他家人做示范。大家都知道怎么办后，轮流来当主持人。

记录员很重要：要准备一个本子，做专用的记录册，把每次开会的会议进程、头脑风暴时候每个人的建议和想法都记录下来。大人小孩都能当记录员，记录的时候会写字的把它写下来，不会写字的可以画画，让每一个人都有参与感。

计时员要严格：提醒所有人注意发言时间，会议不要长，不做长时间无意义的争执。】

三、家庭会议三个步骤

第一步：致谢/感恩。会议开始之初，主持人先邀请大家各自分享一下近期自己生活、工作和学习中的感受；表达自己对他人的感谢和赞赏，注意感受其他家庭成员的反应。这样能使每个人在家庭中的地位都得到承认和尊重。

第二步：提出议题。如：疫情期间的家庭学习计划等。也可以是很琐碎、很日常的事情，比如说家庭运动安排、怎样远离手机，居家抗疫方法、家务分工，线上开学后应该怎样合理安排时间等。针对某一个议题，家庭成员轮流发言，其他成员不得打断。主持人需要维持好秩序，可以通过"计时器"等小工具来控制每个成员的发言时间，以确保每个人都得到尊重。轮流发言后，往往议题还没有得到解决。这个时候可以大家头脑风暴，进入自由讨论的环节。通常情况下，几轮"轮流发言"和"自由讨论"交替进行后，大家会初步达成一致。如果没有达成一致，也不要急于决定，可以商定后续讨论，给大家充分思考的时间。值得一提的是，其实单单讨论一个人遇到的问题和倾听他人的心声有时就足以使其受到鼓舞，而有新的起色。

【在家里可以做一个议题墙，张贴冰箱上，或一个议题箱，每个人把自己想要讨论的话题写在纸条上，扔进箱子里，下次开会的时候抓阄。要是你提的问题已经得到解决，或者你对别人的议题更感兴趣，没关系，换一个议题，大家商量着来。】

第三步：愉快地结束：投票选一个全家人一起参与的小游戏，让家庭会议在爱与和谐的气氛中结束。如：抖音里的律动平板支撑、亲子配合跳等游戏。

四、家庭会议的好处

父母的收获

1. 请记得家庭会议的出发点，是为了给予家人爱和归属感，并能教给孩子有价值的人生技能；

2. 家庭会议的召开频率最好是每周一次，时间固定，形成惯例；

3. 每个家庭成员都可以在家庭会议上有所贡献；

4. 开成正面入手、积极行动和相互联结的会议；

5. 解决问题而不是相互批判。

孩子的收获

1. 感受到了家庭的爱和温暖；

2. 学会了沟通、倾听、感恩、关心他人、负责任；

3. 稳定持续的家庭会议，让孩子有机会参与解决自己的问题，为独立面对未来人生做准备。

总之，家庭会议的目的是营造民主温馨的家庭氛围，让每个成员都能真诚表达，并能参与决策。这种平等、自主的氛围，会帮助青春期孩子家庭赢得对方更多的爱和信任！

第四章

学校文化系统的构建与解读

学校的精神长相——五观端正

校长对学校而言说到底是价值观的领导，学校和学校间的本质区别究其根本也是价值观的差别。具体说即教育观、教师观、学生观、教学观、质量观这五观决定了学校的精神长相。

一、教育观

教育大辞典中关于教育的解释有百种之多。在我国古代，有关"教育"的定义层出不穷，如《孟子·尽心上》中："得天下英才而教育之，三乐也。"《说文解字》里所描述的教育："教，上所施，下所效也；育，养子使作善也。"《礼记·学记》篇："教也者，长善救其失者也。"这些有关"教育"的定义，从不同侧面为我们揭示了教育的相关基本特性，但是由于受到不同历史形态，以及阶级属性特点的影响并未从真正意义上揭示出"教育究竟是什么"。而在外国教育近代史上，一些教育家与哲学家也曾针对这一问题展开过相应的讨论，如夸美纽斯的"一切事物教给一切人类的全部艺术"；赫尔巴特所强调的"教育的目的是个人品格与社会道德"、卢梭所推崇的"最自然的教育就是最好的教育"、裴斯泰洛奇所强调的教育是"应使人固有的、内在的能力得到培养和发展"；杜威所强调的"教育即是经验的改造与改组"；雅斯贝尔斯说"教育即唤醒"等。他们从形式与实质两种不同的教育观念试图追问教育的本质性问题，但是由于他们对教育活动与教育形态认识的局限性，仍未全面揭示出教育的内在本质。有学者指出，"教育的对象是人，要理解教育本质，就必须先理解人的本质。可以说，人的本质必然决定教育的本质"。而伴随改革开放，我国教育学界也展开了一系列的教育思想改革，对教育是什么及教育属性的相关认识也不再表现得过于单一化，逐渐形成了基本的四派教育属性学说：上层建筑学说、生产力说、多因素多属性说、特殊范畴说。这四类学说从教育在社会结构中的作用与地位，以及教育区别于其他社会现象的质的特点角度出发，进一步对"教育究竟是什么"问题的探究打开了一扇窗户。

附：我校的教育观

1. 教育即唤醒

每一个心灵都是自然宇宙与人类智慧的结晶，每一个孩子都有丰富的心灵与巨大的潜能，教育只需要将其内在的良知良能唤醒。唤醒不只是依靠外界的一种力量，更重要的是一种自我觉知与自我唤醒的觉悟与量。《大学》上讲，"顾误天之明命，克明峻德，皆自明也。"我们要顾念、理解上天赋予我们的光明的禀赋，我们要弘扬自己天赋里的智慧与品德，所有这些宝贵的天赋潜能的开发与发展，都需要我们自己自觉彰明并将其显现出来。

教育要作唤醒的功夫，而不是强行地灌输知识。当孩子的求知欲望与生命的力量被唤醒之后，孩子就会自觉主动地去探索未知的世界，而这个探索的过程也就是孩子自我唤醒心灵智慧的过程。

2. 教育的目的是为了不教育，即是说教育是为了引导孩子进行自我教育

当孩子能够进行自我教育的时候，孩子就会全身心地投入学习与生命成长的体验，这种亲身的体验以及知识的得来是经过他自己验证的，这样也就将孩子独立思考的能力培养了起来，孩子有了自我思考的能力，也就有了明辨是非的能力，明辨是非的能力就是智慧。孟子说，是非之心智之端也。

二、教师观

习近平新时代教师观的内涵从教师的地位与价值角度：教师是立教之本与兴教之源；从教师的初心与使命角度：立德树人与教书育人；从教师的教师的素养与发展："四有"好教师与主动修炼。子曰："温故而知新，可以为师矣。""当仁不让于师"。"其身正，不令而行；其身不正，虽令不从"。爱人之心，关爱受教育者，子曰："有教无类。""诸君何所事？候补当教员。陶先生号召师范生将国家的兴盛与教育的兴衰作为己任，开创新世纪，大任在两肩！"此句摘自陶行知先生的诗歌《敬赠师范生》。他对师范生的首项要求就是要以"信仰国家教育事业为主要生活"。

所以教师职业伟大使命光荣。为进一步增强教师的使命感，学校与2015年自拟了学校的教师誓词，在开学典礼、休业礼等学校的大型集会时全体教师要不断地重温誓词。

附：珲春市第四中学教师誓词

我是人民教师，我的职业重要而伟大，我今天的工作关乎国家的明天和孩子的未来。我深知德高为师，身正示范。我会自觉遵守职业道德，用中学教师的专业标准严格要求自己，践行"爱有形，教无痕"的教风，"敏思能言，专注能群"的学风，"竭尽所能力求卓越"的校风，为中华民族的伟大复兴，为人类社会的文明进步，为学生的人生幸福，我愿贡献出全部的力量！

三、学生观（儿童观）

人从其诞生起，就具备着"自然性／肉身性"与"社会性／价值性"的双重规定性。但是，"自然性／肉身性"并不等同于"自然而然地活着"，人需要思考"人为什么活着""人应该怎么活着"。马克思指出，人"从经验的、肉体的个人出发，不是为了……陷在里面，而是从这里上升为'人'"。因此，"自然性／肉身性"只构成了人的自在基础，"社会性／价值性"才是人之为"人"的深层规定。换言之，人是向价值世界敞开的存在，人要完整成就"人是其所是"的本体论意义，就必须进行自我赋值与价值超越。而这种超越性，体现的正是人之所以为"人"的本质规定。也"正因如此，人的生命活动就不再是纯粹适应自然以维持自身存在生存方式，而是改变自然以创造人的世界的生活方式"，从而才可能使人活得更好，活得更有意义。就人性的本质与需要而言，人作为"社会性／价值性"而非纯粹"自然性／肉身性"的存在，就有"幸福"的需要与实践追求。因为，"幸福"本身是有价值的事情，它是"自成目的性"的，从而也就具有了人性上的价值正当性。最为关键的是，"追求幸福是每个人的生活动力，这是一个明显的真理"，"如果不去或不能追求幸福，生活就毫无意义"。这种出于人性的价值需要，为个体自我赋值与超越准备了内生动力，它引导着"人／人性"不断趋向于完善。同时，由于这种价值需要是基于内在人性的，它就不是"应该"，而是"必然"，毕竟"应该"式的伦理劝导极可能就是无效／无根的。而且，"任何一种'应该'都可能是不应该的。这才是真正的无根性。"亚里士多德认为，幸福应当是"因其自身而不是因其他事物而值得欲求的实现活动"，"因为，幸福是不缺乏任何东西的、自足的"。康德指出，"幸福是我们对所希望的生活的一种理想，是依据理性和想象创造出来的。它基于经验性的期待或者偏好。这种理想部分源于我们的自然本性"。费尔巴哈也提醒，"生活和幸福原来就是一个东西。一切的追求，至少一切健全的追求都是对于幸福的追求。"可以说，"幸福"是个体生活/生命意义的呈现，而对"幸福"的追求，正是面向"人"及其在整体世界中的存在目的与意义的一种人性事业。

一个人生活在人与人构成的生活和交往的世界之中，这个世界本身就是隐含着某种价值的。个体自我发展的过程本身就是一个蕴含着价值生长的过程。在这个意义上，个体会在有意无意之中萌发出对美善价值的追求，逐步自觉地以自己的价值观来看周围事物。就儿童教育而言，我们就是要在幼儿阶段，以美好事物的价值体验浸润儿童的心灵，成为儿童生存的基础性事实。儿童美好生活体验具有阶段性，幼儿阶段教育的引导重在激活儿童对美好事物的热爱，从而以美好事物的体验来伴随儿童的成长，让儿童的未来充满无限可能。伴随着儿童社会化程度加深，儿童生命逐渐认同于社会规范之中，这个阶段儿童美好生活的引领就呈现出双重维度：一是儿童进一步保持并追求更加美好的事物的可能性；二是为免于或减缓儿童社会化过程中，活力的过度衰减与儿童发展的过早固化，这种固化在个体发展任何阶段都是一种障碍。儿童的发展在任何时候都不能终结在某种固定的状态，而是要始终保持着无限的可能性。这意味着对儿童的教育，需要时刻保持儿童个体在自由与规范、自然与文化之间的生动张力，保持个体发展的内在辩证法。儿童美好生活究其实质乃是持久地朝向美好的生活，而不是固定在某种既定状态的生活中。

附：我校的学生观——大家不同，大家都好

我和小鸟和铃

虽然我展开双臂，

也绝不会飞上天空，

会飞的小鸟却不能像我，

在大地上奔跑。

虽然我晃动身体，
也不会发出美妙的声音，
会响的铃却不能像我，
会唱许多歌谣。

铃和小鸟，还有我，
大家不同，大家都好。

四、教学观

儿童学习的关键不是学到了什么，而是通过学习活动带出怎样的生命存在状态。

儿童教育的展开显现为三个基本层面：第一，以健康为指向的儿童体育（广义）为基础；第二，以爱的交往为载体的情感教育、审美教育与初期的智力教育为具体内容；第三，以个体美善事物的体验与由此而来儿童生命的积极向上为根本目标。

五、质量观

什么样的质量是好质量？ 事关教育发展的方向。如何正确把握教育的质量观，校长、教师必须有正确的认识。教育的意义具有双重属性：一是促进个体的发展； 二是促进社会的进步。科学的质量观就是全面贯彻党的教育方针，促进学生德智体美劳全面发展。由于中小学是人生发展的奠基阶段，未来发展的可塑性及时代对人才需求的不确定性，需要教师高度关注学生的核心素养，着力培养学生能够适应终身发展和社会发展需要的必备品质和关键能力， 做到德育为先， 能力并重。学校要重视学生的思想品德教育，让学生初步形成正确的世界观、人生观和价值观，为学生扣好人生的第一粒扣子；同时要重视学生基本知识和基本能力的培养， 因为不具备一定的认知能力、文化基础，不仅会影响学生全面发展，而且不可能做到持续发展。我们追求的教育质量，当然包含对学生良好学业水平质量的要求。这就要求正确看待考试，正确看待分数，而且要明白眼前利益和长远发展的辩证关系，理性对待教学，对待学生、对待考试、对待家长。

附：我校的质量观

（1）以牺牲师生生命健康为代价获得的成绩有毒；

（2）以牺牲学生对知识和学习的热爱而获得的成绩有毒；

（3）拔苗助长获得的成绩浪费公共教育资源，有毒；

不同的教育目的体现了不同文化情境对于教育所承担使命的要求，不同的教育目的观念则表达了人们对于教育应该承担何种使命的意见。教育的目的也就只要从教育之为教育，也就是教育的本质中去寻找。教育本身的样子清晰而简明：成人，成真正的人。教育之所以成为教育，在于教育成人；如果一种教育不能成人，它就不能称为教育。彼得斯给"教育"设立了"有价值的内容和道德的方式""认知洞见""自觉自愿"三条标准，便是在用三条标准来逼近教育的本质，而把那些不符合这些标准因此也远离教育本质的活动称为"训练"和"灌输"。教育区别于其他活动的本质就在于教育是成人的活动，教育的目的相应地就是实现成人这一本质规定，让教育成人的本质发挥出来成为现实。

学校文化系统构成要素及内在关系

一、何为学校文化系统？

我们先来看一下，百度文库对学校文化系统是怎样说的。校园文化系统简称 SIS，即 School Idenity System，学校识别系统，也叫 SIS 战略，起源于 CIS。

它是借鉴 CIS 理论模式，并经过在教育体系内的不断实践、丰富、完善和发展而形成的学校创新理论。即：在学校面对激烈变化和严峻挑战的市场经济，针对大众需求、社会发展对学校提出的新要求和学校经营、管理、发展过程中所面临的生存与发展等问题的情况下，学校依照正确的教育思想，整合运用"教育策划""学校诊断"等现代化教育理念、管理理念、教育技术，采用科学的方法，按照科学的操作程序对学校的发展与经营进行决策、规划，对学校的形象进行刻意的设计和创造，借助宣传媒体向外界充分地展示，使之形成鲜明的特色，并逐步把学校打造成一个品牌的过程；校园文化建设专家余建祥认为这是对学校的长期生存和不断发展进行的总体性谋划。

学校文化 SIS 系统是学校文化整体规划解决方案，主要包括：理念识别系统 (MI)、行为识别系统 (BI)、视觉识别系统 (VI)、环境文化规划系统 (EI)。

文化系统：

校园特色文化系统是校园的精神文化，更是校园文化的深层结构，是支撑一个学校的灵魂，也是区别于其他学校的最大优势所在。学校特色系统的构建不需要耗费大量的物资和金钱，只需要将其系统化、常态化，将种子播进学生的心灵，就能产生巨大的能量，让学校和学生都发生巨大的变化，使得学校精神面貌为之一新！

校园特色文化系统的构建益处：

通过特色系统的构建，可以建立起学校的特色，建立和其他的学校竞争的优势，从而使得学校在校园文化的深层结构上遥遥领先于其他学校；通过特色文化系统的制度建立，使得学校在校园文化的中层结构上处于领先地位，获得竞争优势；通过校园特色文化系统的构建，使得学生和教师的归属感得到极大增强，从而获得更大的校园凝聚力；通过校园特色文化系统的构建，可以使学校的教学质量得到极大的提升，使学生获得更好的学习动力和优异的学习成绩。

（一）学校文化理念识别系统

1.概要

学校理念文化识别系统是学校文化识别系统的核心工程，它对内可以激励全体师生，对外可以展示学校的价值追求。校园文化建设专家余建祥认为学校理念文化识别系统要依据教育发展趋势和具体的教育政策，结合学校的地域特色、历史沿革、现状分析以及未来发展的多种可预期因素进行综合规划。

MI 是学校持续健康发展的基本保障。其作用在于引导、规范、激励师生的价值追求，深化、规范、提升学校的办学理念，科学定位学校的发展方向，铸就学校的文化品牌。

2.具体规划内容

基本理念：核心理念、学校精神、学校价值观、学校使命、学校座右铭、校训、校风、政风、教风、学风、学校形象定位、学校发展愿景等。

治学理念：教育理念、办学理念、办学方略、办学特色、办学追求、办学宗旨、培养目标等。

治校理念：治校理念、发展理念、管理理念、用人理念、质量理念、服务理念等。

口号誓词：学校口号、教师誓词、学生誓词、学校宣言、校长寄语等。

（二）学校文化行为识别系统

1.概要

学校行为文化识别系统是学校文化识别系统的保障工程。它以学校理念文化为基点，对内完善学校规章制度，规范学校行为；对外加强学校宣传，开展校外交流活动。学校行为文化识别系统的规划与设计应与理念文化保持一致，通过学校的各种行为特征来展现学校的办学风貌，提升学校的整体形象。

校园文化建设专家余建祥认为通过健全组织机构，完善规章制度，细化管理项目，策划专题活动，使学校的运行机制合理化、系统化；通过规范师生行为特征，塑造学校良好的行为形象，是校园文化建设不可或缺的组成部分。

2.具体规划内容

（1）学校规章制度的修订与完善。

（2）学校校本课程的指导与开发。

（3）学校专题活动的组织与策划。

（三）学校文化视觉识别系统

1.概要

学校视觉文化识别系统是学校文化识别系统最为直观的组成部分。是学校的视觉形象工程，通过个性化、标准化、系统化的设计方案，对以校徽、标准字、标准色为主的基础要素和160多个应用要素进行规范，塑造独特的视觉新形象。它兼顾学校内部不同的功能需要，以校徽、标准字、标准色为核心，涉及教学、办公、指示、公关等100多种应用元素，通过个性化、系统化的视觉方案使学校的办学理念得以规范呈现，从而塑造学校良好的视觉形象。

2.具体规划内容

核心元素：校徽、标准字、标准色。

实用元素：办公、服饰、公关、运输、指示、环境系统等几百个设计元素。

（四）学校文化环境识别系统

1.概要

学校环境文化识别系统是学校文化识别系统的基础工程。校园文化建设专家余建祥认为环境文化作为学校教育的重要隐性资源，其主题突出的走廊文化、教室文化、办公室文化、生活区文化、活动区文化及个性鲜明的校园人文景观对在校师生可以起到"润物细无声"的教育功效。学校环境文化建设要以"六化"为指导原则，做到校园环境的净化、绿化、美化、秩序化、人文化、教育化。

环境文化规划系统是学校文化建设的基础工程，其对学校功能区进行系统规划，确定文化建设主题，营造个性文化氛围。主要包括：走廊文化、教室文化、办公室文化、会议室文化、宿舍文化、道路文化、景观文化等。

2.具体规划内容

（1）教学区的环境规划与设计：包括楼宇命名、教室及走廊等的文化设计。

（2）办公区的环境规划与设计：包括楼宇命名、办公室（校长办公室、教师办公室及会议室、接待室等各种功能室）及走廊等的文化设计。

（3）生活区、活动区、校园景观区的环境规划与设计：包括景观（雕塑、喷泉、假山、小品、园景小区和绿化带等)、运动场、道路(道路的设计、命名和释义)等的文化设计。

二、学校文化理念识别系统的要素逻辑

精神文化是学校文化的前提和基础，是学校发展的方向性保证和决定性因素。而理念文化是精神文化的核心，是学校在教育教学过程中形成的共有信念，是学校文化建设的灵魂。

学校理念文化可以将学校内部力量统一于共同的指导思想，汇聚到一个共同的方向，提升为学校特有的文化，从而对学校的教育教学行为产生潜移默化的影响。校园文化理念系统是校园文化系统之根，它是学校价值观的下位概念，有什么样的学校价值观就会生发出什么样的文化理念。校园文化行为识别系统，校园文化视觉识别系统和校园文化环境文化系统相对于校园文化系统来讲是文化系统之下的子系统。下面就着重梳理一下学校文化理念系统的要素逻辑。

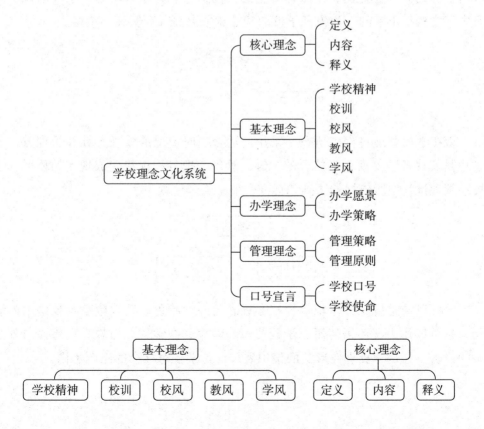

学校精神是学校在长期的办学实践中自觉提炼的、被学校全体成员认同的精神支柱，它对学校师生具有导向和激励的作用。校训是指长期办学形成的、对学校全体成员具有规范、警策与导向作用的基本理念，它能概括学校的整体价值取向、独特气质、文化底蕴，蕴含师生的道德理想、人格特点和历史责任。校风是学校风气的总称，包括师生的学习、工作和生活作风，学校积淀的传统文化氛围，以及在学业探索中所形成的风气。教风就是教师在治学态度、教书育人、科学研究等方面形成的良好风气。学风就是学生在学习过程中应该养成和遵循的风气，是学习效果和成人成才的保证，是学校文化的重要组成部分。

办学愿景是全校师生对学校未来发展趋势的共同愿景，也是描绘学校长远战略目标的纲领性蓝图，是全体师生的共同追求。办学策略是从学校的现实形态中高度概括出来的，为提升学校的核心竞争力而着重实施的策略。

指在学校管理过程中所灵活采用的适合当时情况的管理方针和管理方式，管理是实现各种要素有机结合的关键，管理是把各种优势变成现实的桥梁。学校在管理过程中所依据的法则和标准，就是管理原则。

学校口号是指充分体现学校核心意志与办学特色、用以鞭策全校师生的短句。它可以作为宣传语使用。学校使命是学校就办学理念与教育理想而对外发布的公告。它是学校理性形象的集中展现，是学校对社会的庄严承诺。

新时代幸福学校的文化架构与解读
——以珲春市第四中学为例

一、学校文化理念识别系统

（一）学校文化定位

1.学校为珲春市普通市民提供优质服务，为培养受高中欢迎的优秀毕业生，创设自主成长的美而好的教育环境。

2.学校在传统文化基础上，致力于打造一所充满现代气息的优质学校，并以卓越的服务赢得社会的赞誉、家长的满意和学生的喜爱。

3.学校着力践行现代教育的"生命幸福"理念，通过唤起师生的内力自觉，促进他们的和谐成长。

（二）学校的愿景

请沉思，教育是要为每个人自由地呼吸。

请宽容，人们如此的良善，那拳拳之心是为福佑生命的成长。

请表现，这里为学生撑起一片天空，一片尽情翱翔的天空；这里为教师舒展一幅画卷，舒展那壮丽的人生画卷。

请享受，一切都是那么的恬静和安详，执着和坚韧，当东方第一缕曙光开始播散到校园的时候， 每个人的心智都被净化，每个人的灵魂在升华 。

（三）学校文化与价值观

1.改革创新，敢为人先。

2.创造适合每一位学生发展的教育，办人民满意的学校。

3.一心办学，心无旁骛。

4.追求卓越，反对平庸，拒绝低劣。

5. 不唯中考，赢得中考，追求五育并举与优秀升学成绩的统一实现。

6. 干部行为准则：关怀，支持，共情。

7. 看见儿童，学校才会改变。

8. 相信学生，依靠学生，锻炼学生，成就学生。

9. 绝不以牺牲师生的生命健康来换取考试成绩。

10. 让别人因我的存在而感到幸福，让世界因我而更加美好。

我校办学理念：让教育成就幸福，让人生别样精彩。

办学理念的含义：

"幸福"是一种持续时间较长的对生活的满足和感到生活有巨大乐趣并自然而然地希望持续久远的愉快心情。

"人生"是人们渴求幸福、寻找幸福、创造幸福和享受幸福的过程。每个生命都是平凡的，教育应使师生的个人价值得到实现，使其人生过程充满精彩的瞬间。

具体化就是：教师幸福，学生才能更幸福；当下幸福，未来具有幸福的能力；让别人因为我的存在而感到幸福。中国主流幸福观从一开始就将个体与社会融合成为有机统一体，儒家的"格物、致知、诚意、正心、修身、齐家、治国、平天下"深刻揭示了由内及外、由己及群、由小及大、由近及远、奋斗不息的幸福思想，为构建新时代中国特色世界视野的马克思主义幸福观奠定了传统文化基础。

我校的培养目标：身心健康、视野广阔，志向高远，热爱生活。

培养目标的含义：

一个幸福的人一定是一个其个人价值得到实现的人，一个个人潜能得到发挥的人。因此，本校认为"学会自主"是幸福的关键。认识自己，喜欢自己（身心健康）；国事家事天下事，事事关心，有利他精神（视野广阔）；让世界因我的存在而更加美好，有家国情怀（志向高远）；把平常的工作、学习和生活变得有意思和有意义起来（热爱生活）。

所谓自主是指"自己做主，不受他人支配"。我们认为自主是一种能力，学校教育的目的就是要使学生具备这种渴望幸福、寻找幸福、创造幸福和享受幸福的"自主能力"。

一个自主的人，应具备四个方面的素质，第一是身心健康。认识自己，悦纳自己，养成自觉运动的好习惯，身心健康是幸福之根；第二是视野广阔，唯有广阔的视野才能使他做出自主的选择；第三是热爱生活，唯有热爱生活，才有自主的进取心和对生活的耐受力，也才能理解生活和享受生活；第四是志向高远，唯有高远的志向才能使其生命更有意义，其自主行为方能长久和坚韧，也才能不断地挑战自己、完善自己和超越自己。

本校真正的教育最终要化为自我教育。自我教育的过程是克服自身种种障碍的过程，是跳出人生密布的重重陷阱的过程。这一过程充满了失败和绝望，人必须学会为抵御它们而付出艰巨的努力。学校要让学生体会生命之艰难与沉重，进而果敢地承担起这些重负。

我校办学目标：共享、共创、共成长的精神家园。

办学目标的含义：

学校应该是一个精神的高地，在这个精神领地，师生在一起生活和学习，共同享受，令人神往，倍感幸福。

幸福是一个创造的过程，本校强调师生之间、师师之间、生生之间的伙伴关系，通过合作学习和探究，共同创造一个幸福的家园。

学校的使命是帮助人们成长，不仅是学生，教师也应该在这个精神领地里获得最大的发展。

校风（竭尽所能，力求卓越）

"竭尽所能""卓越"，强调做事要尽力。尽力是一种人生态度，卓越不是优秀，优秀是要超越别人，而卓越是自己跟自己比，强调自我超越的意义和价值。

教风（爱有形　教无痕）

1.爱学生，为学生的发展服务，为学生的终生着想。

2.教育无时不在，无处不有。像无痕的空气时刻围绕在孩子们的身边，像母亲无声的关爱时刻回荡在孩子们的胸怀，像无色的泉水滋润孩子每一寸心田。

学风（敏思能言　专注能群）

勤于思考，动如脱兔，静如处子，学习时专心致志，擅表达，会合作。

校训（禀受才智与自然　回复灵性以全生）

出自《庄子·寓言》：子谓惠子曰："孔子行年六十而六十化，始时所是，卒而非之，未知今之所谓是之非五十九非也。"惠子曰："孔子勤志服知也。"庄子曰："孔子谢之矣，而其未之尝言。孔子云：'夫受才乎大本，复灵以生。'鸣而当律，言而当法。利义陈乎前，而好恶是非直服人之口而已矣。使人乃以心服，而不敢蘁立，定天下之定。已乎已乎！吾且不得及彼乎！"该理念阐释为：大自然启迪了我的智慧，赋予了我才干，恢复了我原有的灵性和德行来保全自己的天性。意为在教育教学和做事时要遵循自然规律，不可急功近利。

我校管理理念：

建立现代学校治理的"成人"哲学思想；确立了尊重人、欣赏人、发展人、成就人的管理理念；实施价值领航、目标导航、过程护航、底线保航的管理思路；实行目标管理、诚信管理、差异管理、团队管理、名誉管理、自我管理的管理方法。

我校口号：今天我以四中为荣，明天四种以我为荣。

二、学校文化行为识别系统

附件1："一部、一室、三组、六中心"组织架构

根据新时代国家教育教学改革的精神和要求，结合学校发展的实际，变管理为治理、突出管理的发展性、专业性和支持性功能，取消原来的政教处、教导处、科研室，总务处，成立六个中心，即学生发展中心、教师发展中心、课程研发中心、质量监测中心、生活服务中心，再加上原来的信息中心，即"六中心"。

1. 工作分工

一部：党支部。

一室：校长办公室主任马云慧。助理一名，委员马春铃、刘丽华等若干。

三组：七学年——学年主任孙继刚，德育助理2名、教学常规助理2名，分管领导李红梅；八学年——学年主任张玉明，德育助理2名、教学助理2名，主管领导李丽辉；九学年——学年主任陈淑娟，德育助理2名、教学助理2名，主管领导黄晖。

六中心：

（1）学生发展中心主任刘霞，副主任孙继刚、张玉明、陈淑娟，助理若干，委员班主任，学年德育负责人，家长代表，主管领导黄晖。

（2）教师发展中心主任关丽红、郭志颖，主任助理；教研组长、备课组长，委员；学年教学常规负责人。主管领导李红梅。

（3）课程研发中心主任石晓月，主任助理若干，委员选修课教师。主管领

导李丽辉。

（4）质量监测中心主任许佳文，主任助理若干，质量顾问、委员教师代表、家长代表、学生代表、校外专业人士。主管领导李红梅。

（5）生活服务中心主任左振波、于海燕，主任助理若干，委员；校内外相关人士。主管领导孙继刚。

（6）信息中心主任隋泽强，主任助理一名，委员信息组成员等若干。主管领导李丽辉。

2.工作职责界定

党支部（对应局党办、法制科）：党建工作、师德建设。

校长办公室（对应局办公室、人事科、督导室，各宣传平台与媒体）：人事、教师工作纪律管理、学校形象宣传、督导工作、收发文件、校长工作室工作。

学年组（对应一部一室六中心）：团队建设，调动全体学年教师的积极性创造性，带领学年教师达成学校质量目标；做好常规性工作，保证教育教学规范运行；配合各部门落实好学校的各项要求。

学生发展中心（对应局普教科、体卫艺、进修综合部、老关协、科技馆）：德育活动的设计、组织和开展、学生生涯规划、团和学生会的工作、心理健康、家校共育、班级管理、学籍管理、德体美劳的工作。保证与其他部门协同。

教师发展中心（局普教科、成职教、招生办、进修中教部、培训部）：把好教师入口关；促进、帮助教师的专业成长；着力课堂教学质量的提高；逐年增加优良教师率，减少不合格教师率；调动教师的工作积极性。负责组织设计教学活动和学生学习活动，保障教学常规规范进行。做好保证与其他部门协同。

课程研发中心（市科研所、校内与学生发展中心、教师发展中心的协同）：学校的课程规划与建构、项目学习的开展、学科间课程的整合、选修课的高质量开设、学校科研、校本教材开发、课程实施的指导。

质量监测中心（学生和家长，学校的决策智囊）：对于学校的发展进行诊断和定位，对各发展中心工作开展持续性的调查与访谈（每月至少一次），对学校教育教学质量进行分析，提出监测报告，把关各种质量检测，组织非纸笔测试类考试。

生活服务中心（市工会、局党办、法制科、安全科、后勤管理中心、基建办、装备部、退休支部）：为教育教学的顺利进行提供及时有效的服务与保障；校园校舍的维护和维修、美化；功能室的管理；实施依法办学、发挥教代会在加快现代学校建设方面的价值和意义；做好工会工作，为前勤做好安全和生活保障、排忧解难、解除学校和教师工作中的后顾之忧，增强教师的爱校情感；活跃校园文体生活，调动后进力量，增强学校的向心力、凝聚力；联系校内外的力量为学校发展争取支持。提高资金使用的有效性，避免浪费。

信息中心（电教馆，科技馆、学校各部室中心的协同）：保障学校的设备正常使用和运转；学校大型活动的技术支持；创客空间；资源平台；学校教学和管理的数据化、现代化转型；好的技术及平台的引进；阅卷系统管理及成绩的分析管理。

附件2：现代学校治理视阈下的部门岗位职责

校长办公室

部门定位：本部门是落实党的教育方针，规划学校发展的决策系统之一。

工作目标：为了学生全面而有个性的成长，为了教师专业而有情怀的成长，为了学校的美誉度。

服务理念：倾听，共情，看见。

工作职责：

1. 落实党和国家对学校办学的要求；

2. 规划学校的发展，设计学校的发展战略；

3. 确保学校的育人理念和发展规划落实到教师、家长和学生当中；

4. 协同学校各中心、部门为师生成长和学校质量提升贡献力量；

5. 推广学校的办学经验和办学成果。

学生发展中心

部门定位：本部门是全面贯彻学校的办学理念，促进本校班主任专业成长和学生综合素养提升的支持系统之一。

工作目标：实践让教育成就幸福，让人生别样精彩的学校理念，用理性与爱为班主任和学生的发展赋能。

服务理念：为班主任和学生的幸福成长提供专业的支持，为学校的发展贡献智慧。

工作职责：

1. 积极探索五育并举的实践路径，规划设计学校的德育（包括团和少先队工作）工作。

2.支持与服务学年组开展工作，切实推进全员育人目标。

3.发现与培育优秀班级、优秀班主任、优秀学生的典型经验，以点促面，帮助更多的班级和师生实现优质发展，形成本校的育人体系，促进育人质量的进一步提升。

4.设计开展丰富多彩的特色教育活动，进一步培育和践行社会主义核心价值观，提高我校学生的核心素养。

5.配合学校各中心、部门为学生成长和学校发展贡献力量。

教师发展中心

部门定位：本部门是落实学校的办学理念，助力本校教师专业成长和学生学习素养提升的支持系统之一。

工作目标：实践让教育成就幸福，让人生别样精彩的学校理念，用理性与爱为师生的发展赋能。

服务理念：为满足教师个性化、专业化发展而努力。

工作职责：

1.统筹制定学校教师队伍建设和发展规划。

2.带领项目团队开展教学常规改进实验，破解教师教学发展难题。

3.以学术评价引领教师专业发展，以团队评价推进教师专业共同体发展。

4.指导各学科开展丰富多彩的学科主题活动，提高我校师生的学科素养。

5.培育、发现和推广典型教研（备课）组的经验，优秀教师的经验，优秀学生的经验，以点促面，帮助更多的组和师生更好地成长。

6.配合学校各中心、部门为师生成长和学校质量提升贡献力量。

三、学校文化视觉识别系统

学校的校徽

学校的校标

校徽、校标的诠释

校徽、校标中心的"闯""创"篆体二字，凸显珲春市第四中学办学之精神

攻坚克难，筑梦前行——闯

不忘初心，开创未来——创

1978 年是珲春市第四中学建校时间

书本加笔尖象征着四中教育文化书香之风气浓厚

书下的 SZ 是四中二字的拼音字头

最下半圆昆英文：珲春市第四中学

学校的标准色

学校的系列文化产品

学校的系列文化产品

四、学校文化环境识别系统

（一）新时代幸福校园文化——让每一面墙"会说话"

缔造新时代幸福校园文化，从关注细节开始，把每一面墙打造成浸润孩子心灵的文化空间。谁能想到这不起眼的墙壁会幻化成为一个个灵动的生命，学生在这里找到了幸福的模样，也找到了自己……

1.幸福主题墙——找寻幸福的方法

幸福主题墙之一：没有白衬衣、西服裙，也没有电脑和空调房，但我把这平凡的生活过成快乐的模样。

幸福主题墙之二：我不是小魔女，我是快乐的魔术师，即使蒙上了双眼，我也能把手中的苹果玩得团团转。

幸福主题墙之三：我是个快乐的女孩，即使我的头上长了棵树，我也一样快乐。因为，有谁能像我这样，天天都能听见鸟儿叫、闻到花儿香？

幸福主题墙之四：风淡云清，怀抱心爱的吉他，和我的小猫咪一起去流浪，不为拥有一切，只因为选择了自由。

学校的每一层都有一面幸福主题墙，学生们经过的时候，总能看到自己的"样子"，那抽象的一本本小书，在告诉我们幸福的方法。所以，当我们看到那些平凡的男孩、女孩们，或是"来自星星的孩子们"，抑或是心灵自由的孩子们……在校园里鲜活地生长，我们庆幸"让教育成就幸福，让人生别样精彩"在学校里真实的发生。

2. 毕业生名录墙——教育 40 年奋斗史

党的十八大以来，国家对教育的大力投入，学校办学条件有了明显的改变，以往校园历史的遗迹已经找不到了，但是为了能让毕业的孩子回到母校之后，还能找到他生活学习的印记，我们特意设计了毕业生名录墙，从 1978 年建校以来，所有往届学生的姓名全部上墙，与之相对的当年的重大历史事件照片也呈现于此。刚刚建校时，我们只有不足 15 名学生，学校周围是一望无际的水稻田，教学班由最初的 2 个班到 4 个班、8 个班……直到现在的 16 个班，老教师、毕业生们在这里找到了他们年轻的样貌，现在的学生们在这里找到了学校过去的印记，这一个个名字、一张张照片让我们感受到了新中国教育的发展史、学校的发展史和生命的成长史，它更像是一部鲜活的新中国教育 40 年的奋斗史和成长史，弥足珍贵。

3. 名人墙——榜样的力量

我校坚持各项工作全面向育人聚焦，努力把学校建成一个有价值观精神的育人环境。我校一至四楼每层楼墙上，都有当代中国著名科学家、教育家、企业家等伟大人物画像，他们在各项领域卓有成就，是当代青年学习的榜样，是真正的偶像。习近平总书记说："新时代是奋斗者的时代，而奋斗是新征程上个体与时代精神的相契。"当今北斗组网科研团队都是一批平均年龄 31 岁的青年，他们有理想、有担当、有才华，他们用行动践行爱国之情。同样，强国之梦的实现，民族之林屹立不倒的实现，离不开当代这些中学生的建设发展，青年学生要做中国精神的宣传者、践行者，做民族伟大复兴的奋斗者、圆梦者，就必须在心中埋下做追梦人的种子。

每次集队，学生们都会不经意看到这些人物，看着他们讨论这些名人，甚至在课堂听到举他们为例子，讲述他们的故事与精神，以他们作为处世的信条和人生的目标。在这儿，他们不仅是学生的榜样，更是我们莘莘学子所追求的目标。

我们力图在精神上引领学生热爱祖国，敬业奉献，诚信友善，科研创新，在向学生介绍名人事迹同时，努力让校园内的一文一字都渗透教育的真情。

4. 优秀毕业生简介墙——若干年后"我"的模样

为展示我校毕业学子积极向上的精神风貌，营造文明和谐的校园氛围，增强学生的荣誉感、自豪感、获得感和爱校情怀，充分发挥榜样的示范引领作用，激励在校学生勤奋自强、励志成才。我校各班主任积极联络毕业生，进行调查筛选，在一批批优秀人才中选取代表性的毕业生，他们有学科的知识精英，有艺术体育的能力健儿，还有商业发展的成功人士，一幅幅照片记录着他们的青春岁月，一份份事迹记载着他们逐梦之路。

四十年来，珲春市第四中学共培养了一万八千余名毕业生，有二十世纪八十年代中央军委命名的"为人民英勇献身的好战士"、抗洪英雄李秀海。如今，毕业生们在各行各业展示着卓越才华，成为国家和家乡建设的中坚力量。他们中间有诺贝尔奖物理学奖获得者杨振宁的博士、有受到习近平总书记接见的北京市优秀青年、有国家部委的干部，有在麻省理工等世界名校学习的要为世界做点什么的莘莘学子，有学者、有实业家、有各种专业技术人才、有各行各业普通的劳动者……从国际到国内，从城市到农村，从工厂到部队，从企事业单位到自营职业，四中校友都在奉献着他们的智慧和汗水，为实现中华民族伟大复兴的中国梦而奋发图强。

在这些学生身上，集中展示了我校学生的时代风采，他们以自身实际行动践行"竭尽所能，力求卓越"的校训精神，他们用勤奋和汗水构成了校园一道最靓丽的风景。当课间看到学生驻足楼梯抬头阅览学长学姐的风采，并连连感叹时，当学生誓言也要登墙留迹时，我们确信，这道风景可以让学生看到希望，相信未来。我们相信学生会坚信只要有梦想，肯奋斗，就能创造一切美好的东西，就可以像他们一样成为别人眼中的星星。让校园内的一牌一板都蕴含榜样精神力量，让师生无时无刻不有所思有所悟，在"随风潜入夜"中，润物无声育人成长。

（二）新时代幸福校园文化——多元、开放的非正式学习空间

校园里的每个角落都可以赋予更多的教育契机，为此我们借鉴了心理学中的"环境场"效应，让校园由封闭式的教室变为开放式的情境体验区，围绕两个群体——学生和老师，让他们在这些多元、开放性的非正式学习空间中相互赋能，从而创造更大的价值。

1. 琴棋书画区

我们依据雅人嗜好——琴棋书画，设计了完全开放的音乐区、棋区、读书区和书法绘画区。

在音乐区，孩子可以自由地在这里拿取乐器演奏，课间相互交流，每周三中午我们还要在这里举办小型的迷你音乐会。音乐情境区的创建既为学生在音乐方面创设展示的平台，同时也是学生陶冶情操、休息娱乐的绝佳去处，更是

满足了不同学生的个性化需求，学生们在这里学习音乐、欣赏音乐、展示音乐赋予他们的美好，是学生美育的重要体现，这对学生提升艺术能力和审美能力是非常有价值的。

在棋区，我们把能够收集到的各种棋都放在这里，学生们随时可以来这下棋，每天我们都能看到那些下棋后还未尽兴的学生留恋的身影。学生会体育部每周三中午都要在这里如期组织举行小型的棋类比赛，每学期还要推出百人的棋类大赛，评选出各种棋类达人。这里，是学生们，尤其是男孩子们的幸福乐土。

在读书漂流区，每学期都由学生会学习部倡议进行图书捐赠活动。学生们可以在这自由读书，自由取阅，拿走一本书的同时再放入一本书——让图书漂流起来，旨在提高学生自由阅读的能力。每周三中午在这里都会有"百家讲坛""好书推介"等小型读书会，同学们在这里介绍书籍、畅谈读书体会。将自己精心制作的读书推荐卡和读书漂流卡真诚地夹在书籍中，满怀期待下一个"有缘人"读到自己分享的书籍；在这里书香浸润了校园，更浸润了每一个孩子的心灵。

在"画"区，我们依据我国传统教育——六艺"礼、乐、易、御、诗、数"为题，由教师、学生共同创作了百米师扇长廊，书法选修课、绘画选修课、剪纸选修课的师生们和家长、毕业生们共同创作了学校的画区。

2. 生态情境体验区

它是我校的生物课体验区，这些花花草草、小动物平时是由学生会生活部，还有生物教师以及选修课"生物百汇园"的同学们共同管理的，寒暑假时，我们在学生中间招募"义工"，认领小动物拿到家里去照顾、喂养。生态区的创建净化了室内空气，也提供了桌椅书籍，学生课间漫步于"百草园"会感到空气清新、鸟语花香、书声琅琅，也会激发学生学习生物的兴趣，有效提升了学科学习的效率，也是身心放松的好去处。

在提倡绿色校园、自然教育的新时代，能够让趣味多变的创新生态体验区成为新型的学生学习生态场，引导学生自发地感悟动植物的故事，体验动植物美学带来的知识赋能，同时引导跨学科融合，让学生在潜移默化中体验到非正式学习空间带来的学习革命。

3. 开放的工作室——虚境積轩

虚境積轩，这几个字缘起自老子的"道德经"，虚和静都是形容人的心境是空明宁静的状态。積：细致的意思。当老师步入这间工作室，它告诉老师们要"捧着一颗心来，不带半根草去"的心态踏踏实实地做教育，当学生们步入这间教室，它告诉学生们要学会认认真真做事和学习。说它是一间开放的工作室是因为它兼具以下功能：它是教师们的休息室和读书室，因为这里备有很多书籍，也会有咖啡和茶点，闲暇之余老师们可以在这里看看书、喝喝茶；其次，各备课组、项目组还可以在这里开会，做头脑风暴、小型沙龙会议等，学生们还可以在这儿开小型的 Party，当然这里也是选修课——咖啡与西点文化和烘焙选修课的场所，学生们可以在这儿学做咖啡、西点等。这里是一个多功能的工作室，也更像是一个新型的学习社区。

4.校园广播室，传递正确价值观

"一方斗室，传递声音，用爱倾听，用心吐字。"随着现代教育技术的发展，越来越多的"视听文化"进入校园，涵养滋润学生的成长，校园广播站在教育学生的过程中也积极发挥着重要作用。

广播室开设了丰富多彩的栏目，"新闻宣讲"向学生介绍近期发生的一些新闻，对学生进行德育教育；"名人轶事"，讲述近期头条名人伟大事迹，感染学生名人精神；"每周好文"为学生们诵读经典美文及优秀习作，对学生们进行文学上的熏陶；"文明习惯"对学生近期行为表现进行提醒，督促学生养成良好的文明习惯。疫情期间，每日清晨的疫情防控要求，明确的指令，为安全入校保驾护航。不重复的一线人员事迹传送，鼓舞懈怠的学生，振奋学习精神。校园广播在校园文化建设中充分发挥了其宣传教育、文化传承、舆论引导等功能，对推进校园文化的发展起到了积极作用，推进了学校媒体与校园精神的促进与融合，也提高了学生的综合素质与综合能力。

校园是多姿多彩的，是温暖快乐的，校园里的一切对我们来说是弥足珍贵的，做有灵魂的校园文化，处处渗透育人的氛围，把学校打造成传播社会主义核心价值观的文明殿堂，促进学生健康成长，创造和谐校园氛围，激发学生学习动力，以字育人，以声润心。

第五章

新时代幸福学校里的

文化与办学实践

新时代幸福学校里的制度文化与实践

一、我校对幸福制度文化的认识

1. 幸福文化是什么

"幸福文化"是指以幸福心理体验为内核和价值取向，以研究和实施幸福的人生理念，进而形成师生幸福价值观为主要内容的文化形态。

实施幸福文化教育的目的是：使师生形成正确的幸福价值取向，让师生科学地理解幸福、体验幸福、创造幸福、享受幸福，成为拥有幸福知识与能力并能感受幸福情感的生命主体。

2. 我校幸福制度文化的逻辑建构

基于"幸福文化"价值观的思考，珲春四中构建了体现幸福价值观的环境文化、制度文化、师生的行为文化、教师教育教学文化、师生课堂教学文化，旨在打造幸福学校、幸福教师、幸福学生，使学校成为"有文化品位和精神感召力的幸福场所"。

珲春市第四中学是珲春市的一所普通初中，学校现有 46 个班，学生 2200 余人。学校一直秉持着"让教育成就幸福，让人生别样精彩"的办学理念；把"禀受才智与自然，回复灵性以全生"作为校训；把培养风声雨声读书声声声入耳，国事家事天下事事事关心的"有健康、有志向、有视野、有生活"的四有少年作为培养目标。践行着"理解人、尊重人、发展人、成就人"的管理理念，致力建设和打造充满活力的幸福校园，积极探索幸福学校文化建设管理的实践路径。

基层学校需要建立健全"支撑型"幸福学校制度文化，不断通过制度文化的浸润、引导、规范和激励，营造良好的教师成长环境。幸福学校制度文化建设应在以下几方面努力：加强学校制度文化反思，优化教师素养能力的发展生态；改善学校制度文化供给，激发教师素养能力的提升动力；深化学校制度文化认同，坚定教师提高素养能力的主体意志；推动学校制度文化创新，推动教师素养能力发展的自觉修为。

二、建构适合师生发展的幸福制度文化

（一）建构以师生为主体的特色制度文化

1. 重视人文管理，建设制度文化

学校制度文化建设最终目标并不是强制学校全体成员遵守规章制度或者按章办事，而是培养他们的文化自觉性，促进学校与师生的和谐发展。在新课程改革的背景下，学校应尊重学生的主体地位，那么学校制度文化也应体现出以人为本的观念。学校建立各项规章制度，原本目的在于指导和规范人的行为，而不是强制他们遵循。所以，其必须建立在公平公正的原则基础上，突出人文精神、体现人文关怀、充分平衡各方差异。珲春四中在历史的积淀中，逐步形成了在成事中成人的管理思想和管理理念，目标是唤醒、激发出人的活力，成事的同时一定要成人。我们把"尊重人、理解人、欣赏人、发展人、成就人"作为管理理念，把"价值领航、目标导航、过程自主、严守底线"作为管理思路，把"目标管理、诚信管理、差异管理、团队管理、名誉管理、自我管理"作为管理方法，在成事中成人。制度的建立有利于减轻师生负担，解决师生在学习和生活中遇到的困难，并且在建立相关管理制度时，学校可以让全校师生共同参与，真正凸显师生在学校的主体地位。

附件：关于减轻学生过重课业负担的规定

一、减轻学生过重的课业负担，是学生健康成长的需要，是发展学生的个性、提高学生创新精神和实践能力的需要。

二、在教学工作中应该精心备课，着眼于提高学生素质，从激发学生的求知欲入手，着力于能力培养，提高课堂教学效率。必须科学地设计课堂练习，必须在课内留足够的时间，让学生当堂完成课内作业。

三、课程计划中设置的课程是为了学生全面发展，教师在教学工作中应充分发挥每门课程对提高学生素质应有的作用，禁止挪课、占课。

四、考试只是了解学生学情和教师教学情况的手段之一。教师必须恰如其分发挥考试了解教学和调控教学的作用，禁止以学生考试成绩排名次。

五、轻松、愉快、生动、活泼的学习氛围，是学生健康成长必不可少的条件。教师在教育教学工作中必须把握好"严"的度，做到严格要求与循循善诱相结合。禁止体罚或变相体罚学生，禁止罚抄作业。

六、课间是学生休息、娱乐的时间。教师在工作中必须爱护学生，教会学生"劳""逸"结合，禁止拖堂。

七、教师在教学工作中必须严格遵守吉林省教育厅的规定，限定学生家庭作业量。七、八、九年级学生的书面家庭作业（预习作业、巩固作业）总量不超过 90 分钟。

八、教师在教书育人的过程中，必须设法培养学生广泛的兴趣、爱好，丰富学生的课余生活，开阔学生视野；教会学生健康的娱乐方法，在娱乐中培养特长。

2. 以正确的价值观为导向建设制度文化

学校管理制度是学校通过长期不断的教育实践，总结经验教训后制订出的带有强制性色彩的规定和规范，学校制度文化不仅要展现学校的办学理念、目标追求、价值观念和作风态度等精神文化方面的内容，还要赋予制度学校精神文化的色彩。从更深层次的意义上说，学校制度是通过长期的管理实践，不断摸索和选择、总结和分析，逐步建构了幸福校园的管理机制。凸显了学校全体成员的主体性作用，着重在学校的价值观念和行为方式上突出"以人为本"的理念，尊重全校师生的主体地位，并能根据实际生活中的变化和师生的需求进行不断完善和补充创新，从制度上保证学校的可持续发展。总之，不断完善和健全学校制度文化，有利于营造和谐良好的校园氛围，促进和谐的师生关系、同事关系和学生之间关系的建立，从而让学校获得更好的发展。

附件：珲春市第四中学卓越学生养成之——卓越行规 25 条

1. 与大人应对，要有礼貌，有分寸。与父母、师长等比自己年长的人说话时有用敬语"您"而不是"你"；对某一问题有意见应主动把自己的想法说出来，不能对大人大喊大叫；上学（放学）要主动和父母愉快打招呼：爸爸妈妈我上学去（回来了）了；

2. 与人互动，眼睛要看着对方的眼睛，要知道视线接触的重要性。如果有人在说话，眼睛要一直注视着说话的人；如果有别的人发表意见，则要转过身去，正对着那个人；

3. 别人有好表现，要替他高兴；要对游戏获胜者或把某事做得特别出色的人表示祝贺。鼓掌至少持续 3 秒钟，两个手掌充分接触，以便掌声足够响；

4. 尊重别人的发言与想法；在讨论问题的时候，要对其他同学的评论、观点和想法表示尊重。要尽可能地这样说："我同意某某的观点，同时我也感到……""我不同意某某的看法，尽管他抓住了问题的核心，但我觉得……"或者"我认为某某的观察真是太精彩了，他让我意识到……"

5. 自己有什么好表现，不要炫耀，输给别人也不要生气；

6. 如果别人问你问题，你也回问他问题；

7. 打喷嚏、咳嗽都要说对不起；

8. 不可以有不礼貌的小动作；不要咂嘴、发啧啧声、转眼珠，或做出对人不敬的手势；

9. 别人送你任何东西，都要说谢谢；

10. 接到奖品和礼物，不可以嫌弃；

11. 用小小的贴心，为别人制造惊喜；

12. 改同学试卷时要特别谨慎；

13. 全班一起念课文时，要看着课文的一字一句，如果哪个学生在我们读书的时候眼睛没盯着那一页，或者叫一个学生接着读，他却不知道我们刚才读到哪里了，那么这个学生的名字就会被记在黑板上。习惯成自然，以后孩子们集中注意力的能力会很高的；

14. 以完整的句子回答所有的问题；第一复述问题并给出答案，第二给出主要理由，第三展开说明理由，最后重复问题并给出答案结束；

15. 不要主动讨奖品（加分）；尽力做好每件事不是为了奖品（加分），而是为自己。学会肯定自我奋斗的价值；

16. 每天都要做完作业；

17. 换科目的时候，动作要快，要安静，要守秩序；

18. 做什么事都要有条理；

19. 老师在指定作业的时候，不要叫苦；如果谁违反了，他就必须做两倍的作业；

20. 科任老师来上课，更要守班规；

21. 课堂上发言，或起身，应该讲规矩；

22. 不可以上课上一半，起身去倒水；

23. 见到每个老师，外来客人，都要说老师（客人）您好；如果能说出老师的名字，即某某老师您好就更好；

24. 注意洗手间的卫生，把身边的病原减少到最少；必须冲厕所，如果按钮很脏就用手纸垫着。如果是脚踏式冲水，脚按下去，如果水流不止，则再用脚向上提一下，直至水停为止；

25. 让客人有宾至如归的感觉；"如果有人要参观我们教室，我会派两名学生在教学楼前等候，并举着一个欢迎牌。当我们的参观者到来时，接待者要和他们握手，向他们作自我介绍，并致欢迎辞，然后，在带他们进教室之前，先领他们简单地参观一下校园。"

（二）建构公正、公开的管理制度文化

1. "共建、共治、共享"，建立现代学校治理结构模型

现代社会是一个对话、协商、民主甚至相互妥协的新时代。按照现代社会治理结构的要求，我校建立起结构完整、指向明确、开放共享、运转有效的"决策—执行—反馈"管理模型。

其一，决策系统。学校决策机构由校务委员会、教师决策团和教师代表大会构成。在决策流程上，首先由校务委员会提出决策议案，然后按照议案的重要、重大层级，分别提交教师决策团和教师代表大会进行投票；赞成率低于70%的议案，退回再议。这个决策过程把学校重大事项的最终决策权交给了教师集体，使得学校出台的任何方案都是经过代表学校的校务委员会、代表教师利益的教师决策团和教师代表大会良性互动达成的共识，既突出和发挥了教师在学校中的主体地位和重要作用，也解决了决策的公平性、科学性和公开性等问题。

其二，执行系统。学校的核心业务是课程与教学，学校管理的目的是保证教育教学的有序运行和质量提高。学校取消了教导处、政教处等科层式管理部门，组建了"一部"即学校的党支部、"一室"即校长办公室、"三组"即三个学年组、"六中心"即教师发展中心、学生发展中心、课程研发中心、质量监测中心、信息中心和生活服务中心。党支部和校长室是决策系统；教师发展中心、学生发展中心、信息中心和生活服务中心是支持系统；课程研发中心是设计系统；年级组是执行系统；质量监测中心是诊断系统。

其三，反馈系统。学校的质量监测中心对行政和学术部门是否完成了决策

系统的议案进行全面、及时、持续的综合性诊断，通过评价得出科学结论，提取经验，发现问题，然后向决策系统反馈。决策系统和执行系统根据反馈结果修正决策，提高决策执行的效能与质量。当然，质量监测中心作为诊断系统特别要保证诊断结论的中立性、客观性和有效性。整个诊断信息一方面来自于自我测查，另一方面来自上级督导部门、社会第三方、教师、家长、学生、居民以及全国各地的参访者。

2."办、管、评"分离

构建新型学校运行机制，传统上学校内部管理"办、管、评"不分，往往处于岗位不明、职责不清、奖惩不力的低效运行状态，常常会出现互相扯皮、推诿、指责的现象，造成学校内部人际关系紧张。推进"办、管、评"相对分离，目的是厘清学校内部的权责，构建起新型责权利关系，形成相互制约、共同促进、有效提升、有序发展的运行机制。"办"即学校办学。学校作为教育行政的终端，要体现国家的教育理念、意志和愿望，全面贯彻国家的教育政策、法规，依法办学，依法治教。"学校办学"主要体现在三个方面：一是制定学校的发展战略、目标和愿景，建构学校文化；二是制定和落实保证办学目标实施的学校制度体系；三是保障规划、计划、学年的工作目标和教育教学计划的执行落地。学校通过与级部签订协议，把教育教学任务分配给级部的全体教师，同时明确学校对级部人、财、物的赋权，使之权责对等，权力清单明确，以保障级部工作的顺利开展。"管"即级部管理。学校聘任级部主任，然后级部主任根据级部岗位设置、教师的考核情况以及现实表现，自主选择教师，教师选择年级组，通过"双选"组成一个新的教师团队。其中每位教师根据自己的特长，"认领"一个社会性管理岗位，如有的教师负责整个级部的卫生，有的教师负责整个级部的安全。所有教师不仅履行自己的教学岗位职责，还要参与团队的管理和服务，形成了一个教师团队的利益共同体。按照学校制定的教育教学和管理运行标准，级部对教师管理、学生管理、日常运行等工作负责。学校各个部门则基于教育教学标准每月对级部进行评价，根据一个学期的评价结果对级部团队进行赋分、奖励。通过大力推进"级部自治"，提升了每个人的领导力，让全体教师成为学校发展的主体，人人成为关心学校发展的"责任校长"。"评"即引入第三方评价。学校成立质量监测中心，通过开展电话访谈、学生座谈会、问卷调查等方式，借助于第三方平台的评价保持客观、中立、科学和公正，评价关键是充分了解和评定预设的效果以及存在的问题。质量监测中心使用学校提供的教育教学和管理标准对级部进行评价，一个学期分三次进级部：开学初进入级部，向全体教师宣讲评价的标准、内容、评价方式等，让全体教师知道评价什么，导向 什么，如何按照标准去做到位；学期中按照标准进行初步诊断，发现问题，梳理问题清单，向全体教师反馈并提供帮助，组织教师进行反思，回归标准轨道，改进工作；学期结束严格按照标准进行全面诊断和评价，把评价结果交给学校。学校则按照第三方的评价结果对级部全体教师进行评定、奖励。评价的过程，是帮助教师成长的过程，更是导向正确的办学方向的过程。

3. 兼顾团队与个人，探索教师评价新体系

传统上，学校通常通过考试分数一个维度对教师进行评价，其结果是进一步导向了应试教育，也造成了教师人际关系的恶性竞争。也有的学校实行教师之间互评或学校干部对教师测评，这样容易使评价带有强烈的主观色彩或出现"老好人"行为，其考核结果难免不够客观公正，最终也就无法使用评价结果进行奖惩，甚至造成人人自危的局面，反而撕裂了教师团队的良好关系。教师的职业特点一方面强调形成教师团队的合力，这就要求通过评价促进建立和谐、互助的团队关系；另一方面要发挥教师个体的独特作用，这就要求通过评价促进教师个体的专业成长。为此，我们在教师评价方面开展了有效探索。

善之本在教，教之本在师。因此作为教师首先要有良好的师德。所以我校在教师个人评价方面为教师设立诚信档案，对每位教师进行个人诚信管理。

附件：珲春市第四中学教师诚信管理办法

诚者，真诚、真实；信者，诚实、不欺。诚信者，诚实而守信也。著名教育家陶行知曾说：千教万教教人求真，千学万学学做真人；德高为师，身正为范。诚信理当成为教师的修身立业之本。为在全校教师中树立底线意识、规则意识、大局意识，大兴求真务实之风，摒弃弄虚作假等不良行为。经学校支委会研究决定，从本学期开始对全体教师实行诚信管理，建立教师诚信档案。具体管理办法如下：

一、诚信评价对象：珲春市第四中学全体教职员工

二、诚信评价等次：诚信评价等次分为 10 级，上有封顶、下不保底，最高等级为 10 级（满分 10 分）。

三、诚信评价内容及方法

1. 教师无故缺课，学校教学查课小组每查出一次扣 2 分，降两档；

2. 无故不按时参加学校各项会议，（如：教师大会、教研备课组会、学年组会、班主任会议、集体备课等）第一次扣 0.1 分，第二次扣 0.2 分，第三次扣 1 分，降一档；迟到扣 0.5 分；

3. 无故不参加培训或中途早退，每次扣 1 分，降一档；

4. 工作期间有事外出不在东门卫登记，不请假私自外出，查岗时一经发现每次扣 1 分，降一档；

5. 将学校公共物品占为私有，借用学校各种物品不按时归还者，每核实一次扣 1 分，降一档；

6. 在校同事之间发生口角、出言不逊、滋事闹事，每发生一次扣 5 分，降五档；

7. 参加各级各类公开考试找人代考或者替人考试，抄袭或打小抄者，每出现一次扣 2 分，降两档。如果被上级通报造成学校影响的一次扣 5 分，降五档；

8. 在晋职评聘、岗位分级、评优评模时，提供虚假证件者，每出现一次扣 2 分，降两档；

9. 传瞎话，在群众中散布不实言论，背后诽谤他人，一次扣 1 分，降一档。

10. 违反教师师德管理规定，被举报查实，一次扣 5 分，降五档；

11. 其他不诚信行为，参照上例酌情界定。

四、诚信评价结果的应用

1. 建立教师个人诚信记录，从发布之日起诚信记录放入组织部个人档案里；每学期统计通报一次；

2. 诚信考评得分加入年度教师量化考评中（诚信量化满分 10 分）；

3. 每次考评后进行通报，把通报结果利用微信或信函向个人反馈。

在教学方面实行团队管理，实施捆绑式评价，任课教师得分 = 个人业绩 40%+ 备课组 35%+ 学年组 25%。首先，在促进团队合作方面，建立了"级部团队赢分"评价驱动机制。学校根据教育教学标准向级部每月赋分 1000 分，涵盖级部应该完成的教育教学和管理任务。只要级部全体教师团结一致地按照标准开展工作，没有出现问题，级部就可以得到 1000 分，学校按照 1000 分对级部全体教师进行赋分、奖励；但是如果级部出现问题，没有按照标准完成教育教学任务，丢分到了 800 分以下，那么学校就要取消级部全体人员的当月级部分数。这样，全体教师就自然地组成了一个利益共同体，因为只有每个人维护级部的集体利益，才能实现级部每位教师的个人利益。为了保持级部教师团队的持续发展动力，允许教师团队在某些方面犯错误、丢分，学校另外留置 200

分作为级部的加分项，促进每个级部达到 1000 分，亦即达成教育教学的质量和效益标准。因此，每位教师为了团队利益，就必须积极地投入到教育教学中，努力做到不丢分；而一旦丢了分，就要通过自己的努力为级部团队赢得加分，从而调动起全体教师教书育人的积极性、主动性和创造性。

其次，在促进教师个人专业发展上，实行"个人学术积分"评价机制。学校制定学术积分标准，每位教师在学术发展上的点滴成绩和进步都会被记录，都会成为个人学术积分的一部分。学期末，学校统计出每位教师在各个学术领域的积分，按照比例折合成每位教师的学术总积分，成为教师个人专业发展的重要标志物。学校根据教师的积分多少，计入个人年末量化，量化的结果计入个人的职称评审、岗位分级、评优评先等，并对个人学术积分设立单项奖进行奖励。在这里，个人学术积分与他人没有关系，只与自己的学术行为相关。这种基于教师自我发展的评价方式，有力地促进了教师的职业自觉和专业成长。

新时代幸福学校里的课堂文化与实践

一、我校对课堂文化的认识

课堂文化是指师生在课堂上所坚守的教学理念与学习理念、态度、情感、教学方式、学习方式的相互作用、积淀、升华而形成的具有普遍性的课堂风气、课堂习俗、课堂教学境界以及课堂教学的价值诉求。

课堂文化是学校文化的重要组成部分，是学校文化中最核心、最灵动、最有磁性、最具魅力的部分，同时也是对学生成长影响最大、烙印最深的精神要素。课堂文化潜移默化地影响了学校教学的质量，也影响着学校师生的发展。

我校课堂文化基于学校"理解人、关心人、尊重人、发展人、幸福人"的文化理念，构建自由、平等、民主、文明、尊重、共生的新型师生关系，注重教师与学生的生命互动，形成一种和谐、合作的课堂文化，从而使课堂教学达到"教师乐教，学生乐学"的良好效果。

二、建构适合师生发展的学校课堂文化

（一）转变课堂教学方式和学习方式，关注每一位学生的发展

新时代的课堂文化不是教师教授的文化，而主要是学生学的文化。无论在教育观念上还是在教学实践操作中，都应朝着以学生的学习为本位、以学生学习为中心这一焦点要素实施转型。只有教师的教学方式和学生的学习方式发生了改变，师生之间的关系才能改变。

1. 从传统的集体学习到小组合作学习模式的转变

从 2009 年开始，我校提出了"先学后教、多学少教、以学定教"的教学原则，明确"以学为主　当堂达标"的课堂教学目标，结合我校的实际情况进行了

"小组合作式"学习的探索与实践。通过各种形式的交流和研讨转变教师的教学观念，引导教师从关注课堂上"如何教"转为指导学生如何学上来，把如何更好地指导学生的学作为课堂教学的首要任务。经过六年的小组合作学习实践，变班级集体管理为小组管理，变一人管为多人管，变师管生为生帮生，师生、生生之间关系变得融洽、和谐了，实现了关注后 1/3 学生，关注每一位学生的发展的课堂目标。

2. 从粗放的小组合作学习模式到规范专业合作学习的转变

在实践过程中，小组合作学习模式也暴露出了问题：教师在课堂教学中一味片面地追求合作学习的外在形式，忽略了合作学习的目的、动机和学习过程；在课堂上教师盲目地采用小组合作学习的方式，一些没有思维容量，甚至是根本不值得讨论的问题也拿出来进行小组讨论，导致教学时间大量浪费；把自由讨论等同于合作学习，发言自由，不规定发言顺序、可以随意插嘴、可以打断对方发言，有的小组两三个人同时抢着发言，你说你的，我说我的，谁也不听谁的；课堂噪音过大，有的小组借此机会闲聊、说笑、干别的事等等。

为了解决上述问题，2015 年，在郑杰校长的指导下，我校进行了三年的专业合作学习实践，学生的自主学习、合作交流、集体展示有规范的流程、标准和学科用语，课堂师生变得彬彬有礼，使学校的文化样态有了明显的改观，欣赏型、互助型、协同式、赞美式的课堂生态初见雏形。

附件1："如何适应小升初"调查统计表

亲爱的七年级同学，你一定想尽快适应初中生活，成为一名优秀的初中生，早日实现自己的理想。据此学校对八年级 50 名优秀学生做了问卷调查，问题是"回顾初一生活，哪些方面的适应让你更快更好地成长起来"，现将调查结果公布如下，希望对你们有所帮助。

排序	具体内容
1. 排在首位	融入集体，勇于交流（处理好同学关系）
2. 第二位	课前预习
3. 第三位	认真听讲，记好课堂笔记
4. 第四位	学会复习

5.第五位	积极参加各项活动
6.第六位	写作业不拖延，认真完成作业
7.第七位	听老师话
8.第八位	端正学习态度
9.第九位	上课积极发言
10.第十位	海量阅读

初中学习和小学学习不一样，不仅知识程度加深加宽，而且学习方式也更趋向自主和自觉化，尤其需要大家在学习中学会合作、探究，与同学、老师分享进步的喜悦。

千里之行，始于足下！越努力的人越幸运，愿你们每个人都能在四中的舞台上展示不一样的自我！

附件2：温馨提示：合作学习技能要点

一、在班级和组内交流时

开始说：大家好或老师您好，我（我们组）的观点或看法是XXX；

结束时说：我（我们）的发言到此结束，谢谢大家。

仪态：问好时微笑并点头，眼神稳定真诚地看着大家；身体坐正，如果起立则站直；可以有适当的手势辅助讲解。

声音和语速：在全班展示时，声音要洪亮，保证坐在后排的同学能听清；在组内交流时，声音要放低，保证组内成员听清即可。语速不要过快，确保大家的思维能跟上。

二、给他人补充时

开始说：XX同学你好，我要给你补充X点；

结束时说：我的补充完毕，谢谢大家。

三、坐庄法流程

1.独学一般5到8分钟，看具体任务。

独学要求：按老师要求独立安静预习，不与他人交流；敢于思考，在书上或预习单上留下学习结果；对自学中解决不了的问题能用特殊符号加以标注，会使用双色笔。

2. 组内交流：一般 8 分钟左右，看具体任务。坐庄法流程如下：

（1）庄主说：大家好（微笑点头，眼神稳定看着全组），现在请XX同学说一下他的观点或想法。

（2）被邀请的同学：大家好，我的想法或观点是XX；如果是需要看书或练习册先说：大家好，请大家看第几页或第几段，然后再讲；讲完后说：我的发言到此结束，谢谢大家。

（3）庄主对发言者赞美；之后庄主说：哪位同学对这个问题有补充或请XX同学谈谈你的看法。被邀请者同（2），依次进行，最后庄主补充并总结。

小组内每个人都有明确的职责分工，在小组讨论时能履行好自己的职责；发言时礼貌用语；发言者音量适中，表述通顺连贯完整，如果有时间限制时要简明扼要；神态大方自然，与他人有眼神交流；倾听者要保持安静，挑重点记录，除记录外要抬头自然地看着发言者；当组内提前结束讨论时，每个对学小组师傅要安排好任务给徒弟，巩固背诵、练习讲解或做习题，提高时间利用率。

3. 班级展示：

要求组内四人都参与展示（七年级必须全组展示，八、九年级根据展示任务自己定），庄主做好展示分工。展示者声音洪亮，与大家有眼神交流，有适当的肢体语言辅助讲解。全组展示衔接快速，分工合理。

开始说：大家好，现在由我们 X 组来讲解这个问题，请大家认真倾听，做好笔记；

依次展示，展示时要说我们组认为或我们组的观点；

展示结束时庄主说：以上就是我们组的观点或答案，请问大家还有补充或质疑吗？有人举手就提问；

没人举手时庄主说：我们组的汇报到此结束，谢谢大家。

四、赞美性评价

庄主表达赞美时语言要丰富，不要用同样的方式夸奖所有人；要充分肯定对方行为过程中的细节和优点，真实可信。例如：

（1）听你的朗读是一种享受，你不但读准了音，而且读出了情。

（2）从你的回答中，我看到了思维的火花在跳动。

（3）你的语言很丰富，课外肯定有大量的阅读。

（4）你的回答语言通顺，思路清晰，这是很好的语文学习习惯。

（5）你能联系自己的生活实际思考问题，值得我们学习。

其他同学对别人的赞美要及时微笑回应，可以说"谢谢你的夸奖""我会继续努力"等。

五、对教师的要求

1.熟记坐庄法流程，操作要正确。

2.关注合作技能，并作为每次评价要点。因为所有合作学习策略都离不开这些基本技能，务必通过持之以恒的训练把它变成学生的一种素养和习惯。

（二）转变课堂教学方式和学习方式，适合每一位学生的发展

1.整体推进合作学习，让合作成为一种意识

合作本身也是教育的目的之一，所以学校要舍得花时间教教师学会合作，教师要舍得花时间教学生学会合作。我校首先提出了要成为全国最好的做专业的合作学习的初中学校的奋斗目标，接着制定了"整体布局，重点突破，文化前驱"的推进策略；形成了"专家培训、教师体验、课例研磨、协同训练、过关达标，反思提高"的实践路径。所谓"整体布局"即全学段、全学科、全体教师、全方位运用合作学习策略和方法，将合作学习进行到底。制定了七年级合作学习规范性过关，八年级做好优化性研究，九年级实现合作学习的流畅性运用的阶段性目标；重点突破即找到决定合作学习的关键因素——起始年级，班主任为核心，规范性进行校本化训练；文化前驱，即开始实施合作学习之初学校便重新修订学校和班级的组织文化、制度文化、评价文化，构建积极互赖的学校环境。

2.校本化落实合作学习，让合作成为一种习惯

七年级抓关键、重协同，扎实开展合作学习过关式训练，做好合作学习的校本化落实。

（1）抓关键学年，关键人，班主任带科任进行协同训练

在合作学习整体推进的过程中班主任是关键中的关键，如果班主任不认同、不实施的话，不但这个班的任课教师的合作学习是无法进行下去的，而且还会影响到全学年甚至全校。由于学校班级多（全校46个教学班），所以每次合作学习集中培训时，学校选聘参训人员时总是从这两个方面选择，一是新七年级班主任，二是合作学习项目组的骨干教师。培训结束后，合作学习项目组的骨干教师（校级培训师）首先会以课例研磨的方式进行实践，实践后把每种合作学习更具体的实施操作要领写出来并录成微课，其他教师可自行参看微课和文本进行自我学习，在自我学习的基础上，学校组织对七年级的班主任和任课教

师做二次培训，二次培训后以班主任为核心，所有科任进入该班，每人负责一组，跟踪这一组训练的全过程，对学生的合作学习操练过程进行及时的反馈和矫正，直到经校内合作学习培训师抽测合格为止。就这样一个班一个班地进行，确保师生能基本掌握。

（2）以七年级班主任合作学习训练过关竞赛为抓手，强化学生合作学习技能过关。

每年学校都会举行七年级班主任合作学习训练过关竞赛，学校会指定需要训练的合作学习的方法，这三年我校重点过关的合作学习方法有"坐庄法"和"内外圈""组合阅读法"……，面向全校进行上课，经由备课组长和校内培训师组成的考核委员会认定合格与不合格，对于不合格的班主任要限时（一个月）训练，二次上汇报课，直至达标为止。

学校还会随机抽取教师上达标课，确保合作学习实践过程不缩水。

这期间的课可能不好看，但千万不要犯贪心病，要耐下心来一步一个脚印把每一项技能练好，只有练好基本功，才能确保合作学习能在今后进行下去，现在好像浪费了一些时间，但磨刀绝不误砍柴工。

附件1：合作学习培训之坐庄法

培训目标：

1. 通过亲身体验能正确运用坐庄法，在交流中能运用问好、倾听和赞美等合作技能。

2. 通过观察、反思整个培训过程，认识到合作学习的意义，归纳训练学生合作学习的方法。

坐庄法为所有合作学习策略的基础，几乎所有合作策略的小组讨论环节都自动演变为坐庄法交流模式。

坐庄法三个环节：独学——组内交流——小组展示

一、准备工作

确定小组A、B、C、D（A为组长）

互相问好，打招呼：先与对学、再与全组打招呼（眼神要有礼貌地看着对方，神态要自然大方）

二、组内角色分工

角色一：小组长或主持人

任务：1.安排小组成员的角色

　　　2.组织成员学习、讨论、总结与提升

　　　3.解决冲突、协调矛盾

角色二：发言员

任务：1.集体交流时，介绍本组观点

　　　2.回应其他组的提问或挑战

角色三：记录员

任务：1.记录讨论观点

　　　2.提炼主要观点

　　　3.协助发言员表达本组观点

角色四：鼓励员或欣赏员或监督员

任务：鼓励同伴参与，提醒溜号同学

角色五：噪音控制员

任务：发言者声音过大时用动作提醒

角色六：计时员

任务：发言者发言时间过长，用动作提醒

各组分工，明确职责。（3分钟）

注意：

　　组内分工，各负其责。如果合作学习一开始就忽略了这重要的一点，小组内部合作交流时慢慢就会变得杂乱无序，有的学生会游离于学习，逐渐变成学困生。

三、坐庄法交流的发言流程

①庄主先说：大家好，我们开始交流XX问题。XX同学（先邀请D号同学）你好，请你先来谈谈你的看法。

②被邀请者说：大家好，我的看法是……发言结束后说：以上就是我的看法（或我的发言结束），谢谢大家。

③庄主对发言者赞美。

④庄主再问：哪位同学有补充？邀请举手同学补充并赞美，直到补充结束。

⑤所有人发言结束，庄主在组内总结；并进行展示分工。

四、坐庄法的合作技能

1.赞美他人

庄主表达赞美时语言要丰富，不要用同样的方式夸奖所有人；要充分肯定对方行为过程中的细节和优点，真实可信。

例如：

（1）听你的朗读是一种享受，你不但读准了音，而且读出了情。

（2）从你的回答中，我看到了思维的火花在跳动。

（3）你的语言很丰富，课外肯定有大量的阅读。

（4）你的回答语言通顺，思路清晰，这是很好的语文学习习惯。

（5）你能联系自己的生活实际思考问题，值得我们学习。

2. 回应赞美

当对方对自己表达赞美时，应及时回应，根据情况可以使用以下词句："谢谢你或您（老师长辈）的夸奖""我会加倍努力""你也很了不起""是你指导有方"等等。

当别人夸奖你时，不宜退缩，否则显得不够自信。越是坦然接受赞美，也越能让对方感觉受到了尊重。

五、评价标准

每一个环节都应该有学科评价标准，标准可以根据自己班级学生的学情逐步提高。也可以备课组制定同一内容不同学期的展示标准，体现循序渐进原则。

例如：马峥老师的数学评价标准

坐庄法学习流程：

1. 独学，8分钟，在独学过程中，勾画出题中的关键词，确定不等关系，发现解较烦琐的不等式的解题技巧，努力确保过程的完整性。

2. 组内交流，8分钟，组内成员在庄主的组织下，对问题达到二次思考，会结合问题做出准确的回答，完善自己的解题过程。

3. 小组展示：通过展示，让所有同学对问题有再次提升思考的过程，对于在组内没有解决的问题通过质疑得到解决，让自己的思考更完整，更准确，形成完美流畅的数学思维。

例如：杨琳老师的英语作文评价标准

作文评价标准：

1. 是否使用书信格式。

2. 是否使用一般过去时并正确地使用动词过去式。

3. 是否有中心句并写出了作者的感受。

4. 是否有拼写错误，书写是否规范。

六、班级展示

要求组内四人都参与展示（七年级必须全组展示，八、九年级根据展示任务自己定），庄主做好展示分工。展示者声音洪亮，与大家有眼神交流，有适当的肢体语言辅助讲解。全组展示衔接快速，分工合理。

开始说：大家好，现在由我们 X 组来讲解这个问题，请大家认真倾听，做好笔记；

依次展示，展示时要说我们组认为或我们组的观点；

展示结束时庄主说：以上就是我们组的观点或答案，请问大家还有补充或质疑吗？

有人举手要提问，补充者说：XX 同学你好，我想给你补充……/ 我不同意你的观点，理由如下……/ 你同意我的观点吗？

展示者对补充或质疑的内容不能盲从，要有自己的思考分析：我同意或我不同意，理由如下……

没人举手时庄主说：我们组的汇报到此结束，谢谢大家。

七、坐庄法练习一

请您思考下面问题

分层留作业的好处有哪些？

请用简洁的语言分条列举，写在纸上。 独学 5 分钟

A 为庄主组织交流，8 分钟；

小组交流结束后班级展示：小组全员参与

八、建议

1.按照坐庄法的流程培训组长；

2.示范组；

3.分解训练；

4.随时用。

九、小结

先认同后质疑；

先学会后指导；

先规范后灵活。

附件2：班主任合作学习训练过关课评价表

课题				听课时间		年 日	月 第节
学科		教师	年 班		听课人		
指标	评价	评 价 标 准		评 价 等 级			
目标 10分		出示学习目标：目标中必须有合作学习策略、合作技能；运用适合本学科的行为动词阐述本课学习目标；总目标数不超过3个。		10	8	6	4	2
教学设计	导入 2分	引课能够激起学生的学习兴趣或者对核心问题的思考。		2	1	0		
教学设计	合作策略选择5分	策略选择符合课型特点、符合学科教学要求、符合学生合作流畅性发挥要求、对学生核心能力提升起到推动作用。		5	4	3	2	1
教学设计	主问题设计5分	主问题具有发散性、情境性、思考性、复杂性，是学科知识在生活中运用的问题。		5	4	3	2	1
教学实施	自主探究 15分	专注独立学习，不与他人交流。当讲解者或老师在讲解时，需要调整坐姿，面对讲解者，认真倾听，不插嘴，不议论，随时记录。		5	4	3	2	1
教学实施	自主探究 15分	对重点问题和自学中解决不了的问题能自觉圈画标注或记录。		2	1	0		
教学实施	自主探究 15分	教师巡走于学生中间作适当的暗示性指导。		2	1	0		
教学实施	自主探究 15分	自研后教师对学生做指导性评价，要善于捕捉学生的闪光点，给予学生赞美和肯定，鼓励学生勇敢表达自己的观点，激活学生学习的动力。		10	8	6	4	2

教学实施	合作学习 25分	小组成员随机自选角色（监督员、组织员、记录员、发言员）。	2	1	0	
		分工成员各自履行职责。	5	4	3	2	1
		组内合作有序，合作流程规范、流畅、熟练。	6	5	4	3	2
		小组交流时要重点解决自学中遇到的问题，要有眼神交流，对学分享，对学操练等互动方式。	3	2	1	0	
		操作过程中渗透全员参与、机会均等、倾听赞美等合作技能。	3	2	1	0	
		教师巡走于学生之间收集记录学生不会的、认识有偏差的、深度不够的问题、共性困惑疑难问题。	6	5	4	3	2
	分享交流 30分	交流展示环节：由教师随机抽签选定小组进行交流展示。	2	1	0	
		分享内容包括：小组达成的共识和分歧。	2	1	0	
		小组分享要整组台前参加，遵循问候、提问等合作技能，小组分享后随机抽取台下2~3人进行复述或问答。	4	2	1	0	
		声音洪亮，语言规范，运用分享艺术，肢体语言，板书辅助等。	5	4	3	2	1
		教师结合学生交流中的困惑疑难，利用教具、课件、实物、实验或板书等手段，做深刻的讲解，体现学科思想。	5	4	3	2	1
		分享交流完毕后有质疑补充无须举手，直接补充，教师对质疑者给予高分量化。	4	3	2	1	0
		出现问题和质疑时教师要及时做补充讲解。	2	1	0	

课堂评价8分	及时评价。				2	1	0	
	教师是否采用随机抽签的方式进行提问。				1	0		
	老师评价的语言能体现对学生的学习方法、态度、过程的指导。				3	2	1	0
	下课前师生共同反思学习目标是否达成。				2	1	0	
是否过关	是				否			
简单评语					总分			

3. 规范优化合作学习，让合作成为一种素养

（1）加强集体备课，开展课例研究，增强合作学习的有效性。

新一轮课程改革提倡教师为学生创设学习场景，让学生做课堂上的主人。教师充当引导者、促进者、协助者的角色；学生在课堂上根据自己的需要，积极地建构知识，由被动地接受变为主动地学习。这样的理念有助于师生之间建立和谐、平等的人际关系，有助于建设一个师生平等对话的课堂，一个开放尊重的课堂。

增加集体备课时间，由原来的每周两节增为每周一个半天；强化目标意识和课程意识，把设计有思维含量的、贴近学生实际的、能激起学生兴趣的主问题作为备课的一个重点，因为主问题（胖问题）设计是教学设计的核心；是把传统的知识点灌输转化为任务驱动、问题导向的自主学习的关键；是合作学习能否取得理想效果的关键；备课的另一个重点即为合作方法的选择，强调合作策略和教学内容的有效融合。通过备课、上课、观察、分析、改进实现教学的高效，以高效促进教师使用合作策略和方法。回归学科本质，做有根据的备课，设置有意思的问题，上有过程的课，让老师不断通过合作学习在课例中提升自己的专业能力。

有根据的备课：①要求教师备课首先要研读课程标准并把课标要求写在备课思维导图的最上面，强化课标意识；其次要研读教材，明确教材设计意图，预设学生的困难点；再次是研读学生，做好学情调查，之后确定教学目标并转化为学习目标，分别写在备课思维导图上。②要求教师设计教学之前至少要研读教学参考书或教学杂志或名家大师的课例设计一种，站在巨人的肩膀上开启

自己的备课设计，一定要避免凭经验，拍脑门。③备课组每周磨课一节，在课堂上试教，检测可行性，之后大家再修改自己的设计。在这个过程中不强调权威，不强调完全一致，鼓励合而不同，赞赏自己跟自己比的自我改进。

设计有意思的问题，实施任务导学：①提倡知识情景化，情景问题化，问题意义化。在这个过程中让知识和学生产生意义关联，提高学生学习的能动性。如化学课教师在讲授"水的净化"时，把这一内容转化为"怎样帮到非洲小朋友喝上纯净的水"，等等。②有任务不一定有任务单，有任务单不一定人人都有任务单。

课例1：《昆明的雨》教学设计

珲春市第四中学　郎静

一、学习目标

1. 找出文章"淡而有味"的语言，用不同符号圈点批注。

2. 反复朗读，感受汪曾祺文字的情味。

二、合作目标

合作策略：内外圈法

合作技能：提问——应答提问

三、教学过程

1. 导入新课

屏显：

在昆明，有"高原明珠"之称的滇池；

在昆明，有一古镇，它叫"官渡古镇"；

在昆明，有世界最有气势的东川红土地；

在昆明，有个"中国式迪士尼"——蝴蝶园；

在昆明，有"天下第一奇观"的石林；

在昆明，有被誉为"天下第一奇洞"的西游洞；

在昆明，有个文化巷，许多文人曾坐在某个小茶馆里谈笑风生。

提问：作者笔下描写叙述的对象都是一些小景物、小事情、平凡人，要是选择一些更有名的景点，重大历史事件来写不会更好一些吗？

2. 自研思考（主问题）

文学大赛经过层层筛选最终《昆明的雨》入选，你作为散文语言评论专家，请你准备接受记者采访，说出你所看到的汪曾祺文章语言"淡而有味"这一特点及在汪老文章中的体现，表达你作为专家的独特感悟。

（提示：同学们可以就原文的字、词、句、描写手法、表达方式、标点符号……角度探寻文字"淡而有味"的特点。）

评价标准：

（1）有感情朗读所找出的语句。

（2）根据提示在《昆明的雨》中至少找出四处，分析出句子究竟怎样体现出"淡而有味"的特点的。

（3）也可以结合课前阅读在老师给出的拓展文章中寻找。

（4）提出疑问。

（自学时间：5分钟）

3. 内外圈法交流

温馨提示：（内外圈交流时发言的参考句式）

作为记者：

（1）作为记者要虔诚认真地向专家寻求见解。

提问句式参考：XX专家您好，请您就汪曾祺的文章谈一谈您认为汪曾祺语言淡而有味的特点在他的文章中是怎样体现的。

（2）进行追问句式参考1：您为什么觉得这里最有味道呢？

追问句式参考2：您觉得这里换一个词；两个词调换位置；标点符号换这个……可以吗？（提问要有价值）

（3）我的看法是这样的，您觉得对吗？

作为学者：

（1）XX记者您好！针对您的这个问题，我的观点是这样的，请您看文章的……段、句

（2）所以我的朗读处理是这样的。

（3）我的回答完毕，您对我的回答还满意吗？

（4）（如果还有时间）您还有其他疑问吗？

4. 汪曾祺"平淡而有味"语言特点专题研讨高峰论坛

学生代表做主持人，到台前进行主持，全场进行抽签发言与交流。

四、了解背景

屏显：那时联大的教室是铁皮顶的房子，下雨的时候叮当之声响个不停。

地面是泥土压成的，以后满是泥坑。窗户没有玻璃，风吹的时候必须要用东西把纸张压住，否则就会被吹掉。夏天多暴雨，暴雨一来屋顶噼里啪啦之声大作，老师讲课声完全被淹没在雨声之中。

——杨振宁

无情的炸弹冰雹一样从天空倾泻而下，观看的人群没来得及嗷叫一声便血肉横飞，人头在空中如飘舞的风筝，四处翻腾，当空乱舞。在昆明西门外潘家湾昆华师范学校附近聚集了大批外乡的难民和好奇的市民，日机28枚炸弹从天而降，当场炸死190人，重伤173人，轻伤60人。

——岳南《南渡北归》

五、总结

汪曾祺的散文，总有一种"凡人小事"之美。情感的载体越小，爱得就越真切醇厚。对昆明的雨、对昆明的爱，存在于一草一木，一人一物，用善于发现美的眼睛捕捉到了自然、家常与情真。

六、推荐书目

《人间草木》："纯粹的文人"汪曾祺的闲适美文。静下心来，才能发现生活之美。

《人间至味》："资深吃货"汪曾祺的美食散文。一花一叶皆有情，一茶一饭过一生。

《受戒》：汪曾祺的诗意小说。以诗意的文字，讲述诗意的生活。

《浮生杂忆》："那个可爱老头儿"汪曾祺的亲情散文。家人闲坐，灯火可亲，将平凡的日子活得有滋味。

《说说唱唱》："文坛老狐"汪曾祺的艺术散文。完美呈现汪老爷子散杂文的浪漫与精髓。

七、作业布置

同学们，多年以后也许你也是一个身处异乡的游子，那么家乡最让你想念的又会是什么呢？也许那个去到过很多地方旅游的你早已忘记了家乡当年异军突起的景点建筑，鳞次栉比的高楼大厦，留在记忆里的或许就是那刺激过无数次味蕾的香糯的打糕、迷烟的大串抑或是有肉、有菜还有大酱的韩式包饭，再或是那朝鲜族的唱歌跳舞的小姑娘，还有四中校园里朗朗悠悠的读书声和难忘的学习生活……请你想象，四十年后身处异乡的你会为家乡那充满人文气息的生活留下怎样的"淡而有味"的文字呢？

课例2："整式的加减——去括号"教学设计

珲春市第四中学　肖研

教学设计说明

一、课标要求：掌握去括号法则，能进行简单的整式加法和减法运算。

二、教材地位："整式的加减——去括号"是类比有理数的去括号方法，去归纳带有括号的整式加减运算符号的变化规律。它是整式加减运算的基础，也是今后学习整式的乘法、分式运算以及函数和解方程的基础。

三、学情分析：在本节课之前，学生已在现实情境下探索过事物之间的数量关系，用字母表示数量关系和变化规律，进入了神奇的代数世界，知道了代数式的意义，学会了合并同类项，学生对于一般概念认识比较深，稍作变换便不知所措，不会分析问题，不能灵活运用所学的知识解决问题。因此针对这部分内容教学时，教师可引导学生用不同方法探究，用不同方法解决问题，培养学生的分析能力，解决问题策路的多样性，教会学生分析问题、解决问题的方法。

四、设计说明：立足单元教学设计，体现整体、系统的思想，对一个单元知识有一个系统的理解。先考虑本单元在整个初中数学知识体系当中的位置。

首先：初中数学"数与式"运算大单元有有理数、整式、分式、二次根式。

初中阶段数与式运算大单元知识结构：

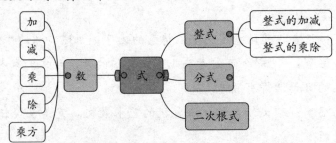

（1）《整式的加减——去括号》课时知识结构

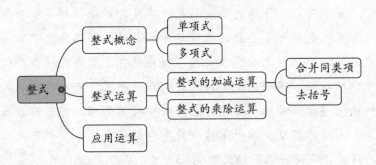

（2）基本能力和基本活动经验

课时《整式的加减——去括号》：会类比有理数去括号方法解决带有括号的整式计算能力和归纳概括能力。

（3）数学思想

《整式的加减——去括号》：根据数学本质，我设计了一连串问题，渗透数学思想方法。

类比数的运算，应该如何化简这两个式子呢？——转化的数学思想。

回顾在学习有理数的运算时，我们是如何去括号的？——类比的数学思想。

这样做的依据是什么？——数式通性。

你能发现去括号前后各项符号的变化规律吗？——从特殊到一般的数学思想。

课题	整式的加减——去括号				
学校	珲春市第四中学	设计者	肖研	课型	新授
教学目标	1. 能运用运算律探究去括号法则，利用去括号法则会进行整式化简。 2. 经历类比带有括号的有理数的运算，发现去括号时的符号变化的规律，归纳去括号法则，提高整式的加减乘除运算能力，归纳概括和独立解决问题的能力。 3. 通过探究去括号法则的过程渗透转化思想，体会数式通性和类比的思想，渗透从特殊到一般和从一般到特殊的数学思想。				
合作目标	通过合作学习坐庄法，能够获得反馈并给予他人反馈。				

教学重点	去括号法则及其应用。		
教学难点	括号前是"−"号，去括号时应如何处理？		
教学方法	坐庄法	学生活动	设计意图
教学过程设计	教学内容及教师活动	学生活动	设计意图
	一、复习回顾与本节相关的知识结构 $100t+120t+120×（−0.5）$ $100t−120t−120×（−0.5）$ 以上两个式子如何合并同类项？	计算回答	以实际生活中的例子，引出带有括号的整式，体现了生活中的数学和转化思想，增加了数学和实际生活的联系。

| 教学过程设计 | 二、情境问题，探究新知
问题1
青藏铁路线上，在格尔木到拉萨之间有一段很长的冻土地段。列车在冻土地段的行驶速度是 100 km/h，在非冻土地段的行驶速度可以达到 120 km/h，请根据这些数据回答下列问题：
在格尔木到拉萨路段，列车通过冻土地段比通过非冻土地段多用 0.5h，如果列车通过冻土地段要 th，则这段铁路的全长可以怎样表示？冻土地段与非冻土地段相差多少 km？
问题2
类比数的运算，应该如何化简？
$100t+120(t-0.5)$
$100t+120(t-0.5)$
回顾在学习有理数运算时，是如何去括号的？
这样做的依据是什么？
你能发现去括号前后各项符号的变化规律吗？
学生独立尝试解决。
坐庄法合作交流。
全班展示。
通过充分的讨论可以得到以下结论：
情况一：括号外的因数是正数：去括号后，原括号内各项的符号与原来的符号相同；
情况二：括号外的因数是负数：去括号后，原括号内各项的符号与原来的符号相反；
特别地，$+(x-3)$ 与 $-(x-3)$ 可以分别看作 1 与 -1 分别乘 $(x-3)$。 | 坐庄法

教师引导学生分组讨论，类比数的运算，利用分配律，学生练习、交流后，教师鼓励学生通过观察，试用自己的语言叙述去括号法则，教师补充归纳。 | 引导学生观察、比较，给学生以充分的时间去交流和归纳，关注学生对法则的表述，培养学生的归纳和表达能力。

学生小组讨论，培养他们合作学习的意识。 |

教学过程设计	三、新知应用 例题1：化简下列各式 （1）$8a+2b+（5a-b）$； （2）$（5a-3b）-3（a^2-2b）$ 组内组长组织纠错，全班汇总错因。 例题2：两船从同一港口同时出发反向而行，甲船顺水，乙船逆水，两船在静水中的速度都是50千米／时，水流速度是a千米／时。 （1）2小时后两船相距多远？ （2）2小时后甲船比乙船多航行多少千米？ 思路点拨：根据船顺水航行的速度＝船在静水中的速度＋水流速度，船逆水航行速度＝船在静水中行驶速度－水流速度。因此，甲船速度为（50+a）千米／时，乙船速度为（50-a）千米／时，2小时后，甲船行程为2（50+a）千米，乙船行程为（50-a）千米。两船从同一港口同时出发反向而行，所以两船相距等于甲、乙两船行程之和。	学生独立完成，教师关注部分学生解题情况。潜能生去黑板板演 练习本上完成板演相互评分订正板演练习评分订正	让学生运用法则进行计算，加强对法则的掌握。 本节课的重点部分，即利用已经总结出的去括号的原则及技巧，准确将带有括号的整式进行化简。
	教学内容及教师活动	学生活动	设计意图
教学过程设计	四、小结 1.你能说出去括号时符号变化的规律吗？ 2.应用去括号时应注意什么？ 教师提出问题，学生回答并补充。		

板书设计	乘法分配律：$a(b+c)=ab+ac$　　例一：　　　　例二： 去括号法则： 号前"+"则内不变， 号前"−"则内全变。 括号前面的因数不是 +1 或 −1 时，要分两步走： 一乘　因数绝对值， 二看　符号定正负。
教学反思	识别同类项及合并同类项是整式运算的基础，在学习新知识去括号法则前进行复习所学知识进行回顾。从实际问题引入新知，主动探索，教师需引导学生发现规律，鼓励学生多交流，表述自己的思路，比较各自的结果，自然而然开始新知识的学习，在探索新知的过程中学生体会从特殊到一般，从具体到抽象的认识过程，在这一过程中，我留给学生探索与交流的空间因为整式的运算是在数的运算的基础上发展起来的。所以在学习去括号法则时，让学生类比数的运算律，学习整式加减中的去括号法则，将新知识转化为已经学过的知识，从而构建新的知识体系。在此基础上要求学生用语言叙述这个性质，这有利于提高学生数学语言的表述能力。学生从中获得学习法则的活动经验。

（2）上有过程的课，建设四真课堂，发挥合作学习的差异适应性。

差异适应性的课堂要有流程，还要能看到学生由不会到会，由不好到好的过程。真正的课堂学习中的交往行为，首先要赋予学生以主体地位，将学生作为有情感、有个性、有自我追求的"人"来看待，将师生关系建立在共享知识、精神、智慧和意义的基础上，师生之间才能通过平等对话，彼此进入对方的内心世界。合作学习是适应课堂学生差异的最好方法。

①暴露原有认识。教师课上要通过课前提问，课中学生回答或展示，课尾检测，把握学生的认知状态，及时调整教学进程和方式。强调说真话。②在任务驱动下，自主学习。自主学习要充分，不可草草了事。强调真思考。③合作学习。一般每节课合作学习的使用数量不多于两种，关键是合作学习操作要规范，注重合作学习技能的培养。强调真交流。④教师讲解。讲解时间不要超过学生自主加合作学习的时间。强调针对性。⑤当堂检测。检测方式可以是口头也可以是笔测，做好量化统计。强调真反思。

上课流程包括五大环节：教学目标的具体化——教学前的决策——建构任务和积极互赖——监控与介入——评价学习与自评相互作用。如果组织合理，共学式可以适用于任何学科、任何年龄阶段学生的教学。

课例1：二氧化碳和一氧化碳（2）教学设计

课题名称	课题3 二氧化碳和一氧化碳（2）	课时	1课时	课型	新授
授课人	李春梅	授课时间	2019年11月8日		
教学目标	通过组成和结构，推测一氧化碳和二氧化碳性质的异同。 通过一氧化碳和二氧化碳的相互转化以及微课，归纳一氧化碳的化学性质。 通过实验尾气的处理以及煤气中毒的讨论，认识环保和生命安全的重要。				
教学重点	一氧化碳的化学性质。				
教学难点	一氧化碳和二氧化碳相互转化的思路和途径。				

教师活动	学生活动	设计意图
一、创设情景 用元素符号填写成语：雪中送＿＿＿、＿＿＿精蓄锐，这些元素组成的氧化物有哪些呢？	思考、回答	激发学生的学习兴趣，引入课题。
二、新课过程 总任务：一氧化碳和二氧化碳性质相似，还是差异很大呢？ 子任务1：理论推测 展示：一氧化碳和二氧化碳的分子模型 设疑：两方推测理由都很充分，到底哪一方的观点正确呢？下面让我们一起来收集证据吧！	大胆推测 说出理由 相似：组成元素相同。 差异很大：分子种类不同。	落实化学核心素养中证据推理与模型认知维度，进一步认识组成、结构决定性质的化学思想。

子任务2：收集证据 证据1：物理性质 展示：表格和一氧化碳的收集方法图片。 设疑：通过证据1物理性质的对比，我们发现组成和性质都影响结构，那么谁对结构的影响更大呢？让我们继续来看证据2吧！ 证据2：化学性质 设疑：一氧化碳和二氧化碳可以互相转化吗？转化的途径是什么？ 点拨：对比一氧化碳和二氧化碳的结构分析，相互转化，即：得氧和失氧 追问：一氧化碳和含氧元素的什么物质反应能转化为二氧化碳呢？真的能反应吗？ 演示实验：一氧化碳的燃烧	填写表格并比较一氧化碳和二氧化碳的物理性质，找到推测的证据。 组成相同，性质相似—色、态、味相同。 结构不同，性质差异很大—密度、溶解性不同。 讨论交流 → $CO+O_2$　CO_2 → $CO+CuO$　CO_2	通过对比一氧化碳和二氧化碳的物理性质，找到组成和结构都决定性质的证据。 落实化学核心素养中的变化观念维度，运用对比的方法找出相互转化的关键。运用化学的视角解决问题。
展示：一氧化碳还原氧化铜的实验装置图 设疑：为什么先通入一氧化碳，再点燃酒精灯呢？ 实验结束时为什么先停止加热，还要继续通入一氧化碳直到玻璃管冷却为止？	观看实验 书写一氧化碳燃烧的化学方程式。 游戏：一氧化碳还原氧化铜实验的步骤选择。	看实验验证推测，强化证据推理与模型认知意识。 发挥信息技术的优势，以学生喜欢的游戏方式，认识规范操作的重要性，运用化学知识解决实际问题。

其中物理性质表格：

物理性质	色、态、味	密度	溶解性
CO			
CO₂			
是否相同			

设疑：尾气的成分主要是什么气体？ 为什么要对尾气进行处理呢？ 播放微课：一氧化碳中毒的原理 展示：一氧化碳使人中毒的漫画 设疑：煤气厂为什么常在家用（含有一氧化碳）中掺入微量具有难闻气味的气体？ 如发生煤气泄漏应该怎么办？ 室内放一盆水能否防止一氧化碳中毒？ 一氧化碳报警器应安装在哪里？ 展示：报警器安装位置的图片 设疑：通过证据2化学性质来看，组成和结构谁对性质的影响更大呢？	相互补充 书写一氧化碳还原氧化铜的化学方程式。 观看微课 讨论交流 对比发现，结构对性质的影响更大。	落实化学核心素养中的宏观辨识与微观探析以及社会责任的维度。 关注环境，关注生命安全。
三、课堂练习 智力大闯关（连连看） 升华　吸热 不供给呼吸 还原性 CO　●●●　能与水反应 可燃性 既不燃烧也 CO₂　●●　不支持燃烧 毒性 能与石灰石反应 燃料 制饮料 灭火 检验二氧化碳气体 冶炼金属 人工降雨	结构、性质、用途连线对比一氧化碳和二氧化碳性质的差异。	总结梳理，体会结构、性质、用途的关系。
四、归纳小结 补充、强调重点。	梳理结构、性质、用途的关系。	培养学生归纳整理知识的能力。

五、课后作业（见学案）	有疑问的做好标记	明确第二天交流的内容和重点。

板书设计
第六单元 课题2　碳和碳的氧化物（2）

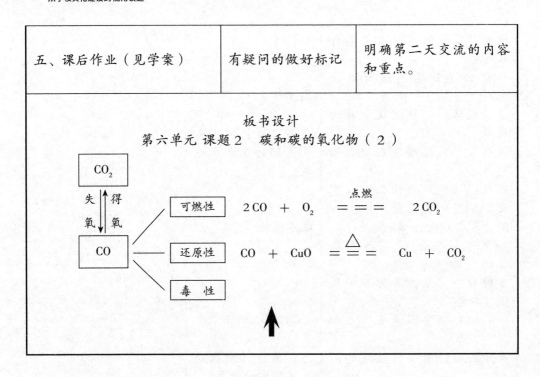

课例2：《一滴水经过丽江》教学设计

珲春市第四中学　李田田

一、导入

课前播放丽江宣传片。

同学们看了这个视频之后，谁能说一说你看到了一个怎样的丽江呀？（同学们，在上课之前呀，老师给大家放了一段丽江的宣传片，我看大家看的饶有兴味的，那谁能说一说你从刚才的视频当中看到了一个怎样的丽江呀？）

在座的有哪位同学去过丽江吗？你能跟大家简单地说一说去丽江最大的感受是什么呢？大家羡不羡慕这几位同学呀？（那大家想不想去丽江看一看呢？）所以今天呀老师会带领大家在书中去领略一番丽江的别样风采，这节课我们来一起学习阿来的一篇散文《一滴水经过丽江》

二、教学过程

（一）美景赏析

首先呢，请同学们自由地朗读这篇美文，找到你最喜欢的一处美景，反复品读，然后说说你为什么喜欢。学生自由朗读课文（8分钟）

提问：哪位同学愿意跟大家分享一下你最喜欢的美景？

讲解：（6处）

1. 玉龙雪山

提问：自然风光很美，你从哪里看出来的呀？这一路上都有什么景色呀？可以跟大家说一说，好，那现在咱们就来一起欣赏一下这处的美景。（与学生进行对话）

讲解：一路上是高大挺拔的树，还有更多的树开满鲜花，山下有穿着少数民族特有的服装的纳西族人，还有美丽的绿色的大盆地，咱们看丽江确实是一个丰富多彩、充满地域特色的一个地方。

2. 黑龙潭

提问：你为什么最喜欢这处美景呀？美到什么程度了？（与学生进行对话）

点拨、引导：原文有一个词语。那对于这样的一处美景我们可以试着把眼睛闭上来想象一下，请同学们轻轻地把眼睛闭上，来跟着老师一起想象：湛蓝的天空下是晶莹夺目的玉龙雪山，潭水又将这玉龙雪山映照在了自己空明澄澈的碧波里。潭边还有亭台楼阁，都掩映在茂密的繁花与树丛之间。

追问：那么同学们，如果你也置身于这样的景色当中你会有什么样的感觉呀？（学生回答）

点拨、引导：大家可以想一想远处有晶莹夺目的玉龙雪山，近处还有空明澄澈的像翡翠一样的深潭，潭水还将这玉龙雪山映照在了自己的碧波里。黑龙潭确实是一个宛如人间仙境般的地方。

3. 古城

学生分享自己找到的片段。

点拨、引导：这处景色确实美呀，那具体美在哪呢？我们看看这段文字写的是丽江古城的什么呢？有什么特点呀？原文哪句话体现了这个特点呀？（这中间与学生进行对话）

提问：为什么这么喜欢这处美景呀？说明丽江古城与大自然之间的关系是怎样的呀？那我们看看原文是怎么说的呀？丽江古城的建筑有什么特点呀？（这中间与学生进行对话）

讲解：那我们看看不仅仅是丽江美呀，阿来的文字也是那样的美，像诗歌一样。从依山而起的层层房屋、顺水而去的蜿蜒老街，可以看出来丽江与大自然的关系是怎么的呀？（学生回答）

学生回答预设：和谐这个词语概括得非常精炼。

4.四方街

提问：老师注意到刚才你提到了"文化气息浓厚"，你是从哪里看出来的？（学生回答）

追问：大家想不想知道东巴象形文字是什么样的呀？我们一起来了解一下。大家有没有找到文章当中提到的一个字？（学生回答）

讲解：我想大家要是有机会去丽江的话，一定要去一趟四方街，去这个售卖纳西族东巴象形文字的字画店逛一逛，去亲身感受与距今已经有1000多年之久的文字接触是一种什么样的体验。

学生回答预设：（文化气息非常浓厚）

5.三坊一照壁

提问：我们在三坊一照壁里还读出了一个怎样的丽江呀？

学生回答预设：（民风淳朴、闲适恬淡，一副非常温馨和谐的画面）

追问：从哪里看出来的？（与学生进行对话）

追问：我们一起看看三坊一照壁里的主人们都养什么呀？从养花这样一个细节能看出来丽江是一个什么样的地方呀？（与学生进行对话）

学生回答预设：（充满生活情趣）

6.茶楼酒吧

提问：如果有一天你来到了丽江，那么到了晚上你会想去哪里坐一坐呢？为什么呀？（这中间与学生进行对话）

引导、点拨：那同学们坐在茶楼酒吧里虽然耳边传来的是欢笑与歌唱，内心是一种什么样的感觉呀？

学生回答预设：（是喧哗的、烦躁的吗？）

引导、点拨：你从哪里看出来的，你能不能给大家读一下这段话呀？

学生回答预设："夜凉如水，他们的心像一滴水一样晶莹呀"，心中好像所有的杂念全都烟消云散了，是一种山光悦鸟性、潭影空人心的感觉。

引导、点拨：那读这样的文字我们的心是不是应该沉静下来呀，能不能再给大家读一下这段文字，读得再陶醉一些。（学生再次朗读）

（二）文化探寻

过渡语：同学们，通过刚才的分享我们确实深刻地感受到了丽江那宛如人间仙境的自然风光、古韵悠长的文化传统，还有那闲适惬意的生活，那么老师

想问大家，阿来是以怎样的方式来到了这个美丽的丽江呀？（学生自由回答）

引导、点拨：我们来一起看一下文章的第16段有这样一句话："作为一滴水，我终于以水的方式走过了丽江。"老师问大家，这句话里哪个词语应该重读呀？

学生回答："终于"

追问："终于"读出了一种什么情感呢？

引导、点拨："我终于考了全班第一呀！"

学生回答预设：（愿望得以实现的幸福和满足）

追问：这滴水的愿望是什么呢？（学生回答）

过渡语：那么水的方式究竟有多么神奇、美妙，让阿来一定要用水的方式走过丽江呢？现在就请同学们再次阅读课文找一找水都用了哪些方式来到丽江呀？大家可以找到一个说一个。说原句就可以。

板书：（在游览四方街的时候都用了哪些方式？）

教师总结游踪并画板书：那我们看这滴水从玉龙雪山上奔流而下，经过落水洞、黑龙潭、四方街最后汇入大海，为我们展现了一滴水的旅程，那老师想问大家这条穿城而过的河流叫什么名字呀？玉河在进入古城的时候又分为了几条呢？同学们，我们看这是什么字呀？也就是说水经过丽江古城的方式正好是东巴象形文字的水字。水就这样孕育了丽江古城最古老的文字，最古老的文化。

板书：此处在黑板上用一滴水的游踪画出东巴文字"水"的写法。

追问、提升：那么同学们刚才我们跟随着一滴水发现了这么多水的方式，下面我们就来一起思考阿来为什么一定要以"水"的方式走过丽江，而不是一缕风、一朵云或者是他自己呢。

（三）感悟提升

提问：现在就请同学们再次默读课文，来认真地思考一下：阿来为什么要以一滴水的方式走过丽江呢？

点拨：老师给的这些只是提示，同学们不用拘泥于我给的这些范畴，也不用面面俱到，能说出一两点就可以了。但有能力的同学老师还是建议能够从更多的角度思考：阿来为什么要以水的方式经过丽江。

小组合作探究：同学们，咱们就先思考到这里，刚才老师简单了解了一下，感觉大家的思路还是没有完全打开，下面咱们就在小组内交流一下你刚才思考的结果，看看你跟你的组员能不能再碰撞出一些思想的火花。

教师提示"跌落"一词：它跌落到什么地方了？它跌落到落水洞底下之后

做了一件什么事呀？它睡了多长时间？它是什么时候来到丽江的呢？为什么要在明代来呢？这滴水非常聪明，他选择了在明代来到丽江，因为这样它就看到了丽江的历史沿革。咱们再思考它为什么要睡好几百年呢。

学生回答预设：（因为只有睡好几百年才能看到现在游人丛集的丽江，看到丽江的巨变）

教师点拨：那么在这里我们可以停下来思考一下，作者为什么要以"水"的方式来到丽江呢？它一睡可以睡好几百年。这说明水是怎样的呢？水有什么特点呢？它的生命好像没有终点呀？（与学生进行对话）

教师点拨：我们可以想一下：水可以变成雪变成冰、然后再融化成一滴水；经过一路奔波汇入大海，也许有一天它还会变成一片雪花，再经历一次这样的轮回，这说明水滴是怎样的呀？咱们可以看看这滴水可以扑、冒、乘、顺、落，这么多方式，但是如果是阿来本人呢，他只能用什么方式呢？那这说明水是怎样的呢？

教师提示"经过"一次：大家看看这滴水是怎么来到几家小店的？咱们想想如果是阿来本人呢，他可能会进去转一转，那这滴水只能用什么方式呢？"经过"一词我们可以读出来水的什么特点呢？它在哪里都不能停留。

学生回答预设：（灵动，流动，"水"少了点灵性，这滴水是有生命的呀。）

教师提示："投身进去、落、跳"：水特别的聪明，正所谓"仁者乐山、智者乐水"呀，水是智慧的化身。

学生总结：水滋养了丽江所有的生灵，所以阿来以水的方式走过丽江，也体现了阿来对大自然的一种尊重。

（四）教师总结

那么老师有一个想法想跟大家分享一下：为什么丽江这个地方能让人的心宁静下来、变得更加平和呢？原文有这样一句话呀：他们的心像一滴水一样晶莹。大家有没有想过这是为什么呀？那这个就是老师想跟大家分享的，丽江又是一座水城，如果我们都能像水一样利万物而不争，那我们的心自然就会更加宁静、更加纯粹、更加平和。

今天这节课我们跟随着一滴水走过了一段童话般的奇幻之旅，我想即使我们没有去过丽江，丽江也已经深深地住进了我们的心里。那么如果有一天你也可以幻化成世间的万事万物，你想以怎样的身份来到丽江呢？

课例3："民间美术的色彩搭配"教学设计

珲春市第四中学　马云慧

【教材分析】

本课是人美版义务教育课程标准实验教科书《美术》七年级下册第五课，也是人美版初中美术色彩知识系列中的第二课，集审美、探究、传承与创造于一体。本课的教学内容主要是让学生对民间美术生动绚烂的色彩搭配形成一个强烈的感知印象，引领学生就民间美术色彩搭配的形成手法及文化内涵做较为深入的探究，并通过着色练习，帮助学生加深对知识点的理解和掌握，激发学生对祖国民间美术的热爱和传承意识。

【学情分析】

该课的教学对象为七年级学生，这些学生经过小学美术以及七年级上册《生活中的色彩搭配》等相关课程的学习，对民间美术的文化内涵以及色彩的基础知识有一定的了解和掌握，如色彩三要素，色彩搭配的基本方法，色彩的心理因素等，这就使得本课的学习在整个知识体系中有一定的连贯性，又因切入点的不同而更突显民间美术独特的色彩语言所具有的文化内涵。可以说，学生已有的知识结构为本课的开展提供了一个较好的平台。

【教学目标】

知识与技能：感受民间美术原始而激昂的色彩魅力，能就民间美术色彩搭配的基本方法和文化内涵做较为深入的探究，使感性经验上升到理性认识；能运用民间美术色彩搭配的基本方法为布老虎、小泥鸟、土家族织锦的线描稿创作具有民间美术韵味的色彩画。

过程与方法：以"感受美→提炼美→探究美→创造美"的学习活动方式组织课堂教学，通过观察、启发、对话、实践等方法揭示民间美术色彩搭配的规律性知识，体验民间美术色彩搭配的乐趣。

情感、态度和价值观：体会民间美术的色彩之美，培养热爱祖国民间美术的情感；形成积极、主动探究学科知识奥秘的学习态度；树立继承和保护民间美术的意识。

【教学重点与难点】

重点：1.了解与认识民间美术色彩搭配的规律性知识，感受民间美术色彩独特的审美原则。2.尝试运用民间美术的色彩对比因素进行色彩艺术的再创造。

难点：引发学生对民间美术色彩表象背后的文化内涵的思考。

【教学准备】

民间美术实物资料、多媒体课件、线描稿、彩色笔等。

【教学过程】

一、实物导入，激发兴趣

师生问好。

师：同学们，你们看，老师今天给大家带来了心爱的"聚宝箱"，大家想知道里面都珍藏着哪些神奇的宝贝吗？下面，老师请6个同学上来淘宝，拿到以后把你淘到的宝贝展示给大家看。

学生积极性很高，课堂即刻洋溢着轻松欢快的气氛。

师提问：你拿到的是什么？（一串挂饰），你觉得它们的色彩怎样啊？你能用一个词或一句话来告诉大家你的感受吗？（生答：鲜艳）（板书：艳丽）

……

教师通过师生对话，启发学生自主提炼民间美术的色彩特征。

师小结：同学们淘到的这些宝贝都来自于民间艺人的艺术创作，所以叫作民间美术。

艳丽、饱满、清新，正是这些漂亮的民间工艺品展示给我们的色彩特征。（板书：色彩特征）

[设计意图] 有趣的淘宝活动所展示的民间美术实物资料，卓有成效地调动起学生对民间美术的兴趣，并且通过教师指向性非常明确的问题，引导学生自主提炼民间美术色彩的特征，印象一定是深刻的。

师试问：为什么民间美术会形成这样的色彩特征呢？大家想一想。（学生答不上来）

师解释：那是因为过去的民间艺人受到经济条件的限制，只能用身边能够找得到的工具材料进行创作，也就形成了民间艺人在创作的时候不受真实事物色彩的束缚，非常大胆自由表现的艺术特点，他们用艳丽、清新、饱满的颜色来表达他们心中美好的愿望，表达他们对美的感受和理解。

那么，这种艳丽、清新、饱满的色彩效果又是怎么创造出来的？看来民间艺人还拥有自己的配色秘籍，今天我们就来学习民间美术的色彩搭配。（板书：课题）

[设计意图] 开门见山，简洁明了，直奔主题的导入环节极其有效地提高了课堂效益，使我能把有限的教学时间投放在教学重点部分——"色彩探秘"环节。

二、活动一　色彩探秘

1. 冷暖对比

屏幕上出示孙悟空风筝的图片。

师提问：同学们觉得这个悟空风筝在色彩上有什么特点？（生齐答：鲜艳）风筝上的悟空给你一种怎样的视觉感受？（生答：醒目）

师追问：为什么很醒目？（让学生议一议）（生答：孙悟空身上用的是红色、黄色，背景用的是蓝色，是因为背景的衬托。）

师补充：一讲到红色黄色，我们心里就暖洋洋的，所以它们又叫什么色？（生齐答：暖色）讲到蓝色，我们就联想到蓝天、大海，心里感觉特别凉爽，所以又叫什么色？（生齐答：冷色）你真棒！你已经揭示了民间艺人最重要的配色秘籍之一了，同学们给点掌声好吗？看来，强调鲜明的冷暖对比成为民间美术非常重要的审美特征。（板书：冷暖对比）

［设计意图］教师对学生感知能力的肯定极大地鼓舞了学生的自信心，为整个探究活动的顺利开展起到铺垫作用。

2. 高纯度

师提问：除此之外，还有别的什么原因让同学们感觉这个风筝的色彩很鲜艳？再观察一下，想一想。

学生似乎有些困惑，答不上来。

师启发：我们一起来看，它主要运用的红黄蓝三个颜色有什么特点呢？老师观察到这三个颜色色彩的纯净度特别高，同学们知道什么是色彩的纯度吗？好比往一杯100%的鲜橙汁中兑进白开水或可乐，果汁的颜色变淡或变深了，可是纯度却降低了。善于使用高纯度的鲜艳色彩是民间艺人非常重要的配色秘籍。（板书：高纯度）

［设计意图］对于学生认识模糊的概念，我利用生活中通俗易懂的事例打比方，很快地解决了。

"民间艺人在配色过程中很善于运用高纯度颜色"的规律性知识。

师归纳：你们看，正是因为高纯度颜色以及冷暖对比手法的运用，使得这个悟空风筝的色彩显得非常艳丽。悟空身上所使用的黄色红色在民间美术的创作中几乎是必不可少的颜色，因为红色使我们感觉热烈、振奋、红火、热闹，而黄色具有阳光感，是收获的色彩，使人心里明亮、舒畅。"红间黄，喜煞娘。"当红黄色并置在一起的时候作品更是亮堂喜人，温暖人心。而背景冷色调的蓝天白云的对比作用更使得画面中的每个颜色都显得很火爆，因此，在民间艺人中有"色色暴"的说法。

3. 黑和白

师引导：同学们注意到了吗？虽然这个风筝的颜色很火爆，我们还是觉得它很协调，大家仔细观察一下，到底什么颜色在起调和作用？

学生一下子就发现了其中的奥秘。

师小结：你们观察得很仔细，老师要特别强调，黑色和白色在民间美术创作中很重要，因为民间美术经常使用大量鲜艳的平涂色块，颜色很火爆，民间艺人就巧妙地运用黑和白把各种艳丽的色块间隔开，在视觉上起到一种缓冲的作用，使作品具有视觉上的美感。

屏幕上出示民间美术配色口诀。

我们来看看民间艺人又是怎么表述他们的配色秘籍的。学生齐读："色要少，还要好，看你使得巧不巧。""红要红得鲜，绿要绿得娇，白要白得净。"配色口诀点明了民间美术在简洁明快的基础上追求强烈刺激效果的用色原则。

[设计意图] 民间美术配色口诀的传授贯穿于整个教学过程中，使知识点的讲解活泼又有趣，也自然而然地突显了民间美术独特的色彩语言所具有的文化内涵，学生易识易记易理解。

4. 面积对比

老师拿起两只布老虎走到学生中间。

师提问：我们再来看这两只布老虎，它们采用怎样的色彩搭配方式呢？（生答：冷暖对比）

师追问：为什么你认为是冷暖对比？（生答：因为用到了红色和绿色，蓝色和橙色的对比）

师再问：还有别的对比方式吗？同学们再仔细一点观察。（学生又困惑了）

师启发：这只老虎什么颜色用得多？什么颜色用得少？如果按比例来计算，冷色的面积最多只占暖色面积的 10 %，同学们说这是一种什么对比呢？（学生恍然大悟，不约而同地齐答：面积对比）（板书：面积对比）

师归纳：大家看，面积对比使得两只布老虎在单纯明快、红火热烈的旋律中却不失协调、丰富的视觉印象，对吧？

[设计意图] 借助于不同学科知识的互通，学生在老师的启发引导下自主揭示了学科知识的奥秘，这种认知一定是深刻的。

屏幕上出示木板年画《狮衔剑》。

师：民间艺人又是怎么表述面积对比的呢？"造屋开天窗，不然闷得慌。"这个口诀很形象地说明了面积对比的审美法则。这是一幅来自老师的家乡福建漳州的木版年画，同学们观察一下，这张年画的天窗在哪里呀？

学生很感兴趣，私下议论开来。（生答：猛兽脑门上的白色块）

师追问：为什么你认为这个白色块就是天窗？（学生答不上来）

师疏导：感觉得出来，却说不出原因，对吧？没关系，我们一起来看。

教师配合课件中的色彩图版讲解：

面积对比，既可以表现为大小面积的冷暖色块的对比，也可以表现为大小面积的密集色块和平涂色块的对比，现在明白脑门上的白色块为什么是天窗的原因了吧。第三种，还可以表现为大小面积的明暗色块的对比，又叫作明度对比。（板书：明度对比）

5.明度对比

屏幕上出示苏绣《双鱼图》。

师：请看，这是一幅苏绣《双鱼图》，相比较艳丽火爆的孙悟空和布老虎，它带给我们的视觉感受很不一样，同学们觉得这件作品的色彩有什么特点？（生答：柔和，清新）

师提问：这种风格是怎么创造出来的？它采用怎样的色彩搭配方式呢？有冷暖对比吗？（学生的思维不断地被激活，讨论中形成两种看法：有或没有。）

师追问：为什么没有？为什么有？（对立双方争执的焦点在于黑色和白色是否是冷色的问题。）

师释疑：黑色和白色在色彩学中属于无彩色系范畴，所以这件作品没有冷暖对比。

师再问：有面积对比吗？（生答：有）

师追问：你怎么看出来的？（生答：背景的黑色面积大，红色的鱼面积小。）

师质疑：除此以外，还有别的对比方式吗？大家都来说一说。（学生的思维再次被激活，私底下议论着，显然对自己的答案没把握，没人敢举手。但我从他们的眼神和表情中分明感受到他们对答案的渴求。）

师引导：说不出来没关系，我们一起来看看，从鱼背到鱼肚的红色体现出一种什么样的变化效果呢？（生答：渐变）你真了不起！你观察得很仔细，你注意到了一种渐变效果，这种渐变就是明度对比。

[设计意图] 抛出问题，通过提问，追问，释疑，再问，再质疑等问题链的形式不断激发学生的积极思维，师生有效互动，确实贯彻了以教师为主导、学生为主体，让知识在课堂中自然生成的新课程理念。

配合屏幕上出示的色彩图版，教师对知识点再做进一步的挖掘。

师讲解：当然，明度对比不仅仅表现为同一种颜色在明度上的渐变，实际上，不同的颜色本身就存在明度上的差异，就比如红、黄、蓝，三个颜色的明度是不一样的。所以民间艺人巧妙地利用色彩的这种特性创造了另一种明度对比方式——"软靠硬，色不愣。"他们将明度较浅的颜色称为"软色"，明度较深的颜色称为"硬色"。也就是说，软色和硬色相碰，能取得好的艺术效果。如果两个硬色相撞，如蓝色和紫色配置在一起，明度十分接近，什么感觉呀？（学生的兴趣被撩拨开了，纷纷回答：两个颜色拉不开距离。）

师：是的，容易产生色彩"打架"的现象，产生不透气，憋闷的感觉，"青间紫，不如死。"怎么办好呢？同学们有没有什么好办法？（学生乐了，迫不及待地告诉我：安排一块软色将它们间隔开。）

6.小结

师归纳并小结：通过刚才的学习，我们已经了解到，民间美术作品好看，很美，除了高纯度色彩的运用之外，明度对比使画面疏朗透气，有层次感，画面清新，而冷暖色相的不同和面积大小的对比则容易产生丰富、绚丽、红火热闹的视觉气氛。这种色调风格正是普通老百姓喜爱并表达审美情感的最恰当的形式。（板书：配色手法）这就是我们今天学到的民间美术色彩搭配知识。

7.综合探究

教师拿起小毛驴玩具，并让一个小组的同学往后传，每个同学都要说一说自己对色彩搭配手法的认识。

师：下面，老师要检验一下同学们知识的掌握情况。老师请这个小组的同学来说一说这只小毛驴采用了什么配色手法？（群组回答，由学生来说。）

在学生回答问题的过程中，教师继续用追问的方式把学生的感知和认识落到实处，比如：是什么颜色和什么颜色的冷暖对比？是一种什么样的面积对比？你是怎么看出来明暗对比的？是渐变？还是软靠硬？

师小结：同学们都说得很好，看来，这只小毛驴综合运用了几种色彩对比方式，难怪这么好看。其实很多民间美术作品都具有类似的共同特点，几种对比手法不是孤立的，它们会综合运用在同一件作品中。

[设计意图] 群组回答的优点在于有效激发每个学生的积极思维。在该课中，我通过主动或被动的个别回答、齐答、群组回答等方式尽可能让每个学生参与到课堂教学中来，力争让教学的有效性达到最大化。

三、活动二　当个民间小艺人

师：请同学们看老师发给大家的线描稿，思考一下，你准备采用什么配色手法？你是怎么想的？哪个同学来说说自己的想法？（请一个学生阐述自己的构思）

下面，请同学们拿起手中的彩笔，我们也来当一回快乐的民间小艺人。

四、活动三　展示与交流

学生在"步步高"的背景音乐中拿起手中的彩笔尽情地涂抹美丽的民间韵味色彩画。

活动过程中教师及时表扬优秀作品，及时反馈存在的问题，并请学生介绍自己采用的配色手法，分享创作经验。

师：看了同学们的作品，老师非常惊喜，一个个优秀的民间小艺人在我们的课堂上诞生了。我们给自己来点掌声好吗？

[设计意图] 布老虎、小泥鸟、土家族织锦的线描稿图形简洁，以它们作为创造美的载体，既与课题吻合，也很容易让学生获得成就感。充分关注知识讲授与技能练习的相关性是很有必要的，即色彩探秘所获得的学科知识对自己当一回民间小艺人的指导作用，以及民间小艺人的实践活动对学科知识起到的支撑作用。

教师结合自己的着装和图片展示对课题进行延伸。

师总结：其实，民间美术的色彩并不仅仅只是一种传统的文化符号，它与我们今天的生活仍然有着非常密切的联系。你们看，老师身上的这套衣服，散发着淡淡的民族风，我特别喜欢；每年的中国传统节日里，月饼、粽子等食品包装盒上拙朴的大红大绿亮丽而醒目的传达出普通百姓对吉祥、安宁、幸福、欢欣的向往之情；世博会上中国馆沉稳经典的中国红更是尽情彰显着五千年文明古国大气磅礴的深厚的文化底蕴。

今天这节课，同学们了解了民间美术的文化内涵，探究了民间美术色彩搭配的奥秘，老师希望同学们在今后的生活中能更好地担负起理解、继承和保护好祖国民间美术的重任，能够学会用民间美术的色彩来创造我们美好的生活。

[设计意图] 我通过自己的着装和课件展示，进一步突显"情感、态度、价

值观"的教学目标，激励学生参与祖国民间美术文化的传承和责任意识。

课例4：《阿长与〈山海经〉》（第二课时）课堂实录

珲春市第四中学　谢灵姗

一、导入

（播放姚晨朗读的《阿长与＜山海经＞》视频）

师：姚晨说："谨以此篇献给那些人世中萍水相逢的人。"我认为不妥，萍水相逢，萍随水漂泊，聚散无定。比喻素不相识之人偶然相遇。而阿长是何人？

生：鲁迅的保姆

师：阿长陪伴鲁迅多少年？

生：18年

师：所以用"萍水相逢"来形容鲁迅和阿长的关系，不妥！18年的陪伴汇成这一篇小小的回忆性散文里，何其浓缩！今天，我们继续细细品味——《阿长与〈山海经〉》。

二、出示学习目标

师：上节课后，老师做了个调查，问题是：你喜欢作者笔下的阿长吗？为什么？

师：结果出人意料，我们大部分同学都不喜欢她，甚至有人认为鲁迅写阿长的目的是为了表达自己对她的讨厌。所以，我们本节课的学习目标是……齐读

（生齐读学习目标和合作目标）

[学习目标]

1. 我能认真默读文章，并描述"阿长"的人物形象。

2. 我能感知作者对"阿长"的深厚感情，并借助资料理解作者写作意图。

[合作目标]

我能运用坐庄法，组内交流"阿长"的人物形象，运用内外圈法与他人交流作者对"阿长"的思念之情，并在合作中运用倾听和赞美的合作技能与他们沟通。

师：根据同学们的课前问题，我指定今天的学习目标，首先我们要知己知彼，所以必须重新审视"阿长"这个人，在谈论这个问题的时候，我们运用坐庄法进行交流；其次，我们要结合本单元的单元目标，理解作者对"阿长"这样的"小人物"的深厚感情，我们运用内外圈法进行交流。

师：好，我们思考第一个问题。

三、"阿长"其人

（一）独学

师：请默读课文，勾画句子、关键词，描述阿长是一个什么样的人。

师：回答问题时，请用："阿长是一个_____的人，从文中_____可以看出，因为_____。"的语句交流。

师：合作要求：运用坐庄法，操作要领（PPT 显示）：

1.每个成员都将独立思考后的答案写在纸上或者书上；

2.由组织者邀请某一成员，该成员进行回答；

3.组织员听取了所有成员的意见后，进行汇总，并对每一成员发言时的优点进行赞美。

4.由发言员进行班级汇报交流。

下面，坐庄法开始！

（坐庄法学习，学生先独学 5 分钟，后讨论探究 5 分钟。）

（二）班内展示交流

小组发言人：

老师好！大家好！

我们组 a 号同学认为"阿长"好事粗俗，从文章"最讨厌的是常喜欢切切察察，向人们低声絮说些什么事。还竖起第二个手指，在空中上下摇动，或者点着对手或自己的鼻尖。我的家里一有些小风波，不知怎的我总疑心和这'切切察察'有些关系。"可以看出她好事，愿意切切察察，引起家庭纠纷。从文章"一到夏天，睡觉时她又伸开两脚两手，在床中间摆成一个'大'字，挤得我没有余地翻身，久睡在一角的席子上，又已经烤得那么热。推她呢，不动；叫她呢，也不闻。"可以看出她粗俗，与小主人一起睡觉也不管不顾，并对小主人的呼喊也不闻不问。

我们组 b 号同学认为"阿长"迷信可笑，从文章中逼迫我说"恭喜"可以看出她迷信，从没说"恭喜"前的紧张、急迫、"惶急"到得到"恭喜"后的"欢喜""笑将其来"可看出她的可笑。

我们组 c 号同学认为"阿长"淳朴善良，从文章为我买《山海经》，我提过的小事情她都能记得可以看出。

请同学们为我们组补充或质疑。谢谢！

（同学们展开了热烈的补充和质疑。）

191

生1：XXX 同学，你好，大家好，我想为他们组进行补充，我们组在讨论中还认为"从睡相成'大'字"可以看出她不懂规矩、粗俗，可作者又接着写道："但是她懂得许多规矩，这些规矩，也大概是我所不耐烦的。"可以看出，作者对她是极厌烦的，这种反差耐人寻味。所以，我们认为阿长粗俗。

生2：XXX 同学，你好，大家好。我们组跟上一组有不同观点，我们组认为，阿长有她可爱的一面，她是一个淳朴善良的人，从文章中她听到"我"对她说恭喜前后的表现：恭喜前"我惊讶地看她时，只见她惶急地看着我"，说明她对我说恭喜的期待和急切；恭喜后"'恭喜恭喜！大家恭喜！真聪明！恭喜恭喜！'她于是十分欢喜似的笑将起来，同时将一点冰冷的东西，塞在我的嘴里。"说明她得到恭喜后的极度喜悦，连续的反复，起强调作用，她不仅恭喜自己，我，还恭喜大家。可见"阿长"对生活仍抱有热烈的期望。

……（热烈讨论和补充）

（师板书：好事粗俗、迷信可笑、淳朴善良、仁厚慈爱。）

生10：XXX 同学，你好，大家好。我有一个疑问，通过刚才的讨论，我们看出，作者将"阿长"身上的缺点一一指出，但是最后却说怀念"阿长"，既然思念她，又为何写她一些让人生厌的事例？

师：有人能帮他解开疑问吗？

生11：XXX 同学，你好，大家好，我来为你解答这个疑问，这篇文章运用的是先抑后扬的写作手法，目的是更加真实、直观地体现"小人物"的悲欢离合，请问我的补充你还满意吗？

生10：满意，谢谢你。

师：好，谢谢XXX的解答，确实！作者对阿长的感情是复杂的，他"哀其不幸、怒其不争、戏其无知、但更欣其善良"。阿长是一个很不幸而又热望一生平安的劳动妇女，她没有文化、粗俗、好事，但又心地善良、热心帮助孩子解决疑难。在这里，作者运用了先抑后扬的写作手法。

四、《山海经》其事

师：作者在回忆过往、梳理情感、拾取童趣之时，在《朝花夕拾》第二篇就写了阿长，阿长在生活上陪伴了作者18年，为什么独独阿长给"我"买《山海经》这件事让"我"印象深刻。

师：作者一生有很多书，《山海经》有什么地位？

（生看书，在文中找到答案）

生1：最初得到、心爱的宝书。

师：书的内容是什么？

生2："绘图的"，"有画儿的"，"画有人面的兽，九头的蛇，三脚的鸟，生着翅膀的人，没有头而以两乳当作眼睛的怪物。"

师：作者年纪那么小，不会害怕吗？

生3：不会，更会好奇。

师：为什么？

生4：因为我们小的时候也经常看一些动画片之类的节目，动画片里的人物多是由动物变得，包括现在的"喜洋洋""灰太狼"等，不仅不会害怕，还感觉可爱。

师：是啊，所以"我"看《山海经》更多的是好奇，还记得上学期我们学习的《从百草园到三味书屋》，老师读书时的一段话吗？

先生读书入神的时候，于我们是很相宜的。有几个便用纸糊的盔甲套在指甲上做戏。我是画画儿，用一种叫作"荆川纸"的，蒙在小说的绣像上一个个描下来，像习字时候的影写一样。读的书多起来，画的画也多起来；书没有读成，画的成绩却不少了，最成片段的是《荡寇志》和《西游记》的绣像，都有一大本。后来，为要钱用，卖给一个有钱的同窗了。

——《从百草园到三味书屋》

（生齐读）

师："我"开小差最常做的是……

生齐：画绣像。

师：画得怎么样？

生：画得多了都能成册。

师：那我们再看《朝花夕拾》中另一篇文章《二十四孝图》写道：

但回忆起我和我的同窗小友的童年，却不能不以为他幸福，给我们的永逝的韶光一个悲哀的吊唁。我们那时有什么可看呢，只要略有图画的本子，就要被塾师，就是当时的"引导青年的前辈"禁止，呵斥，甚而至于打手心。我的小同学因为专读"人之初性本善"读得要枯燥而死了，只好偷偷地翻开第一页，看那题着"文星高照"四个字的恶鬼一般的魁星像，来满足他幼稚的爱美的天性。昨天看这个，今天也看这个，然而他们的眼睛里还闪出苏醒和欢喜的光辉来。

——《二十四孝图》

师：从塾师对待看画本子的我们是"禁止"、"呵斥"、"打手心"到"我们看魁星像中满足幼稚的爱美的天性，及眼里闪着苏醒和欢喜的光辉"。

师：从中我们不难看出，作者从小多才多艺，在绘画上尤其热爱，连在三味书屋中学习时上课开小差也不忘画画，对比在枯燥的学习生活中的作者，那么作者对画画的一切想象的开始，就来源于这本大人禁止他看，而"阿长"给他买来的《山海经》啊！

生：原来《山海经》是作者在艺术创作上的启蒙。

师：对啊！（PPT）介绍鲁迅在艺术方面的成就：鲁迅的一生和美术有着极为密切的关系。他不仅有深厚的艺术修养，对美术有着精深的研究，而且还积极倡导大众美术，亲自参与了大量的美术实践活动，在中国现代美术史上书写了光辉的一页。他一生收藏汉画像拓片600余帧，造像、墓志约6000余件，文人画20余幅，30年代木刻约2000余幅，外国版画200余幅，总数达万件以上……而我们今天所看到的北大校徽设计图，就是出自我们伟大的文学家、革命家、思想家鲁迅之手啊！孩子们，我们是不是也可以叫鲁迅一声艺术家呢？

生：是。

师：课前调查时有人问我，作者为什么写长妈妈？现在看来，长妈妈不仅在生活上照顾鲁迅18年，更是将《山海经》给他买来的第一人，更是鲁迅艺术上的启蒙者，她不仅是作者生活中的保姆妈妈，更是启蒙作者道德上的"妈妈"。我们一起再来读下第12自然段，看看那些曾经约束作者的烦琐之至的规矩，真的那么令人讨厌吗？

（生齐读）

师：谁来再谈谈你读这一自然段的想法？

生：人死了，不该说死掉，必须说"老掉了"；死了人，生了孩子的屋子里，不应该走进去；饭粒落在地上，必须捡起来，最好是吃下去；晒裤子用的竹竿底下，是万不可钻过去的……。原来长妈妈教会"我"做人要有尊严，所以不钻裤子；尊重他们隐私，所以不能随意进别人的房间；自尊自爱自强等。

师：是啊，就是这样一位在道德和艺术上给他带来重大影响的保姆阿长，怎么能不叫人怀念？所以作者用成年的视角使文章充满了温情和深沉的感情。

五、怀念"阿长"，感受作者情思

师：下面，请你用作者的口吻给"去世的阿长"写几句话，表达作者对阿长的思念。当然，我们身边也有这样默默陪伴着我们，教导我们的人，你也可以表达对他们的情感。

师：可以动笔写写。

师：运用内外圈进行交流，在交流过程中，注意倾听他人的发言，并给予及时的赞美。

（生在配乐声中独立思考 3 分钟，用内外圈法进行交流。）

组发言人：老师好，大家好！我是这样写的"长妈妈"，你在那边还好吗？你给我买的《山海经》我到现在都珍藏着，它给我带来的震撼和美好已经深深地融进我的骨髓，你对我的照顾也让我一直怀念至今。"阿长"你懂我、惜我、怜我，你是我此生不可遗忘的童年，谢谢你，阿长。

六、课堂小结

师：学会感恩，学会关爱，更学会理解我们身边的每一个爱我们的人，希望同学们在今后的人生道路上，心怀大智，幸福一生。此时此刻，我突然想起了我去世的母亲，我想用文中的一句话向她表达我这一刻的情感——"仁厚黑暗的地母呵，愿在你怀里永安她的魂灵！"

下课！

七、教学反思

本节课我设计了两个胖问题，一是阿长是一个怎么样的人？二是为什么对阿长买来的《山海经》情有独钟？结合这两个问题，我在教学环节中运用了两种合作技能，坐庄法和内外圈法。从课堂的结果来看，学生在坐庄法中充分地分析和交流了阿长其人，准确地概括了阿长的人物特点，并对疑难部分提出了质疑——阿长虽善良但并不能就体会出对作者的影响之大。于是我顺势提出文章中最后一个事件，引发学生对《山海经》之于作者有什么特殊之处为题的思考。得出《山海经》是鲁迅艺术之路的启蒙，而阿长是鲁迅道德之路的启蒙。课堂生成自然顺畅。

本节课也有缺憾的部分，首先，本节课在讨论先抑后扬的写作手法时过多地浪费时间，使得课堂结束时有拖堂的现象。其次，学生在内外圈活动时有的学生没有时间充分表述出对阿长的情感。

总的来说，课程设计完整，完成得较好。课堂结尾有情感上的升华，整节课有起有伏，有头有尾。

课例5："分式的基本性质"课堂实录

珲春市第四中学　林芳羽

一、创设情境，引入新课

师：这节课我们先来回顾一下，小学我们学没学过 $\frac{1}{6} + \frac{1}{3}$？

群：学过。

师：等于多少？哪位同学能说一下你的思考过程？

生：大家好，我将六分之一和三分之一的分母先通分，我将三分之一的分母化成六分之二，结果等于六分之三，但是没有做完，还要进行约分，结果等于二分之一。

师：他进行了两次变形，把三分之一变成六分之二，他又一次把六分之三变成二分之一，那能给我说一下，如何变化吗？

生：大家好，我认为三分之一变成六分之二，先看分母的最小公倍数，要把三分之一变成分母为6的分数，就要分子分母同时乘以2。

师：再请同学说一下，六分之三如何变成二分之一的？

生：大家好，首先六和三这两个数有最大公因数3，分子分母同时除以3，就可以得到。

师：为什么我可以把分子分母同时乘或除以？依据是什么？

生：大家好，我认为是根据分数的基本性质。

师：那我们再来回顾一下，什么叫分数的基本性质？

生：大家好，分数的基本性质是分数的分子和分母同时乘或除以一个不为0的数，分数的值不变。

师：分数的基本性质的字母表达式，用 $\frac{a}{b}$ 表示一个分数。

生：$\frac{a}{b} = \frac{a \div c}{b \div c}$。

师：还有吗？

生：$\frac{a}{b} = \frac{ac}{bc}$。

师：有没有限定？

生：c 不等于0。

师：c 为0将会没有意义，这节课我们类比分数的基本性质，来研究分式的基本性质。

出示学习目标。

1.理解分式的基本性质，会用分式的基本性质把分式进行化简，知道最简分式的概念；

2. 会用类比的方法探究分式的基本性质；

3. 通过丰富的数学活动，获得成功的经验，培养学生观察、类比、归纳的能力，感受知识的内在联系。

合作目标：运用"坐庄法""叽叽喳喳法"等合作学习策略交流的过程中，学会倾听和赞美他人。

学生朗读学习目标，板书课题，教师解读本节课学习目标及重难点。

二、探究新知

教师出示问题：

类比分数的基本性质，解决下面问题。

（1）长方形的面积为 $2ab$，长为 a，宽为多少？

（2）若面积减少 $2b$，长减少 1，则宽为多少？

解决上述两个问题，并通过类比分数的基本性质归纳分式的基本性质，

试着写出字母表达式。

师：给同学们 5 分钟的时间，完成任务单的任务 1 部分。

（五分钟后）小组用"坐庄法"交流 5 分钟，发言员负责汇报小组讨论成果。

"坐庄法"合作要求：

1. 每个成员都将独立思考后形成的答案写在纸上；

2. 由 A 负责主持（坐庄），A 邀请到某一成员时，该成员进行回答；

3. A 在听取了所有成员意见后，进行汇总，并对每一成员发言的优点进行赞美。

合作技能：赞美和回应赞美。

合作语言：xx 同学，你的描述很完整，你的想法非常好。

谢谢你的夸奖，我会加倍努力，你也很了不起，是您指导有方。

师："坐庄法"交流过程中，1、3、4、5、7、8 组投入度高，小组各个同学积极发言，运用了赞美和回馈赞美。每个组各加 5 分。通过小组交流，哪个小组与全班分享一下你们组的讨论成果？

学生上台讲解（同 1 组的 2 位同学共同讲解）。

生 1：我们组讨论后的答案是，第 1 题是 $\frac{2ab}{a}$，第 2 题是 $\frac{2ab-b}{a-1}$。我们组归纳的分式的基本性质是，分式的分子和分母乘或除以一个不等于 0 的整式，分式的值不变。字母表达式：板书。同学们对我们组有什么质疑或补充吗？

生3：我认为你们第1题还可以进行约分，同时除以 a，答案是 $2b$。

生4：我认为可以第2题可以先把分子变形为 $2b(a-1)$，然后分子分母进行约分，最后答案是 $2b$。

师：我们在研究分式的基本性质时，类比了分数的基本性质。王宗文同学的补充非常恰当，有时我们需要把分子或分母进行因式分解，变成乘积的形式，再进行化简。

学生再次叙述分式的基本性质，教师板书，并进行重点解析。

三、巩固新知

师：下面我们进行辨析。请判断下列各式从左到右的变形是否一定正确？使用人形矩阵法，认为正确的同学起立，认为错误的同学保持坐姿，一会儿分别请两个阵营的同学代表发言。

（1）$\dfrac{1}{mn} = \dfrac{q}{mnp}$（$p \neq 0$）（2）$\dfrac{b}{a} = \dfrac{bm}{am}$

生1：我认为第一个不正确，分子分母没有乘同一个因数或因式。

生2：我认为第二个是对的。

师：用分式的基本性质进行变形时，需要注意那些方面？

生1：注意乘或除以的式子同一个，且不为0.

四、夯实基础

师：我们应用分式的基本性质完成任务2当中例1的四个小题，3分钟时间。

生1：1题，分母除以 x，所以把分子也除以 x.

生2：2题，分子提取公因式，分子除以 $3x$，把分母也除以 $3x$.

生3：3题，答案是 a，分母乘 a，所以分子也乘 a.

生4：4题，分母乘 b，分子也乘 b.

师：完成任务单（四）化简。

(4位同学到黑板上板演)

师：多数同学已经完成，请同学们在小组内通过"叽叽喳喳法"谈论交流。

生1：大家好，我认为第1题不对，最后的结果，分子分母还可以同时除以5，最后的结果是 $-\dfrac{5ac}{3b}$.

师：这道题我们如何做的，通过什么进行化简？

生2：这道题，用的是分式的基本性质，分子分母同时除以 $5abc$.

师：为什么除以 $5abc$？$5abc$ 是什么？

生 3：分子分母含有的公因式。

师：那我们把分子分母同时除以公因式，叫约分。算到分子分母没有公因式，叫作最简分式。

总结方法：利用分式的基本性质，分式上下同时除以 $5abc$，分子分母同时含有的公因式。这个过程叫作约分。约分一定要充分，约分到分子与分母没有公因式，即为最简分式。

五、小结

作业：书中练习题 1.2。

六、课外拓展

一面墙上有一个长方形的墙洞待装修窗口，其高 $2.5a$ 米，宽为 $2a$ 米，现要装上有半圆和长方形组成圆弧窗，并使圆弧窗的面积尽量大。求原长方形墙洞面积的利用率（结果保留 3 位有效数字）。

七、课堂反思

在这节课的设计上我认为比较好的地方是：

在人教版的基础上我又加入实际问题进行新课探究，让学会体会到解决一些实际问题时，我们需要对分式进行化简，学习分式的基本性质对分式进行约分使问题变得更简单。再通过一个简单的分数的运算使学生明确分数的计算和化简实质是进行分数的通分和约分，而通分和约分的依据是分数的基本性质。引导学生类比分数的基本性质，推导出分式的基本性质，并让学生了解分式的基本性质是今后学习与研究分式变形的依据。

通过例题和练习，使学生初步熟悉分式的基本性质，并注意分式基本性质中的关键词语。最后通过练习，使学生正确找出分子分母的相同因式，依据分式的基本性质将分式化简，继而引出约分和最简分式的概念。

不足之处在于：

对学生的预设和时间的把握不是很好，导致后面的拓展没有完成。

因为分式的基本性质学生在刚学习后进行应用的过程中，还是会存在很多问题，所以在例题设计上，多找两位同学上台展示，这样在合作学习交流过程中，除了交流组内的问题，还可以探讨黑板上同学的解题过程，这样暴露的问题越多，学生对分式的基本性质的理解会更深刻，应用会越准确和熟练。

课例6："电流、电压和电阻"大单元复习

珲春市第四中学　张宇

碎片化的物理学科知识需要通过大单元的设计来进行有机整合，通过大单元的设计，将碎片化的知识有机整合，整体建构成一课时的教学，有利于发展学生的深度思维，提升学生物理学科学习能力。

电流、电压和电阻这三个概念是电学的重要基础。三者的关系，从观察现象定性分析，再到通过实验数据和图像定量分析，将三者的概念和关系科学的生成。这几部分内容分布在九年级第十五章、第十六章和第十七章，我通过大单元的设计将这三部分的知识有机整合，把这三章的知识进行了前后联系，设计出有梯度的，符合学生认知特点的任务，进行适当整合及应用，不仅有利于学生更好地掌握知识，也促进了自身专业能力的发展。

本节课的教学策略和设计：

1. 任务一是通过让小灯泡亮起来的活动，复习电流、电压和电阻的基本概念，说出电流与电压的关系，帮助学生识记并加深理解基础知识。

任务一：电流、电压和电阻的基本概念

活动1：用导线和一节干电池使小灯泡发光，哪种方案能使小灯泡发光，说说为什么？

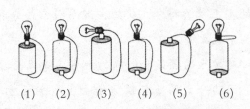

(1)　(2)　(3)　(4)　(5)　(6)

2. 任务二是通过小组实验，熟练应用电流、电压和电阻的定性关系，学生动手操作，分析归纳串联电路的电路故障，通过现象总结规律是突破难点的有效途径，学生亲身参与活动，既能调动学习兴趣，也能让学生更好地理解和运用所学知识。

任务二：电流、电压和电阻的定性关系

活动 2：小组实验，将 L1 和 L2 组成串联电路，通过现象和电压表检测电路故障。

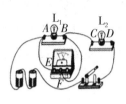

串联电路	断路		短路	
灯"亮"或"不亮"	两灯都不亮		一个灯亮一个灯不亮	
电压表示数有无	有	无	有	无
灯泡故障	L₁断路	L₂断路	L₂短路	L₁短路

3. 任务三是通过演示实验，师生互动，回顾欧姆定律和测电阻实验，通过核心电路图，分析故障及动态电路变化，加深电流、电压和电阻的定量关系的应用，将电流与电压，电流与电阻，定值电阻和小灯泡的电阻的图像进行对比，加深理解和记忆。

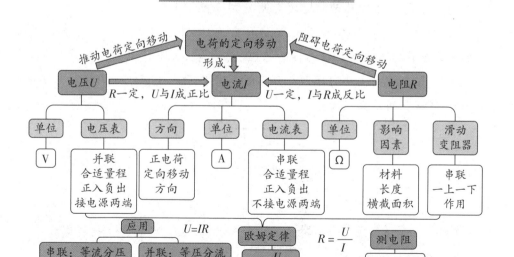

4. 介绍生活中的相关应用，例如：电子握力计、汽车的油量表、酒精浓度测试仪、电子身高和体重测试仪等，通过联系生活实际，将物理知识迁移到生

活应用中，利用电流与电压和电阻的定量关系解决生活中的动态电路，使学习知识更有价值。培养学生的综合应用能力，提升学科素养，通过一个活动和两个实验，说出电流与电压和电阻的基本概念、明确三者的定性关系和定量关系，由浅入深，层层递进，紧密联系，解决电路故障，学以致用解释生活实际应用。

为了检测酒驾行为，如图是设计的一款酒精浓度检测仪器的电路图，其电源电压保持不变，R_0 为定值电阻，R 为酒精气体浓度传感器（气敏电阻），R 的阻值与酒精浓度的关系如图乙所示，接通电源，当传感器酒精浓度增大时，下列说法正确的是（C）

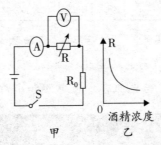

甲   乙

A. 电流表的示数变小

B. 电压表的示数变大

C. 电压表与电压流表示数之比变小

D. 电压表与电压流表示数之比变大

链接生活

如图是体育测试中某种握力计的原理图，弹簧上端和滑动变阻器滑片固定，R_0 为保护电阻，握力大小可通过电压表示数来显示。手握紧弹簧时，电路中电流变小，电压表的示数变大。

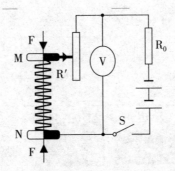

本节课的反思：学生学习了新的概念电压，对旧的概念电流和电阻的理解更深刻了。通过本节课教学，学生上课表现感觉内容设计较难，要求二分之一

的同学能深刻理解，而剩余同学也可以通过课堂活动的改进和学案的优化，从而得到进步理解。首先，可以将学生活动时看到的现象和故障分析写到学案上，让学生明确实验中观察到什么，交流总结原因；其次，学生在组内交流时，教师可以组织学生明确分工，让能力较弱同学先发言说明观点，能力较强同学补充并进行总结，让所有同学都能倾听并分享自己的观点，思维得到提升；再次，要注重落实重点内容，组织学生二人互查，学生反复识记，不断加深巩固；最后，思维导图是本节课的一大亮点，总结时要充分利用，可以印在学案上，让学生再次明确目标，在课堂上观察记忆，形成知识链，课后反复识记，加深理解。

在反复磨课试讲的过程中，物理组的同事们的思维不断碰撞，才形成了这节完整的课。刘芝萍老师对我的课的设计提出了很多建议，使教学内容更有深度和时效性，组内的其他老师对于我的课堂细节的处理也进行了很多调整，让本节课学生动，课堂活，学生在完成任务解决问题的过程中，更加明确相应的学习目标，激发学习动力，加深对学科知识与规律的理解，从而达到深度学习，培养高阶思维的目的。著名教育学家杜威说："教育即生活，教育即生长，教育即经验的持续不断的改造。"通过设计课，让我对物理教学的意义有了更深入的思考，物理教学是基于学生兴趣和生活经验的，启发学生参与课堂活动，训练思维，最后将知识应用于生活中实现教育的真正价值。

课例 7："鸟的生殖和发育"教学设计

珲春市第四中学　郭志颖

课题	第四节 鸟的生殖和发育		年级	八年级下册
教者	郭志颖	学校　珲春市第四中学	时间	2019.9.26
教学目标	知识与技能目标：通过看视频与图片，能说出鸟的生殖发育过程；借助合作实验，能认识鸟卵的各个结构，掌握各部分的功能。 过程与方法目标：通过合作观察，规范学生的实验操作，提高学生的动手实践能力与合作意识，以及发现问题、分析问题、解决问题的能力。 情感态度与价值观目标：认同鸟类与人类的关系，形成尊重生命、保护自然环境和爱鸟护鸟的意识。			
教学重点	鸟的生殖和发育过程			

教学难点	观察鸡卵的结构实验。			
教学方法	讲授法、实验观察法、小组讨论法、讨论法	教具	PPT	课型 新课

教学环节			
教学内容	教师活动	学生活动	设计意图
组织教学 视频 导入	播放视频《企鹅求偶记》提问：视频中哪些镜头你最感兴趣？	认真观看视频，谈感受。	以视频导入，吸引学生，引发学生思考，引入本课学习。
鸟卵的结构和功能	你知道"鸡蛋"有哪些结构吗？请你来说一说。	根据生活经验谈认知。	基于学生的认知基础，展开教学为下一环节做铺垫。
1. 自主阅读：	请同学们自主阅读教材，明确实验步骤。	阅读教材18页~19页的内容，明确观察鸟卵的实验步骤。	培养学生规范操作实验的意识。
2. 合作实验 看一看、摸一摸鸡卵的外部特征	（一）观察鸡卵的外部特征 （1）鸡卵的外形呈＿＿＿＿，鸡卵的颜色呈＿＿＿＿（暗红色或白色） （2）用手握一握有壳鸡卵，轻轻捏一捏无壳鸡卵，感受卵壳的承受力比较＿＿＿＿。（大或小） （3）用放大镜仔细观察卵壳上的小凹陷，试猜想这些小凹陷是什么？＿＿＿＿。	学生按照由外而内、由整体到局部的观察顺序，仔细观察鸡卵的基本结构，积极地与组内成员合作实验，通过实验能解释生活中的常见现象。	学生分工合作，动手实验，与组员积极交流并到台前展示，提升学生的实验操作技能，以及与同伴沟通互助的能力。 启发学生，善于发现问题、分析问题、解决问题，培养学生归纳能力与科学思维。

认一认：鸡卵的其他结构及功能	（二）观察鸡卵的内部结构 取一枚鸡卵，找到鸡卵的钝端（大头），用镊子稍微用力敲碎并夹去最外层的_____，（注意：切勿将镊子插入过深导致戳破卵黄）待夹去1/3左右面积的卵壳后，直接将鸡卵内容物倒入培养皿中进行观察。并标注、记忆鸡卵的结构及功能。 （设疑）是不是任意一枚鸡卵都能发育成雏鸡呢？	结合动手实验，认识鸡卵的基本结构，尝试推测各结构的功能。 看图片学会区分受精卵与未受精卵。 思考鸡卵中发育成雏鸡的结构。	引导学生要善于关注生活及分辨的能力。 提高学生的发散思维，结合所学知识培养分析问题的能力。 借助图片认知，培养学生主动参与的意识。
鸟繁殖行为	（过渡）一枚小小的受精蛋在孵化出小鸡之前，它们又经历了怎么的繁殖过程呢？ 出示鸟类繁殖的基本过程 出示白居易的诗《鸟》引导学生分析，分析这首诗表达了作者一种什么情感。	根据自己的生活所见所闻，再结合老师给提供的相关图片，介绍并归纳鸟类的繁殖过程。	通过诗句的分析，引导学生养成保护环境爱护鸟类的情感。
小结提升		分析诗句的内涵，同时认同鸟类是人类的朋友。	
板书设计	第四节　鸟的生殖和发育 鸟卵的结构与功能 		

《鸟的生殖和发育》教学反思

本节课中值得研究的主导问题就是"探究学习"环节，为了让学生更好地理解鸟卵为什么可以在陆地上发育的道理，我给学生准备了探究实验的用具，让他们利用鸡蛋作为实验材料，以小组为单位，亲自动手操作、进行实验，从内心感受科学探究的过程，体验科学探究的方法，明确鸟卵的结构特点，并讨论推测各结构的功能。主要目的是培养学生勤于动手，大胆实践，在"做中学"，在实践中领悟科学探究的方法，体会成功的喜悦。其次就是观看鸟类生殖和发育的录像片，形象、逼真，增加感性认识，通过观看得出鸟类的生殖和发育过程一般包括哪几个阶段，而后通过对比早成鸟和晚成鸟，向学生渗透德育教育。在这个阶段中巧妙地设置问题，让学生动眼去观察、动脑去思考，培养了学生的观察能力、思维能力、分析问题和解决问题的能力。

想给学生们创设不同的动手、动脑、动口交流的环节，让学生们充分地进行学习，尤其是制作软皮蛋进行了对比，帮助学生理解鸡卵外壳的作用。同时又拿了生活中最常见的鸵鸟蛋、鹌鹑蛋，不断引导学生了解：虽然鸟卵有大小，但其内部结构却是相同，进一步通过利用生活中最常见的鸡蛋，引导学生动手实践操作，观察鸡卵的内部结构及各结构的功能。再通过小微课进行拓展式训练，让学生自己进行录制，拓宽了学生的视野。

成功的地方：

1. 探究鸡卵的结构时，让学生亲自动手，能让学生感悟到平时自己熟悉的事物原来还有这么多的知识，把鸡卵作为实验材料，与生活联系紧密，突破了重难点。

2. 课堂上，每一环节我都先让学生自学，然后再以问题的形式引导学生回答，主要以学生探究为主，从而培养了学生的自学能力、探究能力和语言表达能力。

不足的地方：

1. 学生在探究卵的结构时，实验时间不够充分。

2. 在引导学生思考问题时，有时给的时间不够富余，有的问题启发性还存在差距。在今后的教学中应加强培养学生的创新意识和动手操作的能力。

课例8："增强生命的韧性"教学设计

珲春市第四中学 闫琳

课题名称	增强生命的韧性				
教师姓名	闫琳	学生年级	七年级	课时	1课时
教学目标	情感态度与价值观：引导学生通过分析情境和合作探究体会挫折面前生命的韧性，养成勇于克服困难和意志坚强的人生态度。				
	能力目标：引导学生在合作学习探究中学会调控自己对挫折的认知，从而正确对待挫折并能够掌握对待挫折的方法。				
	知识目标：引导学生结合自己的经历感受了解挫折的含义，知道要正确对待生活中的挫折，知道生命是有韧性的。				
教学重点	学会调控对挫折的认知，能够掌握对待挫折的方法。				
教学难点	掌握对待挫折的方法。				
教学内容分析	课标要求中说到，学生需要学习调节情绪，增强调整自我、承受困难和挫折、适应环境的能力，形成积极、乐观、向上的精神状态，具体要使学生能够客观分析挫折和逆境，寻找有效的应对方法，养成勇于克服困难和开拓进取的优良品质；主动锻炼个性心理品质，磨炼意志，陶冶情操，形成良好的学习、劳动习惯和生活态度。根据对以上内容的思考我设立了本节课的三维目标。 九课第二框的框题是增强生命的韧性，是珍视生命主题下的内容，旨在教育学生能够正确对待生命成长中的挫折，培养面对困难挫折的勇气和坚强的意志，发掘自己的生命力量。这是对学生进行生命教育的重要内容。第九课珍视生命在第四单元"生命的思考"中起到承前启后的作用，并且重在一种方法上的指导——面对生命中难免经历的挫折我们应该怎么做。 本课主要探讨的是认识自我成长中的我遇到的问题。初中政治课程是以初中生生活为课程基础的，这就要求政治课要从初中生的生活中来到初中生的生活中去。课程性质的实践性也要求让学生在认识、体验与践行中促进正确思想观和良好道德品质的形成和发展，本节课我以学生自己的挫折体验为基础，重点引导学生发现不同的挫折认知带来不同的挫折反映，从而能够学会调控自己的挫折认知，继而能够掌握正确对待挫折的方法。其中掌握正确对待挫折的方法既是重点又是难点。				

学情分析	经过观察了解和个别访问发现，七年级的学生们对生命的认识只是处于表面的肤浅的认识，对生命韧性的认识只是故事化、碎片化的了解。而对于挫折的认识基本浮于情绪上的感受，对什么是挫折概念模糊，更不能很好地处理自己遭遇到的挫折事件。基于此我将本节课立足于学生体验过的挫折，经过合作学习探究和名人做法分析，再结合学生自己已有的经验来找到正确对待挫折的关键点，掌握对待挫折的方法。		
教学媒体资源	PPT、《为平凡人喝彩》视频资源、挫折自我反思表		
教学策略的选择与设计	情境探究　　小组合作学习		
教学过程	教师活动	学生活动	设计意图
一、视频导入	引导学生通过视频发现生活中挫折事件的存在，初步感知挫折。	观看视频，联系自身感受。	通过视频引发学生的内在体验和感受，为本课探讨的内容做情感铺垫。
二、挫折的含义	教师根据学生理解与表现解析什么是挫折。	表达对挫折的理解。	引导学生明晰什么是挫折。
三、挫折认知对挫折反应的影响	通过合作学习引导学生发现不同人对同一挫折有不一样的看法，继而发现认知不同造成的影响不一样。	通过二人互访法交流自己的挫折经历，并评价他人的挫折体验。	通过合作学习使学生既能关注自身又能关注他人，在与他人的互动中感受挫折认知的特点。

四、正确对待挫折的方法	1.出示丁宁的挫折经历，引导学生讨论对待挫折的方法。 2.教师引导学生总结方法:调整认知，积极行动，磨炼意志，借助外力。	1.学生采用坐庄法依据丁宁的事例和自身的经历探讨对待挫折方法。 2.依据学到的方法根据挫折反思提纲写出处理自己挫折事件的方法。	围绕丁宁的事例展开讨论，使学生在探讨方法的时候有依托，发挥榜样学习的力量，同时也容易让学生联系自身。将本节课的内容真正落实到学生的生活中，同时也是对知识的一个巩固。
五、视频结课	视频《为平凡人喝彩》。	观看视频，体会情感。	内化感受形成新的态度。
教学评价设计	学生对自己挫折事件解决办法的设计。		
板书设计	9.2增强生命的韧性 挫折认知——调整 方法：1.自我思考，调整认知 　　　2.积极行动，寻找方法 　　　3.磨炼意志，勇敢坚持 　　　4.借助外力，支持帮助		
教学反思			

《增强生命的韧性》教学反思

　　本节课我感触最深的是：要想上好一节课，必须花费一定的功夫去备课，比如准备探究的材料、查阅资料、收集资料、研究教材，并能预见课上可能出现的问题等，做到心中有数，课堂上才能游刃有余。

　　本节课中我关注学生的感受，使学生在自我体验和与他人合作中找到解决问题的办法，既处理了成长中我的挫折问题，也在合作学习中让学生主动去感知他人，建立与他人的联系。

　　因为是关注自己感受，处理自己的事情，学生都很投入。在最后的挫折自我反思中学生都能够在反思中调整认知找到适合自己的有效方法，并愿意将这样的方法运用到自己以后的生活中。本节课中我通过在二人互访交流展示中的追问使学生发现我们生命本身蕴含的生命力量，从而使学生产生主动发掘生命力量的期待，为接下来寻找方法做了一个情感上的小铺垫。在寻找对待挫折的方法的过程中我通过引导学生对丁宁事例进行分析，既使学生发现调整认知的重要，学会调整认知的方向，也使学生明确调整认知后有效的行动的意义，起到了较好的效果。

本节课下来我有很多的遗憾，也体现出了我在教学中的不足之处。

1. 预设过程思考不够全面

在本节课的一开始我为了让学生回忆起自己的挫折经历，故意降低语调，拖慢语速，以求营造一个可以静思的气氛，但是这种营造反而弄巧成拙地衍生了略显严肃沉重的气氛，这种气氛反而会带给学生一种压抑感。这反映出我在预设的过程中思考的不够全面，不同人在面对挫折时的反应不同，所得到的结果也不同，有的人消沉，有的人积极面对，有的人消沉后积极面对，这不同的反应带来的经验积累与情感积淀是不同的，谁说挫折带来的体验一定得是沉重的呢，这里我对学生经验积累的多样性的考虑不周全。

2. 没有处理好预设与生成间的关系

在教学过程中，课堂上学生的生成和预设有很多不一致的地方，有些是偏离预设的，有些是很有代表性和令人有新的启发的，我在教学过程中把握的还不够好。比如在写挫折独白的时候，有一个女孩子写到对外出打工父母的想念，这是超出我的预设的。面对当今学生生活的现状又有一定的代表性，我想在展示的过程中把这个问题拿出来，但是我又担心在课堂中各种不定因素的影响，把这一点拿出来会不会让我把握不住自己设定的方向，思之再三我选择了放弃，这成了这节课最大的遗憾。这也让我认识到需要在平时的教学观察中多关注学生的差异，发现每个学生的独特，在发现总结反思中提升自己的教学机智，教学中在关注共性的基础上也要显现个性的问题。

3. 设问不够精细

在本节课中我的个别问题存在针对性差的问题，导致学生的回答偏离主线，我马上调整自己的问法，使学生找到问题的突破点。这使我初步感受到教学中不能简单地提出问题，怎样科学合理地设问是我接下来一段时间要重点学习和提升的。

课例9：“南方地区自然特征与农业”教学设计

珲春市第四中学　段美玲

一、课标要求：

1.运用地图简要评价某区域的地理位置；

2.举例说明区域内自然地理要素的相互作用和相互影响；

3.以某区为例，说明区域发展对生活方式和生活质量的影响。

二、教材分析：《南方地区自然特征与农业》是人教版八年级下册第七章南方地区第一节南方地区自然特征与农业第一课时的教学内容。南方地区是我国四大地理区域之一，自然特征与农业别具一格，可使我们感受到南国风光的独特韵味，在我国国民经济发展中起着极为重要的作用。了解南方地区的自然特征与农业，是学生必须具备的基础知识。但这节内容，知识信息多、容量大、空间概念强、重点集中，尤其是爱国主义和国情教育的素材极为丰富。从本课的标题就可以看出，学习自然特征与农业时，重在了解南方地区的自然特征如何影响着其农业生产的。

三、学情分析：从学生熟悉的综艺节目《高能少年团》创设情境导入新课，可以引起学生思想情感的共鸣，并从感性的角度层层递进到理性的分析，比较符合学生的认知规律；通过读图、分析、归纳，增强学生从图文资料中获取信息的能力，从而更好地解决地理问题；引导学生从设问质疑开始，一直到思考解答，在不断的探疑解惑中提升能力，同时通过活动获得学习的乐趣。

四、教学方法：情景教学法、读图分析法、自主学习法、合作探究法

五、学习方法：自主学习法、合作探究法

科目	地理	课题	南方地区自然特征与农业	
学校	珲春四中	课型	新授课	指导教师
教师	段美玲	年级	八年级	时间

教学目标	知识与技能	1. 记住南方地区的位置范围以及自然环境特征。 2. 能分析南方地区自然特征及其内部差异的主要成因，初步学会区域分析的一般方法。 3. 能说出南方地区自然环境对农业、生产、生活的影响，树立因地制宜的观念。
	过程与方法	1. 学会描述一个区域的地理位置特点的方法。 2. 通过进入课堂情景与多媒体辅助，结合"坐庄法"的教学形式激活课堂氛围，激发学习兴趣。 3. 通过了解发展南方水田农业的条件，理解区域自然条件对人类生产、生活方式的深刻影响。
	情感态度与价值观	1. 培养正确的人地协调观，增强热爱自然、尊重自然的积极情感。 2. 思考自然环境对农业生产的辩证关系。
重点		运用地图，了解南方地区的自然和人文地理特征。
难点		认识南方地区的特点，分析与之相适应的气候、农业生产的居民生活情况。

教学过程设计			
教学环节	教师活动	学生活动	设计意图
导入	欢迎来到地理课堂特别节目之《高能少年团》。先来看一段视频。播放《高能少年团》短片。代表少年力量的神、志、意、魂、魄突然消失了，于是少年兄弟团向同为中国少年的你们发来了求助信息，希望大家通过完成指定任务从而帮助他们恢复少年力量。同学们有没有信心完成任务呢？	学生观看视频，回答问题。	模拟学生感兴趣的综艺节目创设情境导课，激发学生的好奇心，引发学生学习的兴趣；有利于学生参与课堂。
承转	少年团发来了几张丢失少年力的地点典型景观图，让学生猜一猜这是哪一个地区。开启【Google Earth】软件确定南方地区的位置。	观察回答，明确范围，定位南方。	让学生感知南方地区，对南方地区有个初步的认识。

自主学习	指导学生自主学习，完成任务一：南方地区位置及自然特征的内容。	学生结合教材的图文，自主学习完成任务一，并在课本中标注答案。	学生自主学习为主，从而熟悉教材，梳理系统，形成基本的知识脉络。
合作学习	给出自然地理要素的关键词，学生经小组讨论后，派代表把关键词连接对应的地理要素，小组汇报解释对应的原因。教师继续引导，找出各自然要素之间的联系并连线。	学生代表小组上台把关键词连接对应内容，并根据图片解释原因，并找出每个地理要素之间的联系。	学生通过合作，全员参与，加强交流，总结方法，学以致用。
过渡	恭喜大家找到、了解到了五个少年力的藏身之地，接下来让我们一起解救他们吧！		
互动探究	活动：实地考察，解救少年力 实地考察，驻扎四个农村： 安徽芜湖农村，福建德化农村，四川遂宁农村，云南元阳农村。 给出南方地区地形图， 分析四个农村对应南方地区四个地形区。 体验一：干农活 体验二：品农味	读图分析，回答问题。结合视频，思考、汇报。	1.围绕插秧这一农活进行问题设计，让学生在"干农活"的过程中，感知水稻这一粮食作物的生长环境，层层递进，来学习南方地区是我国重要的水田农业区，消除了学生对农业的陌生感。 2."品农味"展示学生讨论结果，可以让每一位学生都参与之中，同时培养学生的地理实践能力。

理解应用	引导学生认识不同自然环境对食材的影响。 讲述：南方地区的食材非常多，并且复杂的自然特征，让这些拥有不同生长习性的食材都能找到适合它生长的地方。正所谓一方水土养一方人。	回答疑问：从地形的角度分析一下，在冬季四川盆地比同纬度的长江中下游平原温暖的原因。	学生交流体现了学生的主体性，同时也加深了对各自然要素间相互联系的认识。
总结	本节课你有哪些收获？学习了哪些知识呢？思维导图展现本节课整体内容，闯关成功！ 恭喜大家解救了所有的少年力。播放视频。 梁启超先生曾经说："今日之责任不在他人，而全在我少年，少年强则中国强。"新时代赋予我们每一位少年振兴祖国的责任和使命，老师希望大家能够通过自己的所学，来实现我们中华民族的伟大复兴，再铸我们的民族之魂！		
板书设计			

课例10："明朝君权的加强"教学实录

珲春市第四中学　高畅

导入：

师：上课之前，老师请同学们观看一段非常好看的动画评书。（播放《大明王朝》视频长度为1分58秒）。

师：看完这段视频，哪位同学能复述一下这段视频的内容。

生：主要讲了朱元璋很久以前出身农户，他祖上三世都是农民，后来经过很长时间的流浪，他放过牛、要过饭、当过和尚撞过钟，后来参加元末农民起义军造元朝的反，凭借智谋取得天下，当上皇帝。

师：好，你复述得很全面。

师：的确，从评书中可以看出朱元璋出身非常卑微，他放过牛，要过饭，做过和尚，在社会的最底层为生存而挣扎。但是就是这样一个人却在元末农民起义的大潮中凭借过人的聪明才智脱颖而出，成为一支义军的首领，实力不断壮大，最终打败他所有的劲敌，建立了大明王朝。哪位同学能介绍一下明朝建立的时间、都城。

生1：时间是1368年初、都城是应天。

生2：我认为都城应该是南京，因为书上说是以应天为南京，所以作为都城时应该叫南京，不应该说是应天。

师：你回答得很准确。明朝建立后，面对得之不易的江山，有过特殊经历的朱元璋和他的子孙们会怎样治理这个国家呢？今天我们就来学习第15课《明朝君权的加强》（教师板书课题）

讲授新课：

师：本节课介绍了明初三位皇帝加强君权的措施，同学们请快速翻阅教材，除了朱元璋，本节课介绍的另外两位皇帝是谁？

生：建文帝朱允炆、明成祖朱棣

师：非常好。那么这三位皇帝是什么关系呢，请同学们看一下大屏幕（出示朱元璋祖孙三代关系示意图），谁能描述一下这三位皇帝的关系。

生1：明太祖把长子朱标封为太子，把次子朱樉封为秦王，把三子朱棡封为晋王，把四子朱棣封为明成祖，这三位皇帝是堂兄弟的关系。

生2：我认为朱元璋和朱棣是父子关系，朱允炆是朱元璋的长孙，朱棣是朱允炆的叔叔。

师：很好，观察的很准确。明太祖朱元璋为了巩固统治，把除太子朱标之外的其他24个儿子全部分封到各地做藩王，授予军事大权，希望他们能辅佐皇帝共同保卫朱家天下。朱元璋去世时，由于太子朱标早逝，朱元璋把皇位直接传给了他钟爱的皇长孙朱允炆，史称建文帝。但年轻的建文帝只做了不到四年的皇帝，就被他手握重兵、老谋深算的四叔朱棣夺去了皇位，历史上称这件事为靖难之役。哪位同学能说一下靖难之役的起因是什么？

生：即位的建文帝看到藩王势力日益膨胀，对自己构成严重的威胁，下令实行削藩。

师：削藩政策带来什么样的严重后果？

生：北平的燕王朱棣打出"靖难"的旗号，起兵反对建文帝，史称靖难之役。

师：谁来说一下靖难之役的结果是什么？

生：靖难之役以燕王朱棣的胜利而告终，朱棣称帝，他就是明成祖。

师：这就是本节课的人物发展线索，学习历史我们要掌握好人物线索。明初的这三位皇帝虽然性格不同、经历不同，但他们在位时都做了共同的一件事情，那就是大力加强君权来巩固自己的统治。现在请同学们阅读教材88页—91页的内容，通过自学归纳明朝加强君权的措施，并把明朝加强君权的措施制成简单的思维导图。（限时7分钟）

学生自学：学生看书圈画措施后，制作思维导图（教师下去巡回观察、指导、督促，并将有特点的优秀思维导图用手机拍照，并传到电脑上）

师：时间到，请同学停笔坐好，没有做完的同学利用课外时间来完成。现在老师展示一下同学们所做的思维导图（教师在电脑上展示学生作品），由于时间关系，我们只能展示这几幅作品，老师把你们所有的作品发到咱班QQ群中，大家可以利用课余时间来欣赏、鉴别、学习。

师：现在我们请关舒丹同学到前面来介绍一下自己所做的思维导图。

生：（关舒丹走上讲台，展示自己的作品并做讲解）

我是以人物为线索来做的，这三个人物分别是明太祖朱元璋、建文帝、明成祖朱棣。明太祖的措施有改革行政机构，其中又分为地方和中央，在地方废行省、设三司。在中央废丞相和中书省，设立六部。明太祖的第二点措施是设立锦衣卫来监视臣民，这是一个特务机构。第三点措施是八股取士，目的是让人民的思想受到束缚，成为皇帝的忠实奴仆。建文帝的措施只有一项就是实行削藩政策。明成祖的措施有迁都北京，目的是加强对北方的控制。继续实行削藩政策，防止藩王造反。设立特务机构东厂，这是明朝君主专制空前加强的表现。

师：关舒丹同学讲解得很精彩。现在请同学们来看一下老师所做的思维导图（在电脑中展示教师作品），哪位同学来说一下老师是以什么为线索制作思维导图的？

生：老师是以事件为线索制作的思维导图。

师：老师在巡视的过程中发现同学们所做的思维导图都是以人物为线索做的，其实我们还可以换另外一种思路，以事件为线索来做思维导图。同学看一下老师做的思维导图，用了不同的颜色，粉色的是谁的措施？（生齐答：明太祖）蓝色的是哪位皇帝的措施？（生齐答：建文帝），那红色的就是明成祖的措施。所以我们在做思维导图时，可以用不同的线索和不同的色彩做出最好的思维导图，同学们可以在课后进行尝试。

师：同学们通过做思维导图已经非常好地掌握了本课的基础知识，现在老师要考考大家：为什么说明成祖迁都北京就加强了君权？

生：同学们可以看一下91页的第二行，明成祖迁都北京是为了加强中央对北方的控制。

师：同学们请看大屏幕（展示明朝疆域示意图），这是明朝前期疆域示意图。元朝灭亡后，他的残余势力退往蒙古大漠，并分裂为两部分，西北部的是瓦剌，南部的是鞑靼。他们不断南下，侵扰明朝的疆界，给明朝的安全带来巨大威胁。朱棣把都城迁到北京，相当于天子守国门，这就有力地保障了北部边疆的安全，加强了对北方少数民族的控制，从而加强了君权。

师：除此之外，还有没有别的原因促使朱棣必须把都城迁到北京才能巩固自己的统治。

生：朱棣是通过谋反来取得皇位的，他原来是分封到北京，北京就是他的势力范围，在那里他受到百姓的爱戴，而在南京，许多大臣都是支持建文帝的，他待在那里没有安全感，不利于他的统治。

师：你回答的非常好，你很善于从人物的心理来分析人物的行为。老师要纠正你一个错误，朱棣的封地当时不叫北京，叫北平。朱棣迁都以后才把它改名为北京。

师：现在请同学们再思考一个问题：明朝加强君权的措施中有哪些是前代所没有的？大家可以小组内快速的讨论交流。

（学生讨论交流2分钟）

师：哪一位同学把你的交流结果汇报给大家？

生1：我认为改革行政机构中废丞相是前朝所没有的，其次我认为厂卫特务机构的设立也是前朝所没有的。

生2：我认为废行省设三司，废中书省设六部也是前朝所没有的。

生3：我认为还有八股取士。

师：现在老师把大家的观点进行总结（出示明朝加强君权史无前例的各项措施），这三项措施是明朝加强君权史无前例的措施。这些加强君权的措施对明朝国家的发展带来怎样的影响？（或这些措施对国家发展的利与弊）

现在老师要求同学们以小组合作学习的方式来完成这个问题。每个小组讨论什么问题将由小组长抽签来决定。

（小组长到前面来抽签）

师：现在请小组长根据你们组抽到的题目来组织本组同学结合老师发给每个小组的材料进行讨论，时间为5分钟。

（学生在组长的组织下进行讨论，教师巡回了解各组的讨论情况，并进行点拨）

师：好，停止讨论，同学们坐好。现在我们请抽到"废丞相、改革行政机构对明朝国家发展的利与弊"的这个小组来阐述你们组的观点。

生（邓宇昕小组）：我们小组认为废丞相可以使全国的军政大权集中到皇帝手中。丞相是皇帝之下的一把手，他权力太大可以拥兵自重，很容易谋反。废丞相，改革行政机构就可以解除这种危险。但是这种做法也有它的坏处，大权都集中在皇帝一人手里，如果皇帝懈怠，就会使国家衰落。

师总结：你们组的总结很有条理。现在请同学们看大屏幕（出示明朝改革行政机构前、后对比图）。明朝废行省、设三司就解决了长期以来地方威胁中央的矛盾，废丞相，权分六部解决相权和君权的矛盾，通过改革，皇帝把大权集于一身，事无大小都亲自处理，这样皇帝就成了加班狗特别累，为了解决这个问题，同学们请看89页小字，朱元璋又设立了什么官职？（生：殿阁大学士）殿阁大学士是干什么的？

（生：顾问、秘书）对，殿阁大学士没有丞相的实权，只是皇帝的智囊。大权集中在皇帝一个人手里，确实有利于加强君权，但也带来不利的方面，整个国家的安危兴亡全寄托在皇帝的一个人素质上，若是好皇帝天下太平，若是坏皇帝，民不聊生，所以封建社会始终摆脱不了盛极而衰的历史周期。

师：现在请抽到厂卫特务机构的小组来阐述你们的观点。

生：（刘畅小组）经过我们小组的讨论，我们得出设立厂卫特务机构的确使明朝君权进一步加强。因为厂卫特务机构凌驾在法律之上，皇帝可以随意处置任何人而不受制约。另一方面厂卫特务机构的设立也使法律遭到破坏，司法机关不能履行自己的职责，使大臣们诚惶诚恐，按部就班，不敢越雷池一步。整个朝堂之上死气沉沉，非常呆板，不利于国家的发展创新。

师：（大屏幕出示厂卫特务机构图片）：厂卫特务机构是明朝的特色发明，他是明朝君主专制高度强化的表现。实行特务统治，使皇帝"安然朝堂坐，便知天下事"，确实有利于皇帝加强对国家的管理。但厂卫特务机构凌驾于法律之上，无法无天，造成社会恐慌，人人自危，使整个社会失去了活力，制约了国家的发展和进步。

师：我们请抽到八股取士的小组来表明你们的观点。

生：（关舒丹小组）我们组认为八股取士束缚了人们的思想，八股取士只考四书五经，相比前代进士科还考策论等考察实际能力的做法来看，八股取士过于拘束人的思想，使读书人思想迂腐愚昧。所以明末清初思想家顾炎武说：八股取士的危害比焚书坑儒还要厉害。

生：（董子彬小组）首先，我们小组认为八股取士对国家一定是有害处的，因为它束缚了人们的思想，使人们视野狭隘，缺乏创新精神。但同时它也规范了考试，考试有了更严谨的设置和规定，使考试规范化、标准化，但同时我们也不得不承认，它其实也危害了国家的发展，因为八股取士是为了选拔官员，许多读书人为了当官，就只钻研四书五经，不讲究实际学问，这样的读书人做官后只会成为皇帝的忠实奴仆，不会推动国家和社会的发展。

师：我们讨论"八股取士的利与弊"这两个小组的发言很精彩，说明你们的讨论很到位，关舒丹小组能采用纵向对比的方法去思考，而董子彬小组则从正反两个角度去思考问题，这都是我们学习历史的好方法。八股取士是明朝在思想领域加强君权的重大措施。八股考试作为一个考试制度来说，他使考试规范化、标准化，是我们今天标准化试题的前身。但八股取士为了把读书人变成皇帝忠实的奴仆，刻意强调不准读书人标新立异，不许表达自己的观点，这就使中国人失去了什么精神？（生：创新精神）。所以在明朝之后中国再也不可能产生像四大发明这样伟大的成就了。（大屏幕出示文艺复兴和八股取士对比图）而与此同时的欧洲，正在进行解放人的思想的文艺复兴运动，与八股取士束缚创新精神相反，文艺复兴大力提倡创新精神，大力提倡发展人的创造力，在这种背景下，欧洲出现了哥白尼、布鲁诺、伽利略等文化巨人，出现了璀璨的近代科技，而中国的传统科技则停滞不前了，中国慢慢拉开了和世界的距离。

师：同学们，你们通过小组合作学习的方式研讨了"明朝加强君权的三项措施对国家发展的利与弊"，通过你们的讨论过程和发言，老师觉得你们已经很好地掌握了这些措施对明朝国家发展的利与弊，理解了皇权强化的弊端。

师：现在老师总结一下明朝加强君权的利与弊，明朝大力强化君权，以后清朝也大力强化君权，站在今天的角度来看，把中国这样一个人口众多、幅员辽阔的多民族国家至于一个强有力的中央政权统治之下，有利于统一多民族国家的巩固和发展。但皇权过于集中，也说明了中国封建社会走向衰落，危机四伏、矛盾重重，靠正常的统治方式无力解决这些矛盾，只能通过高压的、恐怖的手段来维持自己的统治。所以整个明清时期中国封建社会的特点可以概括为巩固和危机，请同学们看看我们的单元标题，一起读一下（生：统一多民族国家的巩固和社会的危机）。所以我们学习历史还要掌握一个方法，要仔细看单元标题，单元标题往往是这一段历史的特征。

师：学完这段历史给我们留下很多的思考，你认为一个国家要发展需要创设什么样的社会环境呢？

生1：和平，人人平等。

生2：需要提倡法制，生活在法治社会，每个人会更有安全感、更舒心。

生3：领导起带头作用，以身作则，社会才能更有前途。

生4：国家应鼓励人民创新，这样国家才能有更大的发展空间。

生5：尊重他人的社会，不能什么秘密都让他人窥探到，要保护个人隐私。

生6：要有自由，让人们的思想可以自由交流。整个社会要包容、和谐。

师：看来通过本课的学习，同学们都有不少感悟。学习历史是为今天的发展提供借鉴。今天我们行走在实现中华民族伟大复兴的征途中，就必须建立一个和谐、民主、法治、开放、创新的社会，同学们让我们为建立和维护这样的社会而努力。

新时代幸福学校里的课程文化与实践

一、优化课程体系，适应每一个学生发展

《国家中长期教育改革和发展规划纲要（2010—2020 年）》提出，"为每一个学生提供适合发展的教育"。在我们看来，学校的产品是课程，提供适合学生发展的教育，其实质是提供适合学生不同的发展需求的课程。在一定程度上可以说，有怎样的课程才有怎样的教育，才可以培养怎样的学生。以上的认识，我校把优化课程体系、适应每一位学生的发展作为深化课改的主要研究任务。

二、课程核心

要实现"为了每一位学生发展"的教育目标，学校就必须面向全体学生，承认差异、尊重差异，从关注学生差异出发，力求探索一种学生全面发展，个性充分张扬的校本课程模式，补充国家课程对学生培养的不足，满足学生个性发展的需求。因此，我校建构了"差异——适应性"课程体系，针对学生需要、潜能和兴趣的丰富性，尽可能地挖掘可利用资源，如教师资源、社区资源、环境资源等，为学生提供丰富的课程，适应学生发展需要的选择性，使学生在课程的学习和体验中发现自己和发展自己，实现生命成长。我校的课程体系主要由三部分构成：

1. 国家（地方）课程校本化。

2. 校本选修课程开发。

3. 特色课程建设。

三、课程升级

我校的课程建设自 2009 年开始，始终伴随着"差异—适应性"教学研究过程，至今经历了三个发展阶段：

第一阶段：搭建德育常规管理课程（2009 年至 2011 年 7 月），保障课堂教学改革顺利进行。

我校初期课改的主要内容是改变课堂管理方式和教学方式，它需要评价做支撑。为了探索和完善以小组管理和学生综合素质月评价相结合的常规德育课程，本阶段我校课程建设的主要任务是建立小组管理模式下的学生评价方式，把学生综合素质月评价由一月一评改为日评量化加周评再到月评的方式，把原来评个人和评小组相结合，形成了日量化、周反馈、月评价为主要内容的班级管理课程。这种常规管理课程框架不仅为课堂改革奠定了组织管理基础，而且有利于更多老师转变观念，投入课改，同时创新了我校实行 13 年的学生综合素质月评价。

这一阶段课程建设还加入了成长时间、开学初小军训等小课程，唤醒学生的自省意识，引导学生自主管理，为现在我校德育活动课程体系建设提供了基本模型。

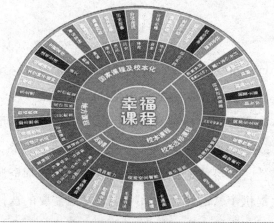

珲春市第四中学课程架构图 1.0

第二阶段：构建"差异—适应性"课程体系（2011 年 9 月至 2013 年末），推动课改由自主探索向课题研究转化。2011 年开始我校进行"差异—适应性"教学研究课题立项，开始进行差异教育研究。差异教育是追求学生潜能发现和发展的教育，追求学生自我教育、追求全体学生多方面发展的素质教育，它从关注学生的差异出发，承认与接受差异，发现与研究差异，正视与成就差异，从而使学生获得不同领域、不同程度、不同层次的成功，它需要学校提供多层次的课程。这个阶段学校制定规划，开始理性思考课程建设，确立了课程建设总目标：围绕"广阔的视野，精致的生活，高远的志向"培养目标，在"让教育成就幸福，让人生别样精彩"的办学理念指导下，以富有特色的学校课程体系适应学生成长的需要，从而丰富学校发展内涵，持续提升学校质量和竞争力。

本阶段学校课程建设具体目标主要有三个：对国家课程进行优化、开发校本选修课程、建立德育活动课程体系。

对国家课程进行二次开发、优化。每一位学生都是有差异的个体，现有的国家课程、地方课程不能完全满足每一位学生的发展需要，学校应尽量创造最丰富的课程资源，让不同的学生获得不同的发展。本着这样的认识，语文组进行了模块教学尝试，把文言文、现代文、作文等教学内容做了专题化教学尝试。化学组则发起了课桌实验，把教材中的演示实验变成分组实验，增加了学生参与实验的机会，提高了学生动手能力，调动了学生学习的兴趣。在这些先行学科带动下，我校的所有学科都在对国家课程进行增、删、整合等优化，出现了英语的模拟语境教学、历史的情景还原教学、思品的情景模拟教学等优化尝试，形成了校园十项课堂教学专利（在全州课程改革现场会上已经做过展示）。这些优化基于我校学生的差异，适应学生的差异，力求为每一位学生的发展搭建平台，缓解了国家课程与学生发展需求不相适应的矛盾。

2001 年国家启动了新一轮基础教育课程改革，确立了校本课程开发理念，学校有了课程开发自主权。为落实我校的办学理念和培养目标，我校校本选修课程开发设定三个课程开发模块：

1.开阔学生视野，满足学生兴趣，培养学生爱好模块。这些课程开设的目的是使学生的智力潜能得到发展。《麒麟戏剧社》等一批课程即为此类课程。

2.学生的教养、涵养、气度等发展模块。这些课程教会学生热爱生活，使之情趣高雅，心灵世界愈加美好。红烛诗社、声乐、卡通画、素描、中国画、DV 摄影等课程就是基于这样的目的设计的。

3.使学生树立远大理想，意志品质得到提升模块。探寻中国古代枭雄、科普与科技、花样跳绳、网球等课程就要教会学生学会根据目标安排自己的学习和生活，使他们坚忍不拔、持之以恒。

在实施校本课程开发、研究、应用的初期，我们根据学校、老师的实际情况，采取循序渐进，不断探索，逐步深化的做法，不断完善课程的开发和实施。

第一，体育课分项选修做先导。七八年级七位体育教师根据自己的特长，开设了足球、排球、网球、篮球、健美操、花样跳绳、田径等七门课程，以七个班为一个单元，学生自主选择，走班上课。半节课做体能训练，半节课做选修，既落实了课标要求，又落实了国家体艺"2+1"项目，力争使学生在校学习期间，形成两项体育技能，此举受到了学生的普遍欢迎，学校的体育课面貌大为改观，体育选修走班现在变为学生不动，教师走班，每一位学生都能体验七个项目，然后选出自己喜欢的项目进行选修。体育选修的成功使教师们对选修课程的性质、目标等认识、理解逐步清晰和加深，消除了原来对选修课程构建的误解，真正明白了选修课是一门体现学科知识综合，活动目标综合，能力培养为主，注重参与，注重过程积累的活动课程，任何一位教师，不管是执教哪个学科，都可以结合个人的风格，充分发挥个人所长，设计、组织选修课程。

第二，以点带面，逐步推进。2012年3月，学校决定在七、八年级全面开设选修课，时间为每周五的3:00—4:30，七、八年级所有学生实行选修走班上课。学校出台《珲春四中选修课实施方案》《珲春四中选修课管理办法》，教师共设计了54门课，后经学生选课淘汰开设了42门。期末有7门选修课向全体教师和部分学生做了精彩展示，让我们看到了选修课的希望，从此选修课成为老师尽情挥洒教学水平的新平台。

第三，积极探索，总结完善。选修课的成功尝试使我们对课程的设计，目标的设定，资源的开发和利用，活动的组织评价都有了比较全面的认识，教师们对选修课的开发、研究越来越感兴趣，在教师们的积极参与下，课程的开发无论是数量，还是质量都越来越有所提高，也越来越凸现教师个人特色和风采。

德育活动课程的丰富和完善。在德育常规课程的构建中，我们深深感到，学生品德的提升、行为习惯的养成靠的是自省，是活动体验内化，为此我校不仅通过综合素质评价体系、自主班级建设等常规德育课程进行习惯养成，而且设计系列活动课程唤醒学生的道德意识。经过几年的努力，形成了走过百米红地毯的开学典礼、难忘今宵毕业典礼、成长时间、春游、12.9经典诵读、校园街舞卡拉OK大赛、假期社会综合实践活动、艺术节、运动会等学校层面的德育活动课程，新生军训、开学前小军训等年级层面的活动课程，日小结、周计划、月评价、主题班会等班级层面的活动课程。

珲春市第四中学课程架构图 2.0

这一阶段的课程，不再只关注学科学习，还关注人的差异发展、个性成长。学校生态发生了根本变化，但没有解决学科课程的个性化学习问题，离适合每个孩子的教育还有很远的距离。

第三阶段：课程 3.0 阶段。

教育是唤醒，是激发，是自我生长，因此必须有适合学生的课程。在课程 3.0 阶段，我们把研究性学习、假期综合实践活动课程纳入课程体系，提升课程体系宽度和深度。在新的基础教育课程体系中，"研究性学习"课程是"综合实践活动"课程的有机构成部分，与"社区服务与社会实践""劳动与技术教育"课程一起由国家指定。研究性学习在某些学科的课标和教材中也有渗透，但因其与考试还没有建立直接的关系，所以不被重视，但我们每一个做教育的人都知道，研究性学习无论是作为一种学习方式还是一门课程都对学生的终身发展有益。

2013 年暑假开始我校在学生的假期作业单中增加了一项研究性学习内容，做研究性学习初步尝试，在寒假作业单中每一科都布置了研究性学习任务，并在 3 月进行了展示，全校有 15 名学生介绍了开展研究性学习的过程及感受，使我们受到了极大鼓舞。2014 年暑假，我们全学科留了研究性学习作业，开学初，学校用了一天的时间，组织了三场研究性学习报告，共有 28 组学生登台展出自己在假期研究性学习中的成果，而且八、九年级选出 10 组学生为新七年级做了示范性展示，受到了师生的好评。

2013 年寒假开始，我校进一步规范了由团支部开展的学生假期综合实践活动，对学生的活动给予参考主题，增加了职业体验、一日当家、关注身边感动故事等内容，而且把学校的小组合作学习方式延伸到了家庭，使学生的体验活动落地生根。而且本学期我们各班还建了自己的学生实践基地，德育活动课程更加丰富，学生体验有了连续性，课程实效更强。

　　学生需求的多样性要求学校建设多元一体的课程体系，多元是指学生因智能、风格、基础、个性等方面的多种倾向所需要的多种发展路径。一体是指学生个体。多元一体课程体系建构将实现学生全面而有个性的发展，将全面发展为底线、个性发展为上线。我校课程 3.0 版是以国家课程为基础课程、以国家课程校本化实施和地方课程为拓展课程、以校本选修课程和德育活动课程为延伸课程的多元课程体系。目前，培养"身心健康"的课程占 28%，"志向高远"的课程占 15%，"视野广阔"的课程占 33%，热爱生活的课程占 24%。

幸福教育课程				基础性（必修）	拓展性（选修）	综合性（自修）
	身心健康	健康生活课程群	体育 心理课程		花样跳绳 足球 排球 网球 轮滑 魔方 心理电影	综合实践 体育节
		自主管理课程群	班级自主管理课程		日小结 周计划 月评价 生涯规划	主题教育
	视野广阔	科学创新课程群	数学 物理 化学 生物 信息技术 综合		生物模型制作 STEAM课程 虚拟机器人 造船 我是建筑师 天象观测	综合实践 体育节
		自主学习课程群	学业指导课程		学法指导 研学 PBL项目	研究性学习
	志向高远	社会责任课程群	劳动、技术等各个学科渗透		辩论会 新闻写作 乡土地理 志愿服务等	综合实践
		国际理解课程群			日、俄、朝、英语配音 走进西方礼仪 假期研学等	研究性学习
	精致生活	人文素养课程群	课文、英语、历史地理、政治		国学 四大名著赏析 汉服设计 彩绘中国 整本书阅读 英文诗歌漫步等	主题活动
		艺术素养课程群	音乐、美术		剪纸 合唱 舞蹈 素描 动漫设计 烘焙等	综合实践 艺术节

珲春市第四中学课程架构图 3.0

新时代的学校需要新时代的课程，课程 3.0 版还需要继续升级。当我们真正建构起适合每一个学生需要的课程时，课程即升级为 4.0 版。

基于问题解决的校本课程开发的实践与思考

自新一轮基础教育课程改革实施以来，校本课程成为国家课程和地方课程的重要补充。校本课程主要分为两类：一是使国家课程和地方课程校本化、个性化，即学校和教师通过选择、改编、整合、补充、拓展等方式，对国家课程和地方课程进行再加工、再创造；二是学校设计开发新的课程旨在发展学生个性特长的、多样的、可供学生选择的课程。今天我们重点探讨的就是第二种。纵观我国校本课程的发展，不难发现，小学的校本课程发展，无论是从课程设计到课程成果都远远好于初高中。很大原因是因为初高中统一化的考试制度。学校更多关心必考科目的教学，对其他课程缺乏关注和投入。但作为一所初中学校，我校一直致力于校本课程开发的实践中。目的就是面向全体学生，承认差异、尊重差异，从关注学生差异出发，力求探索一种学生全面发展，个性充分张扬的校本课程模式，补充国家课程对学生培养的不足。从 2010 年开设校本课程起，近 10 年的课程变迁也让我们在实践中不断反思和探索，下面我将从我们的反思、我们的探索、我们的收获三个方面与大家共同探讨我校校本课程开发的实践与思考。

一、我们的反思——反思校本课程开发存在的问题

校本课程是学校教育内容的重要载体。随着课程改革的不断深入，校本课程被越来越多的学校当作特色化办学的突破点或重要抓手，形成了结构各异、能力取向多元、内容丰富、类型多样的课程形态，进而出现了人人无不谈课程、事事无不关课程、处处无不涉课程以及无校不开发校本课程的现象。但在校本课程热的背后，也存在一些突出的问题。

1. 课程建设的盲目化

学校校本课程的开发没有结合学校的育人目标和对学生核心素养的培养进行系统思考和整体设计，而是追求数量、照搬其他学校课程、盲目跟风，从而造成课程建设"碎片化""无序化""割裂化"。

2. 课程逻辑的无序化

规律性是逻辑的根本属性。校本课程开发的盲目化的后果之一便是课程逻辑的无序化，小学和初中很多课程都重复，使得校本课程难以适应学生年龄、身心、认知、动作以及情感等的发展。

3. 课程概念的标签化

学校校本课程门类繁杂导致内容浮浅，以至于一个活动、一项技能、一个讲座都能成为一门课程。从表面看来，冠之以"课程"之名是符合课程基本意涵的，但任何一门校本课程，从开发到实施首先需要一定的课程资源，需要一定的时间和专业的保障，更需要对内容的不断筛选与萃取。然后要从思想性、科学性、系统性、适宜性和可操作性等五个方面进行评估，但从这五个方面来看，又存在不少瑕疵。

校本课程的认识误区与行为偏差，深层根源是脱离了教育价值的本质坚守。只有坚守以学生需要为主要指向、教师自主为操作手段、学校特色发展为个性平台的课程本质，才能建设好立足学校发展、学生需求、教师可行的校本课程。

因此针对我们的发现的问题，我们的课程也进行了如下调整。

二、我们的探索——校本课程开发问题的解决手段

1. 课程目标的改进 —— 学生核心素养与学校培养目标的深度融合

以核心素养统领学校的课程建设，要统筹规划国家课程、地方课程和校本课程三者关系，实现顶层设计、功能互补。学校培养的是面向未来的人，必须具备适合于未来社会发展的品格和关键能力；同时学生又是从过去而来的生命，学校教育就必须顾及学生的现实基础。校本课程目标的设计要把发展学生核心素养作为依据和出发点，同时要关注学校的办学历史、办学理念、办学条件、学生基础，体现学校的办学特色。因此我校的校本课程目标从最初的立足学生兴趣爱好出发，到现在的目标：

（1）拓展学生的知识领域，培养学生的科学态度和精神，培养学生团结协作和社会活动的能力。

（2）提高教师的课程开发能力，促进教师专业发展。

（3）达成学校的办学目标，形成学校办学特色，使学校实现可持续发展。

通过优化课程目标，我们结合学校的历史和原有的课程基础，厘清它们和核心素养的关系，彰显校本特色。我们初步搭建了幸福教育课程体系。我校课

程框架包括八大课程群，包括健康生活课程群、自主管理课程群、科学创新课程群、自主学习课程群、社会责任课程群、国际理解课程群、人文素养课程群、艺术素养课程群。在课程实施过程中以提升核心素养为目标，把基础性课程、拓展性课程、综合性课程有机融合，让学校课程纵横交错，让课程有逻辑地"落地"，克服课程碎片化、大杂烩问题。让每一位老师和家长都可以清晰的指导自己的孩子在学校将学习什么，未来将发生什么，学校将把孩子们引向何方……

2. 课程内容的改进——丰富课程资源，从"浅表学习"迈向"深度学习"的境界

围绕课程目标，我们不断丰富课程内容，除了满足学生个性需求，充分挖掘自身特长所开饭的特长培养类课程外。我们还开设了走进生活、走进社会、培养人生观的社会实践类课程。基于学生智力类型、学习方式、满足对科学探索和创新心理需求的探究性课程。让学生真正经历"科学探究"过程，经历提出问题、分析问题、解决问题、举一反三的过程。如我们的《彩绘中国》选修课，要学好地理就一定从识图开始。学生们在第一节课就练习了大学才有的专业课，画正圆，手绘中国地图。在后续的课程中，学生们通过拼图深入了解省级行政区的轮廓及相应位置。上网查阅资料归纳总结。绘制地图后，还要附上一份旅游攻略，最后做成二维码。学生在课上"问题、思考、操作、拓展"，体验丰富而完整的学习过程。本学期选修课《东方第一村研学手册设计》课程依托家乡的原生态系统，建立学校、家庭、社会三维立体的协同机制，将乡土文化、生态自然、科技环保、经济发展等融入学生生活。对东方第一村进行研究，契合青少年的年龄特点、心理特点和审美品位，让他们有兴趣去自主认知、体验学习、有所感悟。而手册的制作根据不同的年龄层次，有针对性地设计操作性任务、寻访性任务、资源查阅性任务，满足不同年龄层次的需求，探索一套将学习寓于学生社会活动的探究性课程，让研学变得有效。由老师、学生、专家、家长共同组成教材开发小组。经过几轮的考察、调研、设计、调整，第一版的《东方第一村》研学手册已经成型。每一项内容以主题式学习的方式呈现，以创新思维设计学习流程，即感知/体验—想象/发现—行动/创造—分享/展示，在实施形式上突出"活、融"，以学校研学课程与社团选修课相结合的途径来实施。既要使孩子们了解家乡文明，又要赋予孩子们真正的思考、思维与行动的创新及为家乡的发展贡献自己一分力量的使命感。学生完成从浅表学习到深度学习的跨越，打破以往学习目标指向、学习策略单一的界限，围绕问题解决，使用

多种认知策略，开展多类型、多层次的认知活动，培养学生的质疑能力和问题解决能力。物理组、数学组、美术组的 STEAM"桥"课程和"船"课程进行了学科间的融合，发展了学生复杂思维能力。

3.校本课程的开发策略——以开发学校活动为例

大量调查表明，大多数学校，课程开发的主题是教师，开发的主要途径是把原来的学校活动提升为校本课程。这样的开发比较省时省力，也便于学生接受。但仔细考察，我们不难发现，活动只是换了名字，缺乏内涵的提升，自然也难以发挥应有的作用。因而，要想真正让"活动"变为课程，就必须要按照课程的要素要求，在内涵上下大功夫。抓顶层设计，把活动课程、生活技能课程、德育课程等纳入校本课程体系，呈现层次性，更适合学生发展需要。抓目标叙写，让校本课程适合学生发展。我们写活动方案中往往只有活动目的，目标是模糊的，不清晰的。而活动课程目标叙写是最重要的内容，从学生的角度出发，将知识与技能、过程与方法、情感态度与价值观有机融合。抓课程设计，使其规范化，具有系统性、可持续性。

附件：以《珲春市第四中学第二届校园科技节课程方案》的课程目标书写为例

一、课程目标

1.通过开展科技活动，使学生进一步了解科学，热爱科学，激发学生对科学的兴趣。

2.培养学生研究精神，创新精神，提高学生的实践能力，激发学生对理科学习的兴趣。

3.进一步丰富学生的校园文化生活，深化学校的科技教育，为学生提供更多展现自我才华和提高自身科学素质的空间与平台。

另外，在校本课程研发实施过程中，必须做好调查研究工作，不断提高校本课程开发建设的针对性和实效性，建立和完善课程评价制度，选择与校本课程开发相适应的评价方法，最终将校本课程研发和实施落到实处。

二、校本课程的多元性评价

1.对学生的评价

（1）获得性评价：包括专项评比、项目展评、综合展示，多把尺子的多元化评价方式，尽可能让每一个孩子都能发现自己的成长。

（2）综合素质评价：成长记录袋、学分制、卓越学生毕业证。

2.对教师的评价

课程资料收集、课程实时监控、课程成果展示后广大师生的评价。

3.对课程自身的评价

课程内容主题的适切性、科学性、操作性；关注课程实施过程的开放性和系统程度；关注课程成果的反思、总结和整合；对学校学习型、研究性和合作性等特色文化形成的价值和作用。

三、我们的收获——校本课程带来了什么

那么，在理论上和实践中，校本课程开发到底给我们带来了什么？我觉得，至少给我们带来了以下几个变化。

1.改变了学校的角色定位

校本课程开发赋予学校课程决策的自主权，打破了国家课程开发一统天下的局面，让学校成了课程开发的主体，有利于学校发挥各自的优势，发掘校内外丰富的课程资源，凸显学校的独特风格。

2.改变了教师的角色定位

有的老师对开展校本课程研发持观望态度，有的则认为是在盲目地"跟风""赶潮"，多数教师感到困惑、迷茫、有压力。随着校本课程教研的不断深入，他们通过自身经历体验课程开发的成效，自觉更新观念，改变角色，成为校本课程开发的主动者和实践者，扮演着学校课程发展者的角色，课程意识、课程设计与实施能力得到了充分的锻炼和提高。

3.改变了学生的角色定位

校本课程开发以后，学生可以根据自己的实际需求，有自主选择课程的权利，享有自我发展的权利，可以自主选择课程和教师。校本课程满足了学生个体的差异和发展需要，有利于学生的个体成长。

4.改变了知识观

多年来，我们的教育培养了大批的精英，为国家输送了众多的人才。但事实上，有很多孩子更需要学习、生活和工作的能力。这是我们以前一直忽视的。校本课程的开发与实施从一定程度上让我们对过去的教学进行反思，从而教给学生需要的知识，改变了传统意义的知识观。

5. 改变了学习观

传统的学习观认为学习就是知识的积累，而分组学习、探究训练和自我评价是现代学习观的构成要素。校本课程正式将这些要素融合，弥补了国家课程这方面的不足，改变了我们的学习观。

当然校本课程开发带给我们的远不止这些，课程的建设与实施没有完美的止境，我们一直在行走，我们一直在路上！

立足新时代，探索"幸福"课程新路径

习近平总书记在全国教育大会上指出："努力构建德智体美劳全面培养的教育体系，形成更高水平的人才培养体系。"人才培养体系涵盖了学科课程体系、教学体系、教材体系、管理体系多个要素和环节，其中课程是人才培养体系的重要支撑，是学校教育教学活动的基本依据。我校根据新时代平衡充分发展的要求，以"身心健康、视野广阔、志向高远、热爱生活"为培养目标，追求每一个学生在德、智、体、美、劳五育并举中全面而有个性地发展。学校通过对国家课程、地方课程和校本课程的充实完善、转化改良或专门创建增设"五育"并举校本课程，逐步建立单学科拓展类、多学科融合类、项目学习类、活动课程类等课程，体现了整合、立体、丰富的全科育人课程体系，形成三年一贯的"课程地图"，有序推进融合育人的探索。

一、单学科拓展类

教师通过选择、改编、整合、补充、拓展等方式，对国家课程和地方课程进行再加工、再创造，使之更加符合学生德智体美劳全面发展的 需要。这需要各学科教师站在"五育"并举的高度，超越学科原有视野，汲取德智体美劳各科教师的经验，融入自己的学科教学之中，从而提高"五育"并举学科化水平。

我校久思戏剧社就是学科拓展类的典型代表。通过建设开放而有活力的戏剧教育课程，让学生在演绎中国戏剧经典中，寓教于乐，寓情于理，情景交融，实现教化功能，从而引导学生弘扬真善美，批判假恶丑，使精神境界得到升华，心灵得到洗礼，继续发扬中华优秀传统文化，以文化复兴助推民族复兴。通过拓宽语文学习和运用的领域，并注重跨学科的学习和现代科技手段的运用，使学生在不同内容和方法的相互交叉、渗透和整合中开阔视野，提高学习效率，初步获得现代社会所需要的语文素养。"如果国宝会说话""汉服设计""走进先秦文学""生物模型制作""一线贯通的数学""花样跳绳""时政新闻播报与评论""从影视剧中赏析历史""国学""演讲与口才"等课程在国家课程中融入我校新时代课程目标和要素，力求特色化实施。

二、学科融合类

基础教育阶段落实核心素养的重点是提升学生的必备品格和关键能力，帮助学生学会统率知识技能，进而能够解决实际问题。传统课堂中"教师讲授、学生聆听"的模式很难完成这一过程，所以教师在进行课堂教学设计时更多地应该考虑如何搭建一个平台，促进学生将知识与经验深度整合。这种整合既包括各学科知识体系的融合，又包括多种学习方式的融合与促进。

如"万国嘉年华"课程是地理、历史、道法、语文、美术等多学科整合的课程。该课程实施时间为我校体育节。每年的体育节，我校会举行隆重的万国嘉年华田径趣味运动大会。每一个班级会抽取一个代表国家，并要求撰写所代表国家的入场词。要求检阅词内容包括所代表国家的风土人情，以及和中国在政治、经济、军事等方面的对比。该课程由五个备课组教师联合教授，打破学科界限，以撰写检阅词为主线，从整理归纳出某一国家的自然环境、历史文化特征及政治体制、自制代表国家特色服装等到语文教师教授如何撰写解说词，让学生站在一个更高的角度、用多元的视角去分析，多领域学习，课内外探究，体现了学习的深度和广度。该课程打破学科界限，通过对知识的整理和搜集，倡导学生通过主动参与、交流合作、探究发展等多种学习方式，使学生真正成为学习的主人。通过转变方式，在主动、积极的学习环境中，促进学生德智体美劳全面发展。在发现问题、分析问题、解决问题的过程中，为我国悠久的历史和文化感到骄傲，体会到中国在世界中发挥着不可替代的作用，增强学生的爱国情怀与民族自豪感。

学校开设多门学科融合的校本课程，鼓励学生运用多种学习方式进行综合探究。如：校本课程"长幅文卷手绘"，将语文、历史、美术相融合。校本课程"彩绘中国"，针对省级行政区的轮廓和内部主要要素的绘画调查研究，并且结合地理和美术两学科，更能完善版图。与道法融合，进一步普及学生版图知识，增强青少年的版图意识、辨别"问题地图"能力，对于营造自觉维护国家版图尊严与国家主权和领土完整、抵制"问题地图"的社会氛围具有积极意义。

三、项目学习类

学校的"我是造船师"课程，是由项目学习到综合学习课程纵深发展的成功之例。此课程学习经过三个阶段：第一阶段，学习造船所具备的基本物理知识、数学知识以及造船的基本原理。第二阶段，经历设计、制作载人船的全过程。第三阶段，进行跨学科融合学习，培养创新人才。两个突破：一是从对船的一般文化认识到拓宽人文社科领域学习的深度；二是学科融合，在制作船的过程中，让学生感受美、理解美、欣赏美、创造美，发展对知识的综合运用和创造能力。

四、活动课程类

这一类把所有学生的活动课程化，用课程理念去管理活动。不再只关注基本的求知精神和探究习惯与技能培养，还关注人的全面发展，引领学生精神追求。活动课程包括四大类：一是关注学生成长关键点的课程，包括入校课程、开学典礼、休业仪式、离校课程、毕业典礼；二是满足学生发展需求的课程，包括阅读节、体育节、科技节、英语节、艺术节等节日课程；三是学生自主发展课程，包括日小结、周计划、月评价三归三省课程、主题班会课程；四是综合实践活动课程，包括"走遍珲春、走近东北亚"研学课程、《东方第一村》研学手册设计课程、学工学农综合实践等课程。

"五育"并举是目标，课程是载体，因此课程整体结构还需在现有基础上优化。"五育"的各育在全面发展的素质教育中该如何用力，让其独特性与关联性更好地发展融合，是课程实施中要重点关注的问题。同时，课程的落脚点在学生，如何站在学生的角度思考问题，建立一个可量化的"五育"评价指标体系进行基线测量，从而看到学生在各育上的发展变化，是我们下一阶段的努力方向。

案例1：珲春市第四中学阅读节课程方案

一、课程主题
为国家未来而读，用阅读打开幸福的密码。
二、课程目标
1.通过形式多样的活动激发学生、教师读书热情，使师生养成多读书，读好书，会读书的习惯，培养热爱阅读的人。

2.通过全科(跨领域)阅读使师生更新知识，发展思维，开阔视野，提升素养，培养拥抱社会的人。

3.通过"学校讲书堂""班级读书会"的建立，推进书香班级，书香校园，书香家庭建设，培养善于实践的人。

4.树立大阅读观，变"读死书""死读书"为"读活书""活读书"，培养自由快乐的人。

三、课程内容

（一）读——生命十书

读的部分共包括10个课程：

1.读自然之书，获生命诗意；

2.读人生之书，知人间至情；

3.读社会之书，能经世致用；

4.读历史之书，悟存废之理；

5.读科学之书，得宇宙法则；

6.读家国之书，担天下兴亡；

7.读思想之书，建信仰根基；

8.读艺术之书，铸丹心热血；

9.读自我之书，修圣贤之德；

10.读经典之书，写生命华章。

"大阅读观"让"阅读不是苦役，而是去往生命最美风景的朝圣"。

（二）写——五真写作

"写"的部分共包括5个课程：

1.真实。没有真实，任何文字都不过是水中月镜中花——或虚幻，没有意义；或欺骗世人，而最终害了自己。文如其人，真实的人值得信赖托付；真实的文章沉甸甸，十几年，甚至几十年价值不减。

2.真情。哪一篇优秀的作品不是饱含着作者的一腔深情呢？即使是一篇公文，严谨的字句里，也蕴藏着执笔人对一项事业的热忱与渴望。

3.真知。未经作者"审判"的素材是不能使用的，特别是从复杂的社会生活中间接获取的信息，必须多方求证，才能确定是否应用到自己的文章里。

4.真理。有了真实、真情、真知做底子，我们的写作离真理就很近了，而一篇闪耀真理光芒的文章一定具有超凡脱俗的魅力。

5.真我。我手写我心，最终形成的文章一定极具作者个人色彩，即"风格"。文章风格突出，也就自成一家了。

五真俱全的文章，一定真气淋漓。五真俱全的人，一定接近于真人。陶行知先生倡导的"千教万教教人求真，千学万学学做真人"，可以从习练"五真写作法"开始。

（三）讲——开口就打动人心

"讲"的部分共包括4个课程：

1.讲书。讲书是一种崭新的学习方式，讲出一个活泼泼的自我，讲出一个活泼泼的家庭，讲出一所活泼泼的学校，讲出一个活泼泼的种群，讲出一个活泼泼的国家。

2.访谈。找到学习目标，像挖矿一样找到最为鲜活的知识、智慧和机遇，是真正的读活书，活读书。

3.演讲。精心组织语言，用好舞台，把梦想像一个礼物一样送给每一个人，让大家被你和梦想吸引，并共同把梦想化为现实。

4.辩论（对话、谈判）。是一种交锋式的高级智慧运动，让自己的知识、经验在"思辨"中转化为应变能力。

（四）做——知行合一

"做"的部分重在修身，包含3个课程：

1.在知行合一中获取生命的从容。

2.征集阅读节会徽，宣传语（原创），宣传海报（语文和美术相融合），书签，吉祥物。

3.成立学校的文学社，面向学生征集社长、社员、社名、社刊。

四、课程设计

第一周：我的朋友在哪里（1）

1.寻根——探寻"我从哪里来"。①访问自己的长辈，了解自己的祖先；②实地踏查（查阅），了解自己的故乡、祖居地的历史和人文；③将寻根过程整理成图文并茂的案卷。（建议：一课时，教师讲清"探寻我从哪里来的意义"。我从哪里来的下一句是要到哪里去，思考人生目标和方向，中央台好像有类似的节目，播给学生看一看就更好）

2.做一次调查。此次调查问卷是为了很真实地了解学生目前的阅读兴趣、习惯和精神世界。问卷内容包括调查学生读书现状及学生的好书推介（200字左右）。帮助学生寻找拥有共同语言密码、共同志趣爱好的学习伙伴。（建议留做作业，鼓励学生认真填写是关键，别让学生不以为然糊弄，学校统计存档作为其实资料留存，每年调查一次，看变化情况）

3.建立个人核心读谱。对于中学生来说，一般包括：①我最喜爱的10部文学类书籍；②我最喜爱的10部文化类书籍；③我最喜爱的10部人物传记；④我最喜爱的10部科学（普）类书籍；⑤我最喜爱的10部哲史类书籍；⑥我最喜爱的10部专题片；⑦我最喜爱的10部电影和戏剧；⑧我最喜爱的10首诗歌。这个书谱与你的食谱一样，是生活和生命不可或缺的一部分。只是书谱要随着年龄和阅历的增长不断优化（学生现在可能根本填不全，甚至多处空项，空的多少和精神贫瘠多少相连，可终身不断地补充）。（建议半节课，上半节课安排昨天的好书推荐，教师一定要讲清关于精神生命的事，配合学校的指导目录，关键是引发学生打开学生视野，开展全科阅读）

4.写一份阅读规划。以学期（两个学期）为单位，按月实施，一年读书量不少于10本。（作业认真完成，可以用一节课在班级交流计划，保证全年阅读不止）

5.准备一场家庭读书会

（1）制定家庭读书会章程，成立家庭读书会领导机构，让"读书"成为家庭成员在精神层面交流互动的方式，让"会"使家庭成员拥有与社会链接的锻炼舞台，并能够生成家庭精神产品，传承美好家风（教师课上解读）。

（2）讲书。一家人每年至少同读2本书，同讲2本书，就会形成共同的家庭语言密码，使一家人不仅生理基因上血脉相连，更会在文化精神上血脉相连（听讲书、学讲书，指导家长如何开展家庭读书会）。（备课时寻找好的讲书视频，课上播给同学们看，让同学们评价怎么讲书观众爱听，这期间学生就学习了如何讲书，确定讲书内容让孩子提前读书，做好讲书的准备，抽签选中参讲人，1至2课时。什么是家庭读书会，怎样开展家庭读书会，学校提供材料和案例，师生学习，启动班级家庭读书会，准备月末展示。此部分最多1课时。）

（3）每个班级选定一个家庭，月末开展网上家庭读书会展播（学生自报）。

6.进行阅读节文化产品设计（七、八年级）

（1）美术课进行会徽、吉祥物、书签、海报设计讲解，课下学生创意（强调原创），阅读节总结时发布（4课时）

（2）学生寻找合作伙伴共同完成设计。

第二周：我的朋友在哪里（2）

1. 开展模拟访谈。①确定若干位成功人士（优秀学生）作为访谈对象，掌握丰富的信息，形成访谈提纲，做好访谈准备；②对话交流或观看视频，收获想要的内容；③整理成若干单体访谈录，之后整合成扎实的调研报告，存入个人读写讲做成才档案(利用语文课讲如何进行访谈，找专业记者给学生讲1课时，可以是学年大课，布置学生访谈作业1周内完成)。

2. 准备讲一本好书。讲书以一部书为主题，调动自己知识储备、激活人生经验，发挥讲说水平，展示才华、品行、现场控制能力等综合实力，可以吸引赏识者深入交流，结为好友（语文课听讲书，学讲书）。（再次播放讲书视频，班级学生尝试讲书，可以以课文为书，共2课时）

3. 准备辩论会。确立辩题，结成辩论小组，在教师的调动下，拥有共识的人成立辩论小组，与其他小组进行智慧交锋，各展性情与才情，促进了解、合作与交往。(语文课讲辩论、看辩论、学辩论)(确定辩题，选择适合的辩论赛全班一起看，掌握辩论的基本程序，重温两小儿辩论等经典文章。学生自己组织成立辩论小组，至少成立4个小组2课时，八年级)

4. 准备编演话剧。编演一场话剧，关系日趋紧密的伙伴共同策划、编写、演出话剧，完成读写讲做成才行动的一个完整过程，为生命留下永难忘记的一页，也结交到真正的朋友（语文课讲话剧、看话剧、学着编话剧、演话剧）。(同上，七年级)

第三周：成就驱动学习——走向未来俱乐部（1）

1. 阅读人物传记。我们身边能够访谈到的优秀人物及能够安排的时间毕竟有限，但我们可以带着访谈优秀人士获得的基础和热情，向古今中外优秀人物传攫取更深广的思想、格局和办法。阅读这些图书，要做好笔记，撰写讲稿并制作PPT，参加到本计划中的讲书活动中来，通过讲书优化阅读质量，并提高讲的能力。这是一次主题式学习，通过阅读古今中外优秀人物传记，促使人生大目标更加清晰、精准。（阅读节期间重点阅读书目，在第一周即开始读讲书，1课时）

2. 编制自己的人生规划（做一个重要的人）（作业，结合上周模拟访谈，安排一课是或以作业的形式上交）。

3. 写给某某机构人力资源部的应聘信。熟悉应聘机构和岗位，了解自身发展方向、优势和热忱，凝结成一篇"五真"应聘信。（师生共同找好的应聘信，学习如何写应聘信，作业是写应聘信，学生挑选好的应聘信）。

4.就职演说。应聘成功，做5分钟演讲，做到从容、得体、给自己以信心，给他人以期待。（一课时，关键是情境的营造）

第四周：成就驱动学习——走向未来俱乐部（2）

1.组织一次线上演讲比赛。以"我要做一个这样的人（我有一个梦想）"为题。一个人的价值不是能够得到多少，而是能够奉献多少。通过演讲锤炼自己的表达能力，展示人类天性中最深切的渴望——"做一个重要人物的欲望"；积累自信心，寻求帮助和批评。（1课时）

2.组织一次班级辩论赛。（八年级，1课时）

3.组织一次班级话剧展。（七年级，1课时）

4.组织一次班级讲书会。（七、八年级，1课时）

5.组织一次家庭读书会。（周六作业，留好资料）

第五周：成就驱动学习——走向未来俱乐部（3）

总结推广（线上和线下活动相结合），学校文学社成立。

五、课程实施建议

1.重点认清阅读节的价值：（1）激发阅读意识，让学生认识到阅读的必要和必须。（2）引发学生对精神生命的思考和关注，做一个精神富足的人。第一周对方案的解读很关键，落实课程内容激起学生的阅读意识是根本。

2.课程研发中心对课程目标、内容、课程设计都做了具体安排，老师们需要做的是在备课组的带领下，做好课时设计。

3.阅读节历时5周，其中班级内4周，学校层面1周。请各备课组根据课程目标、课程内容和课程时间统筹做好课程实施计划。

4.第一周停止教材内容的讲授，利用语文课的时间把课程方案里的内容按课时落实。从第二周开始，可结合阅读节每周的落实点把教材内容进行一下调整，实施"3+2"即每周专题阅读节内容不少于3节，另外2节课可把教材内容和阅读节对学生的训练点有机融合。

5.在整个阅读节期间，教师重在鼓励学生深入课程之中，鼓励学生通过课上学习和课下自我学习相结合，每人至少参加一个项目或争取一个角色，鼓励学生积极参与，大胆实践，教师要充分放手。切记不可班级有什么活动就那一两个人参加，其他同学闲着无事。

6.阅读节期间每周留知识类作业最多不多余2次，留出大量时间鼓励学生阅读、写作、实践。

7. 期中和期末考试适当增加读书的分值。

8. 阅读节后，每位语文教师在每周要安排一节课，专门进行和阅读相关的活动。

六、课程实施

七、八年级语文组根据此课程方案进行课时设计及安排，并且负责实施。

七、课程评价

1. 推荐优秀同学加入吉林省全民阅读学会组织的"走向未来俱乐部""书香记者营""我的朋友在哪里"伙伴营。

2. 每个学年50人，每人奖励图书5本，自报书名。

3. 遴选每个学年30人省内研学，学校担负车票。

4. 遴选每个学年30人进行州内文化考察，学校担负全部费用。

5. 遴选学校的阅读推广大使（每学年4人，两男两女），学校为其拍摄人物专题片。

6. 遴选书香班级。

7. 遴选书香家庭。

8. 遴选优秀阅读推广教师，每人赠樊登读书卡一年。

案例2：珲春市第四中学2020届毕业生送考大会暨毕业仪式策划案

班主任组织学生清洁打扫教室，各任课教师由学年陈主任负责平均分配到各个班级，所有师生按集会礼仪坐好。

广播播放歌曲《高飞》，创设情境。

会议流程

（开场白）主持人：

一、送考环节

1. 李丽辉校长讲话

2. 班主任和科任教师为班级学生发放"幸运绳"，广播播放《梦想从心开始》

二、毕业环节

（学校部分）每班一人5:00—5:10到一楼广播室取花束

1. 广播串词

四中号列车已经到站……（播放：《不说再见》）

2. 谢师恩

教师站在讲台上，学生代表献花，三鞠躬

3. 颁发纪念章（广播指令）

（班级部分）

4. 学生报到，颁发毕业车票

班主任向班级全体同学最后一次点名，请每位同学大声喊"2020届毕业生某某某，向您报到"，并到讲台前向班主任领取自己的专属车票并佩戴校徽。

团支书主持

5. 师生感言

"孩子，我想对你说……""老师，我想对你说……""同学、朋友，我想对你说……"该环节，班主任或班委可将三年的照片和视频集结在一起做成电子相册与大家分享；师生间可互相以书信、倾诉、唱歌或写心愿瓶等多种形式，回忆三年的校园生活中的得与失以及对未来的憧憬。（可利用音乐、PPT、视频等形式，营造氛围）

6. 班主任和科任教师签署"毕业生请假条"

团支书负责组织，找班级中绘画和写字好的同学，可绘制在黑板上也可提前以海报形式绘制完毕，直接挂到黑板前。（该环节可唱班歌或毕业季歌曲等）

请假条

敬爱的2020届毕业班的老师们：

　　我们因毕业，请假至永远，望批准！

请假人：九年　班全体同学

意见：批准　不批准　教师签字：

班级活动结束后，班主任组织队伍，打班牌，经红毯和毕业门出校门。（老师们目送学生离校，操场播放《一路顺风》）

操场环创布置：

1. 毕业门

2. 签名墙

3. 红毯

信息中心会在领操台前和东门口签名墙处为大家拍照。

附件1：珲春市第四中学2020届毕业生送考大会暨毕业仪式流程

放音乐《高飞》

4:30之前摆桌椅，组织学生有序就座；4:30正式开始

（送考环节）各班听广播统一指令

1. 李丽辉校长讲话（约40分钟）广播；

2. 班主任和任课教师给学生发放"幸运绳"（约10分钟）《梦想从心开始》《高铁进站音乐》（毕业环节）各班听广播统一指令，毕业串词（广播）；

3. 谢师恩 全体老师走上班级讲台 （广播指令）（约10分钟）《感恩的心》从高潮起；

4. 颁发毕业"四中纪念章"（广播指令）《再见》（小声）；

5. 颁发毕业车票（车票上有每一位同学的名字）班主任拿车票发给学生，并最后一次点名（约10分钟）；

（班级团支书主持环节约20分钟）

6. 师生感言；

7. 签署"毕业生请假条"；

8. 教师组织学生站成两路纵队，打班牌，队列整齐走红毯，离校（陶主任广播组织有序离校）班主任和科任教师送别学生在领操台附近逗留，可以和毕业生照相。6:00左右开始离校（《祝你一路顺风》）。

注意：在领操台前可以照相，在东门口有签名版，也可照相。

附件2：珲春市第四中学2020届毕业生送考大会暨毕业仪式主持词

尊敬的各位领导老师，亲爱的2020届即将奔赴考场的各位四中学子们：

大家好！

今天是7月25日，明天我们2020届的全体同学即将步入中考的考场。九学年全体师生通过广播再次集会在一起，用这样的形式表达期望与祝福，传递勇气与力量。

2020年注定是一个不平常的年份，在这场没有硝烟的战役中，让今年的中考显得格外不同，无论是历时近三个月的网课，还是中考时间延后一个月，都给我们师生增加了无形的压力，而在这种困境下，我们每一个人都有自己的思考、选择和努力！这场战役对于同学们仿佛是一场没有任何准备的"加试"，

面对巨大压力，同学们选择了勇敢担当，经受住了疫情和中考的双重考验，在关键时刻展现出了四中学子应有的气度与胸襟，毫无疑问，这场额外的加试，是一场磨难，但是当同学们挺过来，回头再看，经历了风雨的我们更加强大，更加昂扬，面对未来，我们多了一份战胜困难的底气，多了一份无所畏惧的从容。

今天，在同学们即将奔赴考场的时刻，让我们有请珲春市第四中学李丽辉校长讲话，大家掌声有请。

画凌烟，上甘泉，自古功名属少年！2020届全体四中的学子们，你们在特殊时期勤于学习，善于学习，勇于担当，主动担当，你们每一天的全情投入，每一刻的拼搏进取！充分印证了"不忘初心，用奋进燃起希望，不负韶华，用拼搏点亮理想的激情满怀，你们身体力行，践行着感恩母校、今天我以四中为荣，报效祖国、明天四中以我为荣"的四中学子的昂扬精神，你们用你们的奋斗不息、进取不止，传承了历久弥新的毕业班精神！你们用自己的奋斗故事生动而深刻地印证了一个亘古不变的历史命题，青年一代有理想，有本领，有担当，国家就有前途，民族就有希望！

心向往之，行必能至！今天，在大家即将奔赴考场之时，学校特意为大家制作了专属2020届四中考生的"幸运绳"，接下来就让我们的班主任和我们的老师们为大家佩戴，带着这份祝福与幸运，期待同学们既能保持平常心，又聚英雄气，带上四中赋予你们的自信、勇气、淡定、从容地步入考场，沉着稳健地书写出最完美的青春答卷。相信自己，相信学校，缔造传奇，续写荣光！

回望这届初三，疫情、延期、口罩，2020这张卷子真的很难，可是我们用自己的努力和勤奋答出了高分。相信在学校和老师们的保驾护航下，在同学们三年的奋斗努力中，一定能以最好的状态面对中考，取得佳绩。

尊敬的乘客您好，您乘坐的2017—2020"四中幸福号"列车即将到站。

请整理并携带好您的回忆，以免遗落，下车前，请记得回头再看一眼，在心里刻下每个人的脸庞，请给列车上您所认识的每一个人一个拥抱并和他们说谢谢。

这三年，"四中幸福号"号列车带领大家发现多彩的人生风景，黑夜白昼，风雨不误。在这趟旅途中有些许回忆，有些许体会，有些许心得，有些许成长，请各位乘客珍惜并享受最后的时光。毕业旅程苦涩而又芬芳，幸有伙伴，取得成绩彼此祝福，失落时相互鼓励。感恩师长，忘不了午休时袭来的阵阵凉风，忘不了答疑时哑着嗓子，忘不了经历低谷时老师"海阔天空"版的祝福，忘不了不自信时一次又一次的加油鼓劲。

下面，就让我们用最热烈的掌声请出我们所有的初三毕业班的恩师们走上讲台，接受我们全体初三学子们最真挚的祝福……

请各班毕业生代表为恩师们献花。"三年里，你们完成学业，丰厚学养，成长为视野宽广、思想丰盈的学生。三年里，你们参加活动，锻炼能力，成长为个性鲜活、敢于表达的学生。三年里，你们学习经典，致敬榜样，成长为身心健康、心怀家国的学生。如今，你们毕业了。离开四中，无论你在哪里，希望你都能一直保留四中的血脉和基因，牢记你曾经在这里的每一次努力成长，感恩你在这里的每一次遇见！"

师：一句句，一声声，诉不尽的师生情，道不完的师生爱，让我们把这情、这爱化作掌声永远留在你我的心间。三年的辛苦，不负我，亦不负你！

下面请初三全体学生起立，让我们一起用满满的祝福向恩师们三鞠躬：一鞠躬，感谢您的教诲，感恩你的陪伴；二鞠躬，感谢您给的光荣；三鞠躬，再道一声，"老师，您辛苦了！"（也许这些还不足以表达我们对恩师们的感激之情，但青春不老，师生情长存！我提议，让我们再次大声地放肆地喊出："老师，我爱您；/ 老师，您辛苦了！"）

让班主任老师最后一次叫你的名字，祝贺你完成初中学业；请你最后一次大声喊"到"，诚如2017年初入四中的那个夏天，这一声声"到"，是你向母校和师长宣告成长！三年四中人，一世四中情！我们不是遇到了最好的时光，才遇到了四中；而是遇见了四中，才遇到了最好的时光！在此，母校还特意为全体2020届毕业生准备了毕业纪念章和专属纪念车票，下面就请我们的老师为大家佩戴毕业纪念章并发放2020届毕业生专属车票。

道不尽陪你们成长的幸福，忆不完你们成长的场景；数不清你们展现出的品质与品格，说不尽对你们的叮咛与嘱托。接下来，我们将时间交给各个班级，临别之际，让我们师生间、生生间互诉真情！四中的校园，是学子们成长的沃土；教师的情怀，是四中学子成长的滋养。

与相伴三年的师长伙伴挥手，我会永远记住那些温馨的记忆。祝贺同学们，你们用三年时间，学会待人彬彬有礼，做事恭恭敬敬，守信用，遵规矩，你们在"敬畏"里书写了"毕业"的神圣；你们用三年的时间，学会踏实前行，不忘来路，感念师长，助力团队，你们在"感恩"里书写了"毕业"的情愫；你们用三年的时间，不断蜕变，不断成长，慢慢清晰了梦想，点点超越了自己，你们在"精进"

里书写了"毕业"的豪气；你们用三年的时间，渐渐走进青春，渐渐理解家国，当青春从浮躁变成担当，当家国从疆域走进心房，你们在"责任"里书写了"毕业"的力量。谢谢同学们，用这样的成长，这样的改变，这样的情谊，定义毕业美好，致敬四中精神。

展望将来，非常之功，必待非常之人，脚踏实地，纷飞横绝，用热血与青春书写未来的壮丽华章。蟾宫折桂，学子逐梦中考；骊歌清唱，青春永不散场。

祝福四中 2020 届初三学子旗开得胜，梦圆七月！最后让我们共同祝愿：2020 届四中学子，披荆斩棘，所向披靡，乘风破浪，金榜题名 。祝福四中学子：2020 年中考再创辉煌！

星光不问赶路人，时光不负有心人。2020 届毕业学子们奋进拼搏，凝心聚力，勤勉三载，尽破万难，经历如此不凡的一年，定能配得上格外精彩的结局。心之所向，素履以往。祝福 2020 届毕业班学子凌云逐梦、不负韶华，勇于担当、不负时代！

附件 3：纪念车票正面（版面同范例一样）

HCSZ20200725	珲春四中站（售）
	G2017－2020
珲春四中站 ——————▶ 未来站	
HUNCHUNSIZHONG	PERFECT FUTURE
2020 年 7 月 25 日　　　17:30 开	13 车 14SZ 号
现乘当日当次车	特等座
（中间文字都一样）	
20170901HCSZ20200725 毕业生	

纪念车票背面：珲春市第四中学 2020 届毕业班乘客须知

栀子花开，蝉鸣仲夏，回首往昔，坚持的声音一直在耳畔回响。三年的时光包含了太多酸甜苦辣，包含了太多幸福悲伤，我们洒下无数汗水，也收获无数欢笑。这三年，"四中"号列车走走停停，带领你们发现多彩的人生风景，黑夜白昼，风雨不误。此刻你们要中途转站，新的引领者会带你们打开世界之窗，阅人生百态。愿你们仍旧热爱生活，享受学习，做一个阳光少年，主动畅游知识海洋，勇敢前行，乘风破浪。望你们心系国家，胸怀天下，做一个维护民族尊严、振兴祖国发展的新青年。待来日重逢，我们依旧阳光璀璨。

即将离开象牙塔，告别红楼绿瓦，请关注本趟列车，一起完成这段美妙旅程，共同创造限定记忆。

案例3："彩绘中国"课程开发纲要

珲春市第四中学　段美玲

一、课程开发的背景与意义

1.背景：以学生的个体兴趣为起点，以内容多彩贴近同学们等特点，充分挖掘学生个性潜能，增长见识，开阔视野，激发学生学习的主动性，促进学生自主合作探究，是学校课堂教育的重要补充和素质教育的重要方式。它不仅可以活跃校园气氛，丰富同学们的课余文化生活，培养集体感，激发生活热情，还能使同学们在轻松愉快的环境氛围中受到积极向上的影响，感染和熏陶有益于培养健康的品格，树立追求美好人生的良好心态。

2.意义：深入贯彻党的十九大精神和习近平新时代中国特色社会主义思想，切实落实《测绘法》《地图管理条例》《国务院办公厅转发测绘局等部门关于加强国家版图意识宣传教育和地图市场监管意见的通知》的要求，进一步普及学生的版图知识，增强青少年的版图意识、辨别"问题地图"的能力，对于营造自觉维护国家版图尊严与国家主权和领土完整、抵制"问题地图"的社会氛围具有积极意义。

地理课程是学生在初中学习阶段的一门重要的基础学科，地理课程不仅涵盖的内容十分丰富，而且所涉及的知识面非常的广泛。地图作为地理学中的第二语言，掌握其尤为重要。本次选修课主要针对省级行政区的轮廓和内部主要要素的绘画，并且结合地理和美术两学科，在学地理的时候可以增加美术功底，喜欢美术的同学也可以加深对地图的了解，两者相辅相成。

二、"彩绘中国"课程目标

能够了解中国的区域构成，了解区域的形状；学会用联想形象记忆法记住区域轮廓，并了解主要区域的自然环境；在学习地理基础上加强绘画功底，建构地理空间概念。

1.知识与技能目标：通过了解中国地图轮廓以及各省区的区域轮廓，加深对中国疆域的理解，通过查找资料，绘画出区域自然环境，加深对区域的认识。

2.过程与方法：通过本节课的学习，使学生具有一定的地理绘画技能，并且具备收集、归纳、整理材料的能力。

通过本节课的学习，学生具备一定的探究意识。

3.情感态度与价值观：进一步普及学生的版图知识，增强青少年的版图意识、能够辨别"问题地图"，对于营造自觉维护国家版图尊严与国家主权和领土完整、抵制"问题地图"的社会氛围具有积极意义。

三、"彩绘中国"校本课程实施的原则

1.自主性原则：尊重学生的主体地位，以学生自主活动为主，教师讲授、指导少而精，尽可能让学生多练、多动，给学生以尽可能多的时间与想象、创造空间。

2.灵活性原则：教学内容、方法应以学生的实际情况而定，教师应从学生的能力、效果等差异出发、因材施教，灵活地做出内容或形式上的调整，使全体学生都得到发展。

3.开放性原则：体现在目标的多元化、内容的宽泛性、即时性，时间空间的广域性、可变性，评价的主体性、差异性。

四、"彩绘中国"开发的过程

1.建立组织。建设校本课程开发的组织与制度，是学校校本课程开发事务的重要组成部分，是保证校本课程开发质量的前提条件，为此，缺乏经验的我和我们生物组的教研组长共同开设这门选修课，共同完成课程的设计与实施。

2.明确目标。地理课程是学生在初中学习阶段的一门重要的基础学科，地理课程不仅涵盖的内容十分丰富，而且所涉及的知识面非常的广泛。地图作为地理学中的第二语言，掌握其尤为重要。

3.落实教师。校本课程开发与实施的质量，关键在于教师对课程的设计与把握，需要教师改变课堂授课观念，具备一定的创新意识，认真备好课；课堂上组织学生有效地开展各项活动，教师一定要积极主动地投身到选修课程的开发中。

4.确定内容。以学生需求为导向设计课程，在课程设计中我们主要从学生角度进行设计，包括学生的独立构思、小组交流、共同完成作品等一系列活动。

5.开展评估。本课程根据学校的统一评价标准进行评价。

五、"彩绘中国"课程的内容

时间	课程内容
第一周	课程介绍
第二周	绘制中国地图轮廓图，了解中国疆域的基本构成

第三周	认识中国34个省级行政区的轮廓，将之形象化、动漫化
第四周	认识中国四大地理区域及其包含的省份，定制绘图方向
第五周	绘图基本功、构图
第六周	北方、南方、西北、青藏地区包含省份轮廓图绘制
第七周	"画中画"将省份轮廓绘制成动漫系列或景观图等
第八周	通过pad找省区的3D地图，标注自然环境要素
第九周	通过pad找省区著名景点，绘制景观图
第十周	美术指导上色
第十一周	交流构图方式、绘制方式和思路
第十二周	相互交流，指出不足并改进
第十三周	完善本学期作品，胶装成册，完善汇报内容
第十四周	学生经验交流，成果展示

六、"彩绘中国"课程实施中的评价

根据学校对学生的评价标准做出评价。

案例4：传承戏剧艺术经典，品味家国人生情怀——戏剧选修课理论探索与实践

珲春市第四中学 谢灵姗

戏剧选修课在我校开始于2011年9月，旨在"传承戏剧艺术经典，品味家国人生情怀"。中国戏剧长久以来在普及传统伦理道德中发挥着不可取代的作用。它以其独特的表现手法和独有的审美特征教育民众，敦本淳俗，深受人民群众的喜爱和欢迎。《初中语文新课程标准》中提到："语文课程应激发和培育学生热爱祖国语文的思想感情，引导学生丰富语言的积累，培养语感，发展思维，初步掌握学习语文的基本方法，养成良好的学习习惯。语文课程还应通过优秀文化的熏陶感染，提高学生的思想道德修养和审美情趣，使他们逐步形成良好的个性和健全的人格，促进德、智、体、美诸方面的和谐发展"。基于两者的特性及要求，我开设了戏剧选修校本课程。

课程目标：

1. 通过建设开放而有活力的语文课程，让学生在演绎中国戏剧经典中，寓教于乐，寓情于理，情景交融，实现教化功能，从而引导学生弘扬真善美，批判假恶丑，使精神境界得到升华，心灵得到洗礼，继续发扬中华优秀传统文化，以文化复兴助推民族复兴。

2. 通过拓宽语文学习和运用的领域，并注重跨学科的学习和现代科技手段的运用，使学生在不同内容和方法的相互交叉、渗透和整合中开阔视野，提高学习效率，初步获得现代社会所需要的语文素养。

10年求索，分3个阶段：懵懂阶段、探寻阶段、发展阶段。曾经举步维艰：一般情况下，排演一出剧目需要一个学期，甚至一个学年的周期，接受戏剧教育的孩子，需经过1—2年的专业训练才能初见成效，但随着升学考试的压力，大部分学生在临近毕业的学年就会退出戏剧社团，准备升学考试。而经过戏剧教师精心打磨的话剧，就面临着从头再来的窘境。在这一时期，我带领学生共拍了三次大剧，分别是13届的《雷雨》、16届的《四中新说》《茶馆》、19届的《茶馆》。这背后耗费了很多精力，我和学生们经常要在一起磨合、排演，但效率不高，操作性不强，不能形成流程供其他教师参考。但通过创作《秋天的怀念》和《难忘教师节》两部小品，及去乌镇参加戏剧节，再结合这些年的研究探索，我找到了新的戏剧教育方式。

我将课程设计分为3个阶段：基本课程、戏剧创作、赏析与理解。这样分是基于戏剧教育的特点和需求。什么是戏剧教育？戏剧教育，有广义与狭义之分。狭义的戏剧教育是专业性的，以培养专门的戏剧从业人员为宗旨。文学上的戏剧概念是指为戏剧表演所创作的脚本，即剧本。总之，戏剧最后一定要呈现给观众。但这个呈现的背后需要考虑太多的内容。给大家举个例子。以排演《茶馆》为例，我们需要考虑带领学生研究以下内容：导演对整个话剧呈现的设计（演员走位、舞台布置、灯光配合等）、剧本筛选及再创作、剧本内容的历史支撑、关于剧本所体现的现代社会主义核心价值观的研究、人物着装研究、剧中人物应有礼仪、演员形体练习、声乐发声练习、后期配乐、演员表现台词的能力等等。

近年来，"翻转教室"这类的教育方式，受到各界的重视，它主要希望能够找回学生的学习动机与潜能。我认为"戏剧教育"正好和这样的教育理念相同。戏剧选修课学生的学习动机是完成选修课大戏的排演，希望学期末时能在同学们面前演出。而完成这些内容的研究，学生除了掌握基本的剧本相关知识外，还要进行模仿、体验、输出、表演。也就是说，学生不但能将停留在文本上的戏剧之美内化于心，同时在动作创作中也可以将戏剧之美外化于行。沉浸于过程之美的学生，一方面可以获得美感提高语文素养，另一方面也可以习得审美活动的基本格调与能力。

在第一阶段"基础课课程"中，开展"肢体动作、调动感官及声音口语"等多元活动开发学生自身的基本潜能。现在学生肢体散漫无力，走路摇头尾巴晃，目光涣散，注意力不集中，在舞台上眼神乱飘，没有目标。第一步就要求学生训练站姿、走姿，目光的定点训练，仪态等。还要配以上台下台，在台上走位等等训练。在课中，还可以给出小的练习题让学生体验，如老太太、小女孩、老爷爷、青年男子、军人等等。学生对于身边事物渐渐麻木，甚至冷漠，没有仔细观察过的大有人在，因此，第二步训练学生感官想象，可提前布置观察内容，以便上课时展示交流。或进行课上活动暖身，例如孩童时代玩的"摸瞎胡"，可以调动学生听觉，"萝卜蹲"可以调动学生注意力等。"眼神杀手"调动视觉等等。在课堂实施中还可以利用简单的角色扮演让大家猜猜看，也就是说，随机写一些特定的人物或动作，通过学生表演，让其他人猜，比如着急上厕所的女人、滑倒的老大爷等。记得有一次，我给出一个"你的班主任"，这下学生表演得很是起劲儿，有表演能力强的学生将其班主任表演得活灵活现，在场学生马上就能猜出来是谁，对学生的触动很大。第三步训练学生的声音口语。我先是准备了一些绕口令，后来加大难度，例如让学生含一口水读台词，学生感到又好玩又有挑战性，训练起来非常认真。总之，这项训练是为了学生的发音标准、吐字清晰、声音洪亮，很多学生也以一名话剧演员的标准要求自己。完成以上内容只用三课时是远远不够的，这就需要我们的学校开放包容，肯给时间和机会训练学生们。

第二阶段是戏剧创作。这一阶段旨在帮助学生体验各种人物或动物的表达内涵。例如课前我准备了 32 个卡片，每个卡片上写了一个角色，让学生自由组合，编成一个完整的故事表演出来。其中让同学们印象最深刻的是变态杀手的表演组：在表演中，学生没能将杀手的感觉演绎出来，所以我亲自示范。有趣的是由于表演的投入，我将表演被杀害的女孩儿吓哭了，课后她说："老师，您刚才把我吓坏了，我真的感觉到当危险来临，生死就在一瞬间，人不一定有机会逃脱。天啊，吓死我了。"我认为，在教育中不能回避人性的弱点和黑暗面，有些问题需要学生辨别。借这个契机，我又在选修课堂中让大家展开戏剧表演选材的大讨论，帮助学生树立正确的人生观、世界观、价值观，培养批判思维。

我们还对课本内容进行改编，例如戏剧社推出改编自史铁生的《秋天的怀念》，学生自编自演的校园剧《难忘教师节》《重返十四岁》。在新课标中关于小说和戏剧的要求有这样的阐述：表演剧本的精彩片段，品味语言，深入领会作品内涵，体验人物的命运遭遇和内心世界，把握人物的性格特征。在戏剧选修课上通过对学生剧本创作的训练，翻转传统课堂中对部分篇章解读，让学生在自改、自研中领会作品内涵和体验人物情感。

第三阶段是"赏析与理解"阶段。围绕戏剧表演选材问题，我让学生自由组合，利用网络，找到适合自己表演的剧本，并说明理由。新课标提道："学习鉴赏戏剧的基本方法，初步把握戏剧艺术特性。注意从不同的角度和层面解读戏剧作品，提高阅读能力和鉴赏水平。学写戏剧评论，力求表达出自己的独特感受和新颖见解"。这一过程中有一组学生找到了《你好，李焕英》的剧本，这个剧本当时还只是停留在话剧剧本上，没有进行影视加工。学生阐释挑选的理由是：她们学习组中有人能演女儿的哭戏。我问学生："为什么要有哭戏？"学生说："能哭出来就是好剧本。"

现在想来，我错失了一次戏剧教育很好的机会。首先，电影《你好，李焕英》在2021年春节档期上映，一经上映票房一路高歌。这部作品最初让我感兴趣的原因是：据说看过电影的都哭了。抱着试试看的态度，我也选择了观影。确实，我哭得很惨！但不是因为李焕英，是因为我自己的母亲。这就是戏剧给观众带来的审美体验，鲁迅说："悲剧将人生的有价值的东西毁灭给人看，喜剧将那无价值的撕破给人看。"所以剧中"女儿"帮厂长的儿子追求自己母亲的情节都表现得那么搞笑，可笑过之后是荒诞，影片力求表现追求权力和金钱的生活不是人人都想要，平平淡淡才是生活的真谛。也就是说，现代生活中，对孩子有出息的理解和定义不能用来衡量一个母亲对儿女的期盼。这只是我个人粗浅的赏析，因为一千个观影人就有一千个哈姆雷特。学生通过观看、赏析、评价、讨论，得出结论，并参演，这又将是怎么样的审美体验呢？又如学生在排演小品《人质》时，问我："为什么主角要抢劫？"其实，这在剧本人物对话的后半段中已经给出答案：这个人因医疗返贫，为救治爱人，挪用公款，今被发现，所以铤而走险，一步错，步步错。这已经不是单纯的人物对错的范畴了，它还涉及社会层面的深入思考：医疗、道德、法治等等。几年的探索，让我明白了戏剧教育要坚持"过程性"和"非表演性"的原则。要重视学生活动中的过程体验，以学生的健康发展为目的。而不是看学生们演得像不像，要注重学生的情感体验及行为背后的意义。学生通过自己研读剧本，表演剧本，能形成对人物行为和心理变化的思维模式，这对他们学习语文，提升阅读能力，领会人物情感精神，再好不过了。

在最新出台的《高中语文课程标准》中，明确提出，要从语言建构与运用、思维发展与提升、审美鉴赏与创造、文化传承与理解这四个维度来提升学生的语文素养。从戏剧课程设计的内容来看，无论是角色体验、故事编写，还是剧本素材选择等，都符合以上要求。我国香港前教育署长李越挺在《戏剧在教育上的路向》一文中明确指出："戏剧的制作过程复杂，时间漫长。在整个戏剧制作的过程中，学生除了学到戏剧方面的各种知识和表演方面的各种技能外，更会学到沟通的技能、合作的精神和互让的工作态度，会发挥到创造力和想象力，会训练到耐力和毅力。"

其实早在 2016 年第二届中小学戏剧教学研讨会就公布了相关参与学校的调查统计。在国内一线城市，有多所学校参与其中。其中不乏像上海复旦附中、北京市十一学校等这样的名校。李希贵于 2015 年在《课程·教材·教法》发表的《谈北京十一学校的戏剧课》一文中就提道："我们学校有 9 个戏剧课，包括话剧、京剧、音乐剧等，我们希望每一个课都有一个排练厅，现在我们把仓库和大厅腾出来当排练厅。"可见，戏剧类课程涉及的学科之广、内容之多。从我们学校现有的选修课中，通过筛选综合，我们还可以多个选修课进行融合。以合作学习的"双演式阅读方法"为例，语文学科在去年创新性开设戏剧导演、戏剧写作选修课。从戏剧的表演形式来看，音乐学科可以配合开设音乐剧、舞蹈剧等选修课；从演出元素来看，信息学科可以配合开设影视摄影及视频制作等课程。历史的汉服选修课中，学生对于汉服的服饰、妆容、仪表等内容的研究，也可以运用到我们戏剧教育中来。美术学科还可以配合开设海报宣传制作等课程。

第一届《茶馆》王立发的扮演者蔡航达上高中后曾这样对我说过："戏剧是一种逾越限制，能够让我知道自身的问题与局限，并在一定程度上给我帮助，让我找到解决的办法去超越那世界、生活和自身给我的制约。我在这个过程中不断地发现问题，并且努力找到一条解决的途径，由此来塑造一个完整的自我。"我也曾这样想：如果学校以开展"戏剧节"为中心，向外开设选修课，其实可开设的内容非常多。而这些选修课的课程设计，在提升学生综合素养中起积极作用。它完全符合我校"差异——适应性"教学的研究方向，更体现出跨学科发展的教育要求。

今后对戏剧教学的研究，应是教师在践行钻研教材，正确理解、把握教材内容，创造性地使用教材；积极开发、合理利用课程资源的基础上，运用戏剧教育理论和方法，使学生不仅提高自身的语文素养，更开发自身的表演才能等，以便启迪学生智慧，提高教师的语文教学质量。

案例5：思维导图在初中英语阅读教学中的应用

珲春市第四中学　宋明

【案例背景】

受新型冠状肺炎疫情影响，全国中小学教师开展阶段性的线上教学工作，如何有效地开展线上教学，提高学生的学习效率，是线上教学中每一位教师认真思考地问题。针对八年级下册的英语课文长度难度增加，学生在英语学习兴趣不高的现象，我在平行教学班中尝试运用思维导图辅助英语阅读教学。

【案例描述】

在线上学习的预备阶段，学校进行了网络平台的应用培训。人人通空间的建设，教学助手辅助教学，晓黑板作业打卡，希沃云平台在线直播等实操培训，确保线上教学的顺利开展。于是，我在希沃平台录制了思维导图的知识胶囊，不受时间和场域的限制，学生可以反复观看，直到自己完全掌握如何手绘思维导图为止。可是点击率并不是很高，班级参与思维导图学习的人数并不多，主要存在对思维导图的几个误区。

第一点：把思维导图当成绘画课。

第二点：把所有的图文笔记都当成思维导图。

第三点：为了画思维导图而画。

这里我们要明确：在创建思维导图笔记的过程中，只是需要通过一些简单的线条结构和图像来辅助思考。一幅标准的思维导图作品应具备两个特点：一是图文并茂，即有图像和文字；二是整体是颜色丰富的发散结构。发散思维是创建思维导图的核心原理；创建思维导图绝不是为了画一幅漂亮的作品，而是围绕你的目标来解决问题。也就是说，在我们创建思维导图之前，首先要想清楚解决的问题是什么。

了解学生的困难后，我马上调整教学策略。在希沃云平台开展教学，以实例引导学生如何手绘思维导图，消除学生的畏难心理。并在人人通空间布置班级讨论活动，和同学们实时互动，相互点评。教学平台的综合使用，调动了学生学习的积极性，班级越来越多的同学参与到思维导图的绘制当中来，同时将思维导图引入初中英语阅读教学之中，鼓励学生开展深层次理解文章，让学生对英语阅读更加有兴趣，从而培养学生更加良好的英语阅读习惯，并提升学生的英语阅读技巧和能力。

下图是同学们的作品：

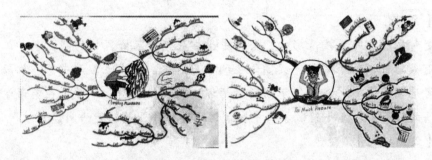

同学们顺利通过了手绘思维导图的困难期后，又在班级开展一次手绘思维导图讨论会。同学们结合网络平台提供的信息和自己的实践，制定出手绘思维导图的评价标准。

思维导图自我检测表包括以下内容：

1. 中心图居中，占整幅思维导图的 1/9，突出主题，颜色搭配在 3 种或 3 种以上。中心主题写在中心图下面，或融入中心图。满分 10 分（　）

2. 主分支与中心图相连，颜色要冷暖相间，有跳跃性，分支自然延伸，不要垂直。满分 10 分（　）

3. 关键词用黑色水笔书写在分支上面，顺着分支方向书写，确保一线一词。满分 10 分（　）

4. 精准提炼关键词，层级关系或并列或递进，不少于三层关系，呈发散状分支布局。满分 10 分（　）

5. 每个主干范围内都要使用丰富的关键图，建议不少于两个。满分 5 分（　）

6. 思维导图整体分支布局要合理，且呈现发散状，不能有太多留白。满分 5 分（　）

7. 是否有效解决问题。满分 50 分（　）

综合评分：满分100分（　）

同学们有章可依，思维导图的绘制更是得心应手。在学到新目标八年级下册第六单元时，我们八年十一、十二共同体学生举办了一场线上故事会。同学们声情并茂的讲述和流利的英语表达，让我为之一惊——同学们有无限的潜能。

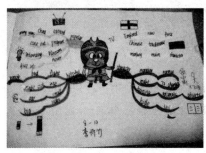
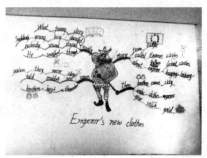

于是我马上在知网上查找相关硕博论文，发现："你记录信息的方式越贴近大脑自然的工作方式，你的大脑就越能高效地触发对关键信息的记忆和理解效率。"（思维导图的创始人 东尼·博赞）而思维导图这种图文并茂、颜色丰富的发散性思维笔记，和我们的大脑以同样的方式工作，所以它可以充分调动大脑在思考过程中的积极主动性。

同学们尝到了手绘思维导图的甜头，也点燃了创作的激情。有一天，班级里的一名同学和我提议"能否把我们的思维导图汇编成册"？这一提议也给我带来了灵感，我要把同学们的思维导图编写成校本课程，让更多的师生从中受益。

【教学反思】

在英语阅读教学中运用手绘思维导图，最大限度地提升英语阅读教学效果；激发学生阅读兴趣，提高阅读能力；系统地构建知识体系，提高学习效率；提高学生发散性思维和逻辑推理能力。通过构建思维导图，学生能较快梳理文章的结构，对于整篇文章的信息有一个全面的了解认识。除此之外，思维导图能帮助学生快速记忆文章内容，通过导图就能轻松地回忆并复习，从而培养学生更加良好的英语阅读习惯，并提升学生的英语阅读技巧和能力。

思维导图在学校领导的支持下得到了大力的推广，但也存在很多问题，初中英语教学课时少，有的教师为了教学进度，而把思维导图当成课堂的点缀，部分学生对思维导图存在畏难情绪，不愿意进行思维的变革。

附件1：《我的世界——建造学校》：游戏中的教学

在大多数人看来，课堂教学是让老师给学生传授知识的，但是作为一名信息技术教师，接触到的都是跟计算机相关的知识，代码、编程、游戏等等，我认为让学生在学习知识的同时还要学得开心，培养他们的学习兴趣，所以这学期我开设了《我的世界——建造学校》的选修课。

在众多游戏中为什么要选择《我的世界》这款游戏呢？首先这款游戏是一款沙箱游戏，玩家可以在一个三维世界里用各种方块建造或者破坏方块，自由度极高。玩家可以在游戏中搜集各种素材，打造属于自己的世界，从制作简单的工具、到打造属于自己的城池，创造机械，等等，都可以在游戏中实现，能充分发挥学生的创造力。

最开始学校让我开这门课程的时候，我心里有过犹豫，因为我只是听说过这个游戏，并没有去玩过，当我亲身去体验一把如何去建造一座房屋时，我找到了其中的乐趣，因为我要先设计，然后还要选择材料，最后通过自己的努力把它建造出来。这个时候我已经预料到这门课程会受到大部分学生的喜爱。

那么这款游戏到底有哪些具体的教育意义呢？

是的，《我的世界》具有教育性，因为它能增强创造力、解决问题、自我指导、协作和其他学习技能。在课堂上，Minecraft可以补充物理、语文、数学甚至历史知识。

一、增强创造力

Minecraft的独特之处在于，它是一个无限的世界，我们可以在其中创造任何他们能想象的东西，但在这个限制下，所有东西都是由块组成的，必须符合游戏的3D网格。本课程我们选择的是建造我的学校，尽管都是同一所学校的学生，但是他们脑海中的学校都是独一无二的，在课堂上，有的学生为学校建造了一座具有标志性的主题雕塑，有的同学在学校的顶楼建立了一座生态植物园，等等，在这里，他们的创造力、想象力得到了充分的发挥。

二、提高解决问题的能力

在建造学校的过程中会遇到很多难题，例如，游戏中的物品块都是方形的，如何搭建一个椭圆形的跑道；国旗上面有星星，如何在一张纯色的旗面上添加图案，教学楼里的楼梯如何搭建；等等，甚至有的时候学生找不到合适的材料来建造物品。但是他们运用了自己的聪明才智，没有合适的材料就通过合成的方法创造出新的材料，跑道运用方快递减模拟出圆形边缘。总之，在这门课程中学生都学会了去思考问题、解决问题。

三、学会自我指导

Minecraft 也很独特，因为它不可能"赢"，玩家必须自己决定他们想从游戏中得到什么。他们想收集资源和建立酷的东西吗？他们想建造属于自己的作品吗？这取决于他们！这种独立性和当他们在自己选择的道路上勾选下一个目标时产生的积极强化，建立了自信，让孩子们感觉自己掌控着自己的命运，这种感觉有时在充满规则的现实世界中是缺乏的。

四、学会团队合作

在建造学校的过程中，我没有仅限于让他们全部独立创作，因为游戏中有多人联机的模式，孩子们除了可以独立完成，也可以与朋友一起玩，一起努力实现目标。上学期就有三名学生组建了一个小组，他们汇集资源，分工明确，建立结构，交流技巧，所涉及的沟通与合作是无穷无尽的。孩子们可以把这些社交技巧运用到他们的学习和生活中。

五、学会发展规划

玩家在游戏过程中会自然而然产生"创造什么"的想法，并为此做各种尝试，甚至去查资料，这种自发学习的过程是积极向上的，是可发展的。而且《我的世界》也属于 STEM 教育，当然并不是四门学科的单纯叠加，而是基于某一项目的学习或是某一具体问题的解决，将分散的四门学科整合为一个整体的综合教育形式。课程中学生需要设计，需要建造，需要测量，等等，在完成这些课堂任务的同时也让学生对设计、对建筑、对勘测有了一定的了解，使他们以后在设计、建筑领域的职业规划有了相应的认知。

像在游戏中教学这样的尝试，其核心目的就是把一件事情变得更有趣，把一本硬邦邦、干巴巴的书改编成图文配合的绘本、漫画，或者改编成音频、视频等形式，甚至做成游戏，把"学习"重新包装一下，就能让学生把摄取知识信息的过程变得更加愉快有趣。这种把一件事包装重组的方式，不光是学习，在我们的日常生活、工作中也可以用到。而从中掌握的这些技能，当孩子们最终在大学和未来的事业中取得成功时，会给他们所需要的动力。

附件 2：《我的世界——建造学校》课程开发纲要

一、课程名称

我的世界——建造学校

二、课程目标

1.通过对游戏《我的世界》的简单了解，掌握游戏的基本指令和操作过程。

2.了解建筑基本知识，掌握运用相应的工具并能建造出学校的基本模型。

3.让学生发现在建造学校过程中出现的问题并解决，培养学生独立思考和小组合作能力。

4.培养学生对平面、空间、艺术的感知能力，提高学生对学校的热爱和荣誉感，从而提升自己的信息技术能力和信息素养。

三、课程内容

本课程主要介绍游戏《我的世界》的基本指令和操作过程，以及游戏中不同的模块功能，让学生从学校的操场、跑道、花坛、升旗台、主席台、篮球场、排球场、网球场、教学楼依次建造，后完成一所学校的建筑模型，最后展示自己的成果。

本课程通过视频，图片以及实体勘测让学生认识完整的校园，并体现出校园文化，让学生在建造过程中培养对平面、空间、艺术的感知能力，提高他们对学校的热爱和荣誉感，从而提升自己的信息技术能力和信息素养。

四、课时安排

课时计划	1.基础知识讲解、游戏操作要求介绍 2.建造学校操场 3.建造学校跑道 4.建造学校主席台和花园

课时计划	5. 建造教学楼外表面——轮廓 6. 建造教学楼外表面——填充 7. 建造教学楼外表面——填充 8. 完善教学楼外表面 9. 完善学校教学楼和操场，学习内表面构造 10. 建造教学楼内部构造 11. 完善教学楼内部构造 12. 添加自定义学校模块 13. 成果展示

五、课程实施方式

　　选修课程每周两次，每周二、周四下午 5 点到 6 点各一个小时的时间，授课方式均采用教师演示讲授、学生实战操作的形式，教师讲授与学生操作相结合。教师主要讲授基本指令和操作过程，以及建造学校时注意的问题和基本框架，学生根据教师讲解的技巧和自己观察到或者自己印象中的校园进行创作，在教学过程中充分体现了学生的主观能动性，让学生在实际的操作过程中加深对课程的理解。

　　六、课程评价

招生要求	要求学生具备一定的游戏基础能力和造型设计能力以及绘画表现能力。面向七、八年级有电脑特长和兴趣的学生。		
考核要求	考勤	课堂表现	课程考核
	10%	45%	45%
学分要求	优秀：8—10 分	良好：5—7 分	一般：4 分以下

案例 6："万国嘉年华"课程方案

一、问题提出

　　我国是联合国安理会常任理事国之一，也是核心大国之一。改革开放以来，我国经济实力显著增长，对外经济交往和国际贸易发展迅猛，中国在国际舞台上的作用不断扩大，部分国家感受到中国迅猛发展所带来的压力。国际上保护主义、单边主义开始抬头，经济全球化遭遇波折，世界和平与发展面临的风险挑战加剧。对此，我们要站在历史正确的一边，坚持深化改革、扩大开放；中国始终支持多边主义、践行多边主义，以开放、合作、共赢精神同世界各国共谋发展。

对外交流是国家对外开放总战略的重要组成部分，是党和国家整个对外工作的重要方面，作为青少年的我们更应该树立开放意识，做到"知己知彼"，促进未来我国稳步快速发展。那么同学们，你能分析出中国与其他国家相比发展优势体现在哪些方面呢？

二、课程设计

课程目标

1.知识目标：整理归纳出某一国家的自然环境、历史文化特征及政治体制等，在资源整合中发现我国在世界中所具有的优势。

2.能力目标：通过对知识的搜集和整理，倡导学生主动参与、交流合作、探究发展等多种学习方式，使学生真正成为学习的主人，通过转变方式，在主动、积极的学习环境中促进学生德智体美劳全面发展。

3.情感目标：在发现问题、分析问题、解决问题的过程中，为我国悠久的历史和文化感到骄傲，体会到中国在世界中发挥着不可替代的作用，增强学生的爱国情怀与民族自豪感。

三、课程对象

七年级—九年级全体学生

四、成果及展示

1.成果内容：在自主学习和合作学习中产生的任务单、书写的检阅稿、设计的代表国家的特色服饰。

2.成果展示：

（1）完成课程中出示的两个任务单。

（2）根据任务单书写的检阅稿子。

（3）运动会方队检阅时，身着自己设计的检阅服饰。

（4）在主席台前进行国家特色文化表演。

五、评价标准

1.能够熟练掌握搜集学习的知识，掌握学习地区的一般方法，建立知识间的联系。

2.运用所搜集的知识完成任务单和检阅稿的书写，每人填写一份，格式书写正确，能够提出问题，研究问题，解决问题。

3.自主学习认真，小组合作参与积极，为小组和班级做贡献。

4.运动会中展示的服饰，需是自己设计并具有国家民族特色的，展示表演能反映文化特点。

六、课程内容及实施

中国与"H国"相比发展优势体现在哪里？

时间	主题	课程内容	所涉及学科	实施建议	成果呈现方式
9.5 — 9.7	"H国"与我国有何异同？	1."H国"自然环境、历史文化、政治体制有何特征？ 2."H国"在以上几个方面与我国对比，我国的优势体现在哪？	地理："H国"的自然环境、人文特点 历史："H国"历史发展、传统服饰 道法："H国"的政治体制是什么？	1.查阅七年级下地理教材，找寻国家的地理位置和领土组成。 2.搜集相关历史、道法教材，上网进行资料、视频、图片的搜集等。	完成任务单1 任务单填写内容应简单、明了、能够说明问题。
9.7 — 9.9	书写检阅稿	1.结合任务单一进行的分析以及得出的结论，每位同学书写本班检阅稿。 2.在班级选出最优秀的检阅词，运动会当天进行使用。	语文：按照一定的逻辑思维书写。	1.梳理任务单一中的逻辑关系，询问语文老师检阅稿书写流程。 2.班级自定评选标准，选择一名同学的作品作为优秀检阅稿。	1.检阅稿

9.9——9.11	"H国"历史文化具有哪些特征?	1. 搜索图文资料分析"H国"传统服饰特点。 2. "H国"风俗礼仪都有哪些? 3. "H国"主要节日是哪一天?有什么特殊意义?	历史:研究风俗习惯、传统礼仪 地理:传统节日及服饰	1. 借助网络搜集资料,采访地理和历史老师,了解他国历史文化。	1. 完成任务单2
9.11——9.15	对"本国"的文化有哪些理解?	1. 设计所代表国家的传统服饰。 2. 班级组织进行国家特色文化展示。	美术:设计传统服饰 音美:特色文化展示节目	1. 搜集国家民族服饰、工艺品等图片。 2. 收集相关音频进行学习。	1. 民族服饰 2. 展示国家特色节目

任务单1:

研究问题:中国与"( )"相比发展优势体现在哪?				
研究时间:		研究人:		
活动一:"H国"自然环境有哪些特征? 与我国有何不同				
国家名称	自然环境(地形,气候等)	地理位置	产业发展	其他	实施建议 1. 查阅七年级下地理教材以及《最新各国概况》一书,找寻国家的地理位置和领土组成。

（填入所代表国家名称）				
中国				

活动二："H国"历史文化与中国有何不同？

历史文化

国家名称	文字典籍	历史进程	民族宗教	国家名称
（　　）				
中国				

2.搜集相关历史，道法教材上网进行资料，视频，图片的搜集等。

活动三："H 国"政治体制与中国有何不同？			
国家名称	手绘出国旗	政治体制	体制带来的影响
（填入所代表国家名称）			
中国			

活动四：中国与"H 国"相比较，从环境，历史文化，政治等多维度进行分析我国在世界中具有哪些优势？

任务单 2：

中国与"（ ）"相比发展优势体现在哪？	
研究时间： 研究人：	
	1.借助网络搜集资料，查找图文资料。

	2.采访地理和历史老师，了解他国历史文化。
活动一："H国"和中国的传统服饰都有哪些？其服饰的产生受什么因素影响而形成？ 1.请把你搜集到的传统服饰的图片粘贴到下面。 　 　 　 　 　 两个国家传统服饰有何寓意？产生受什么因素影响？	3.在网络平台进行搜集，找出节日名称和节日的时间，小组进行合作，分头查询节日的寓意，然后在各自的任务单中完成全部节日的填写。
活动二："H国"和中国的主要节日都有哪些？节日产生的寓意？	查阅《各国概况》一书。里面有介绍各国风土人情，礼仪习俗和经济的情况。

新时代幸福学校里的管理文化与实践

一、我校对教师管理的认识

（一）教师管理是什么

教师管理就是学校通过一定的管理策略支撑教师走向专业成长的过程。

（二）教师管理的理念

理解人。就是站在老师的角度，设身处地以诚挚情感理解老师的处境，理解群众的要求和困难。理解人是管理的基础。

尊重人。就是站在老师的角度办事情，欣赏老师、接纳老师，遇到事情依靠老师，与老师商议、讨论交流解决问题，通过他尊激励老师自尊，然后实现自觉。尊重人是管理的前提。

发展人。即在成事中成人，帮助老师在做事中培养"发展自觉"，建立教师发展模型：学习—思考—规划—总结—反思—重新规划—实践。发展人是管理的基本使命。

成就人给老师发展以支持帮助，帮助老师获得成功，使老师获得自我实现。成就人是管理的最高使命。

二、探索现代学校治理方式，为老师专业发展赋能

2019 年学校再一次改进学校管理，建立现代学校治理模式，通过确立现代学校治理的"成人"哲学思想，依据"尊重人、欣赏人、发展人、成就人"的管理理念，确立了"价值领航、目标导航、过程护航、底线保航"的管理思路，运用"目标管理、诚信管理、差异管理、团队管理、名誉管理、自我管理"的管理办法，放大过程管理，优化结果评价。进行"放、支、服"改革，设计了"1136"

现代学校组织架构模型，通过改革学校的组织系统，形成由学校党支部、校长办公室构成的决策系统，课程研发中心构成的设计系统，教师发展中心、学生发展中心、生活服务中心构成的支持系统，七八九学年构成的执行系统，质量监测中心、教代会、家委会构成的监测系统，五大系统协同运行，实现提质增效。

（一）实施目标管理，唤醒、激发老师及团队的活力

学校在工作计划中将工作意向下发给老师及团队，在讨论的基础上由学校和老师共同确定质量目标，达标过程由老师及工作团队设计，学校各中心和学年组提供协助和支持，帮助老师和团队达成目标，实现老师和团队的发展。这种赋权管理，激发了老师及团队的活力，自主设计规划、自主寻找实现方法、自我监控过程，给了教师很大的空间，赋予了权利同时也要承担责任，目标自定，方法自选，路径自探。学校各中心的作用是提供培训、进行观察反馈、帮助梳理经验、推广宣传有效做法，实施以来产生了一批校内难题破解的成果，一批老师和备课组在做事中成长起来。目标管理弱化限制，淡化管控，增加信任，大胆放手，充分激发所有教师的主观能动性，让他们积极作为，张扬个性，在主流教育价值的引领下，按照自己的教育理解、主张，实施富于个性的教学，支持共性关照下的人的个性成长。

（二）实行教师荣誉管理，焕发教师的职业自豪感

随着国家规范办学行为的不断深入和社会快速发展对教育的多元需求，教师的职业观、价值观、教育观受到冲击，各种因素都在或多或少地影响着教师的工作积极性，影响老师工作的积极性，为了帮助老师找回职业荣誉感，学校开启荣誉管理。通过设计分解荣誉体系，把原来一年一次的年末优秀教师、优秀党员奖励，分解为每学期期末设综合优秀的基础上再设置学科优秀、单项优秀，以 2019 年年末为例，奖项设置为优秀教师 32 名、优秀党员 3 人、优秀班主任 17 人、优秀备课组 4 个、教学质量贡献奖 8 个备课组、特殊贡献奖 1 个、金牌教练 3 个、年度最具指导力教师获奖 8 人、学科素养活动质量奖 2 个备课组、度优秀研究成果奖 8 人、勇担重任奖 1 人、年度工作开拓创新奖 2 人，让更多的老师获得荣誉，增加荣誉激励机会；设置教师荣誉墙，将获奖教师大照片及获奖奖项贴在走廊文化墙一年并在开学典礼上，在学生面前给各位优秀教师、优秀班主任颁奖，增加教师的荣誉感；学校还将教师培训机会的获得与教师荣誉挂钩，有外派培训机会一定先从获奖教师选择；学校还在微信工作号宣传优秀教师事迹，扩大优秀教师荣誉影响力，发挥荣誉对教师职业感的激发作用。

附件：珲春市第四中学卓越教师培养方案

一、培养目标

培养具有深厚文化底蕴，先进教育理念，崇高职业道德，牢固专业知识，全面创新能力，扎实实践能力和宽广国际视野的未来优秀教师和未来教育家。在思想品格、专业知识、教师技能和素养方面，均制定较高的标准和要求，旨在培养出符合未来社会和国家教育事业需求的高素质的卓越教师。

二、培养对象

原则上年龄在 40 岁以下的校内在职有意愿在专业方面有成就的青年教师，每学科至少一名，成长要求强烈的，年龄可适当放宽。

三、培养方式

采用理论加实践方式，自学加集中培训方式，三年内培养一批师德高尚、知识丰富、能力出众的引领示范型教师，实行动态管理。

1. 理论学习。

2. 名家教学实践模拟。

3. 跟岗实践。

4. 建立校内名师工作室。

四、培训资源选择

1. 李丽辉校长名师工作室负责对培养对象的教育教学实践指导。

2. 李丽辉校长读书沙龙负责为培养对象选择必读图书并定期组织读书交流活动。

3. 李丽辉领航校长导师团对培养对象进行定期实践指导与诊断，并提供跟岗实践指导。

4. 吉林省教育学院中教部为培养对象提供学科教学实践指导。

5. 网络名家教学课例资源。

五、具体措施

1.2018 年 11 月—2019 年 9 月，活动以读书、写作、参与培训为主。周一至周四每天半小时阅读通识专业知识和教育教学理论，阅读教科书的主编、编委的文章，还可以到知网读文章，摘抄或者写心得，不少于 500 字，拍照晒黑板打卡。集体阅读《合作学习是个技术活》（上半年每周两讲，假期完成）、《为了学习的合作》（下半年每周一讲），学习方式为李丽辉校长导读，学员自学后每周五和导师学员交流。邀请李丽辉校长或者吉林省教育学院各学科教研员为学员讲解教育教学常识，以提升培养对象的教育教学理念、学科专业素养和能力。

2.2019年9月—2020年7月，活动以读书、写作、跟岗实践为主。读书以教育学、心理学为主。每学期为学员安排一周到师大附中、吉大附中进行跟岗实践，每位学员要在网络选择一位学科名家作为虚拟实践导师，每周看导师课例1节，每月模仿上课1节，学员做课堂观察，实现教学入贴。第二年由培养对象上破贴课5节，由培养领导小组负责聘请教研员等为培养对象梳理总结教学风格。第三年为形成教学风格的培养对象成立校内名师工作室，由李丽辉校长名师工作室负责指导工作室活动，将培养对象打造成为名师。

3.2020年7月—2021年7月，活动以读书、写作、跟岗实践为主。每位学员至少在省级以上刊物发表一篇文章，为培养对象提供一次省外跟岗培养一周的实践机会，以提高实践能力。每学科至少培养一名名师。

4.培养期间每年至少搞一次培养对象学习汇报活动，由李丽辉校长工作室进行考核，对不合格教师进行调整。

（三）实施教师名誉管理，重新塑造老师的职业形象

社会发展对老师要求变高，教师群体形象要自我重塑，学校发布教师诚信管理办法，建立教师诚信档案，树立底线意识、规则意识、大局意识，大兴求真务实之风，摒弃弄虚作假等不良行为。建立底线不可破的工作原则。

附件：珲春市第四中学教师诚信管理办法

诚者，真诚、真实；信者，诚实、不欺。诚信者，诚实而守信也。著名教育家陶行知曾说：千教万教教人求真，千学万学学做真人；德高为师，身正为范。诚信理当成为教师的修身立业之本。为在全校教师中树立底线意识、规则意识、大局意识，大兴求真务实之风，摒弃弄虚作假等不良行为。经学校支委会研究决定，从本学期开始对全体教师实行诚信管理，建立教师诚信档案。具体管理办法如下：

一、诚信评价对象：珲春市第四中学全体教职员工

二、诚信评价等次：诚信评价等次分为10级，上有封顶、下不保底，最高等级为10级（满分10分）。

三、诚信评价内容及方法

1. 教师无故缺课，学校教学查课小组每查出一次扣2分，降两档。

2. 无故不按时参加学校各项会议，（如教师大会、教研备课组会、学年组会、班主任会议、集体备课等）第一次扣0.1分，第二次扣0.2分，第三次扣1分，降一档；迟到扣0.5分。

3. 无故不参加培训或中途早退，每次扣1分，降一档。

4. 工作期间有事外出，不在东门卫登记，不请假私自外出，查岗时一经发现每次扣1分，降一档。

5. 将学校公共物品占为私有，借用学校各种物品不按时归还者，每核实一次扣1分，降一档。

6. 在校同事之间发生口角、出言不逊、滋事闹事，每发生一次扣5分，降五档。

7. 参加各级各类公开考试找人代考或者替人考试，抄袭或打小抄者，每出现一次扣2分，降两档。如果被上级通报造成学校影响的，一次扣5分，降五档。

8. 在晋职评聘、岗位分级、评优评模时，提供虚假证件者，每出现一次扣2分，降两档。

9. 传瞎话，在群众中散布不实言论，背后诽谤他人，一次扣1分，降一档。

10. 违反教师师德管理规定，被举报查实，一次扣5分，降五档。

11. 其他不诚信行为，参照上例酌情界定。

四、诚信评价结果的应用

1. 建立教师个人诚信记录，从发布之日起，诚信记录放入组织部个人档案里，每学期统计通报一次。

2. 诚信考评得分加入年度教师量化考评中（诚信量化满分10分）。

3. 每次考评后进行通报，把通报结果利用微信或信函向个人反馈。

（四）实施价值观引领，形成教师文化自觉

2017年制定学校未来三年发展规划时，学采用swot分析得出学校未来发展的关键成功因素为：校长、教师队伍、改革创新、教师敬业、目标。展望学校发展的未来，学校今后3年的关键成功因素为：理念与共同价值观、教师、课程、个别化、内动力、数字化。

经过教代会讨论确定学校未来三年发展战略改进领域为：课程、课堂和教师是学校今后3年需要加大气力改进的战略领域。好老师铸就好学校，好学校培养好教师，积极探索四有好教师培养方略。同时颁布珲春市第四中学学校文化与价值观：

（1）改革创新，敢为人先。

（2）创造适合每一个学生发展的教育，办人民满意的学校。

（3）一心办学，心无旁骛。

（4）追求卓越，反对平庸，拒绝低劣。

（5）不唯中考，赢得中考，追求五育并举与优秀升学成绩的统一实现。

（6）干部行为准则：关怀，支持，共情。

（7）看见儿童，学校才会改变。

（8）只有相信学生，依靠学生，锻炼学生，才能成就学生。

（9）绝不以牺牲师生的生命健康来换取考试成绩。

（10）让别人因我的存在而感到幸福，让世界因我而更加美好。

2015年3月，学校起草了《珲春市第四中学教师誓词》：我是人民教师，我的职业重要而伟大，我每天的工作关乎国家的明天和孩子的未来。我深知学高为师身正为范，我会自觉遵守教师职业道德规范，按照中学教师专业标准的要求履职尽责，践行爱有形教无痕的教风，竭尽所能力求卓越的校风，为中华民族的伟大复兴、为人类社会的文明进步、为学生的人生幸福，我愿献出全部力量！

学校教师教代会、教师节庆祝活动等教师集体重大活动全体教师均要进行教师宣誓，学校工作计划、平时工作布置与总结均以学校价值观来引领，使得学校价值观深入人心。

开展教师"发现身边的美好"主题写作活动，要求青年教师每月进行一篇专题写作，学校挑选写得好的发布于学校的公众号上，实现核心价值观在学校的硬着陆。

附件：　温金龙老师文章两篇

一缕馨香润心田

温金龙 2019.12.8

我几乎是每日必到这里的，喝喝茶、读读书、静静心。这里也是全校老师忙碌之余乐聚的地方——五楼的"虚静稹轩"。

镂空的屏风，迎门而立；环绕四周的三排大书架鳞次栉比地摆放着各类书籍供人赏阅；当中的大理石平台上时时放着咖啡和各种茶水供老师和客人们随时享用；北侧的沙发、吊椅供人休憩、畅玩；南侧的一长排桌椅供人读书、交流；桌上、台前、柜旁、壁间摆放了形态各异的花草，令人赏心悦目。这里是读书、喝茶、赏花，座谈、闲聊、静思……的好去处。每每置身这温馨典雅、整洁静谧、芬芳四溢的世界，心里总会升起一种世外桃源般的惬意与安宁。在喧嚣的教学楼中能有如此静谧又充满温情的好地方，谁又能不愿意来呢？

优雅的环境固然令人赏心悦目，可这一切的守护者更让人温暖又感动。我每次来到这里都看到她默默地忙碌着。弓着腰，低着头，一遍一遍地擦洗，一点一点地侍弄，全收拾完了，她才直了直腰，捶了捶背，抬头环顾一下四周，好像还有些不放心，总要再巡视一遍，看了又看，摸了又摸，直到脸上露出满意的神情，她才缓缓地走向书架背后的一角——她的办公桌旁，默默地又干起了其他事儿。她劳作的声响极小，我坐在长桌前静静地看着我的书，似乎感觉不到她的存在，轻微的响动好似一首悠然的乐曲流进我的心间，使我平静的心多了几分畅然和欢悦。也许她是怕影响我读书吧！起初我的内心总有些隐隐的自责，总感觉是我的存在束缚了她的手脚，可我又不忍舍书而去，更不舍离开这个温馨的雅室。渐渐地，我发现她做事原本如此，从来都是默默无闻，无声无息的。正是她的辛勤付出，这里总让人感到一尘不染，十分惬意，万分的温馨。

刚下课，几位老师说说笑笑地来了。每个人都倒了满满的一瓶茶水，再看看书，赏赏花，写在脸上的喜悦如一幅优美的山水画，美得无法用文字所能描述。上课的铃声响了，"山水画"相视而笑，又相拥着结伴走了。柜台上几大瓶满满的茶水有的见了底，待人去后，她又不紧不慢地走来，烧水沏茶，直到茶水沏好了，瓶子蓄得满满的，再擦拭一遍，悠然地看看这儿，瞧瞧那儿，好像一切都满意了，她才悄无声息地又回到了她的角落里，继续忙着她的另一份事儿去。

人来了又去了，水空了又满了，这样的反复不知每天她要重复多少次，其中的辛劳也只有她一个人知晓。她有时去上课了，"虚静积轩"的门关了，来取水的老师只能怀着失望的心情默然地离去。她有时出差了，门锁了几天，数次来喝茶、看书、赏花的老师只能无功而返，渐渐地，人们发现没有她的日子，好像生活缺少了许多光彩。

"刘老师去哪儿了？"

"出差了。"

"她什么时候回来呀？"

"不知道。"

"喝不到她沏的好茶了！"

"我也赏不了花了！"

"可爱的刘老师什么时候回家呀？"

是啊！这真是她的"家"，这个雅室在她精心的呵护下，得使每位到此的老师都能感受到一种家的温馨。我在门外驻足了好久，隔着门窗向里望去，里面的情境一览无余。柜台上装茶水的空瓶整整齐齐地摆放着，空空的座位没有一点儿生气。没有了她的身影，雅室瞬间变得如此冷漠无情。没有她的陪伴，一门之隔，我们喝不到茶水，赏不到花，更读不了书。自然大家都会不约而同地一遍又一遍地重复着以上类似的问寻。一个平凡的人创造的一番温馨竟有如此的魅力。经历过后，所有人瞬间感悟到了她的可贵与可敬，领悟到了平凡中也孕育着伟大。此时的大家同我一样，愈加地感念她的好，期盼着她能早日归来。哪怕只是为了看到她，不喝茶、赏花，也是一种心灵的慰藉。

四中是一所大学校，人多，事儿多。上至校长，下至打扫卫生的清洁工，都忙得不可开交。人人都是"拼命三郎"，人人都在"敬业"。作为一名老师，她每天都要上课；她是学校的宣传员，要把学校繁多的事拍照并一一记录好；她又是"虚静穧轩"的负责人，每天要为全校一百多名老师烧水沏茶；有时还要为晚上学习的老师和各种会议的活动准备相应的饮食；时时都要为到此的领导和老师们创造优雅的环境。众多的事集于她一个人身上，可却听不到她一句抱怨之语，见到的永远都是她默默劳作的身影。作为班主任的我，有时累了、倦了，内心还生出几分不平之意。每每想起她把这一堆的事情做得如此之好，心中不免有些自惭形秽。这种"敬业与乐业"的精神，深深地感染着我，教育着我，温暖着我，也激励着我。蓦然的敬意如一缕轻风温暖着我的心扉，弥久不散。

我坐在"虚静穧轩"的长桌旁喝着茶，静静地看着书；几位老师在沙发上小声地畅谈；一个老师优哉游哉地欣赏着花草；刘老师还在默默无闻、勤勤恳恳，一遍一遍地擦洗、侍弄着、忙碌着，一切都是那么平常，一切又是那么温馨。

"刘老师，我看您天天都没有闲着的时候，一定很累吧！"

她微微笑了笑说："累是累了点儿，但能为大家做些事儿，我还是挺高兴的。"说完，眼角眉梢，尽是喜悦。平静如水的话，又在我的心中荡起层层涟漪。

苦乐全在主观的心，不在客观的事。一个人把平凡的事情做好了就不平凡，把简单的事情做好了就不简单。这句话天天听，"众里寻她千百度"，原来身边的刘丽华老师就是最好的诠释。

平日里都是她在付出，我们享用；以往都是她在用笔记录学校的好人好事，殊不知最应该被人记录和表彰的却是她自己。喝着她沏的茶，赏着她浇灌的花草，怀着温馨与敬意，我自然而然地拿起了笔，写写我身边这位平凡中孕育不平凡的她和他们。悄然间，我的梦变得透明了，心变得释怀了，脚步也似乎变得轻盈了。

月圆是诗，月缺是花，昂首是春，俯首是秋。生活总是那么美好，感怀岁月的轮回给了我们那么多的温情。生活是一场一场美好事物的追逐，只要我们用心看，用心品，美无处不在。如一缕馨香沁润心田，感动着我，感化着人们，温暖着世界。

刘老师

温金龙　　2019.12.24

"小温哪，你们班的门玻璃不干净，请你让学生擦干净！"

"小温，下课前在班级强调一下课间纪律。"

"小温，明天大清扫，地面一定先用刷子刷，再用少量洗衣粉拖几遍，最后再用干净的拖布多拖几遍，拖干净啊！"

每天都能看到一个身材瘦小、两鬓微白、戴着近视眼镜的男老师一个班、一个班地走，细细地看，千叮咛万嘱咐。这是刘洪君老师每日必做的事。

他比我年长，我称他刘哥。作为初三的班主任，每天天刚刚亮就到校了，每走到三楼总能看到刘老师在走廊里转，每每也会听到他耐心地嘱咐："小温哪，严抓一下班级的卫生和纪律啊！"我总是大声地回道："放心吧刘哥！一定干好。"我也总会安排最负责的学生把刘老师布置的任务认认真真地干好。时间长了，我与学生们说："孩子们，刘老师每天都来班级叮嘱我们，那么大岁数了，是不是太辛苦了？我们是不是应该把自己的事做好，少让刘老师操心呢？"

"老师，我们会认真干好的！"孩子们很听话，班级和分担区干得清清爽爽。每天刘老师检查卫生时，还是看了又看，摸了又摸，恨不得用放大镜查出点儿问题。值日的同学们跟着、看着、担心着也感动着。看到他平静的面容终于露出了微微满意的神色，孩子们的脸上瞬间洋溢着灿烂的笑容，自豪不已，拍着手，蹦跳着相拥来到我的身边："老师，刘老师今天检查我们班卫生时笑了。"

孩子们激动地向我讲着，仿佛获得了极大的殊荣。"孩子们，你们做事做得好，以后怎么做事，将来怎样工作，看看刘老师，就是最好的答案。"同学们不约而同地点了点头，会心地笑了。

年过半百的刘老师，是学年的纪律卫生负责人，一个年老的男教师却长着一颗比女人还细致的心。每次大清扫，他始终在走廊里不停地巡视。这个班没用刷子刷地，他会告知班主任；那个班拖布不干净，他会告诉班主任。长长的走廊转了一遍又一遍，细细地、慢慢地，看看这儿，摸摸那儿，看到学生干不好的地方，有时他还会亲自示范给学生看。当发现清扫不干净的地方，他就会快步走到负责的班级告知班主任让其马上派同学干好。也许是不放心，他总会为此寸步不离地站在班级门口等候着学生出来并监督学生彻底干好才会离去。七百多人的学年，正是因为有了他的存在，地面可见人影，护栏银光四射，窗明几净，一尘不染。美好的环境使人赏心悦目，这都得益于刘老师兢兢业业的勤奋付出。

每次看到刘老师检查卫生，我总是有意地凑到他身边，"刘哥，带放大镜了吗？"他转过头瞪着大眼睛，张着嘴，大笑地看着我，"放心吧！到你班我一定用放大镜检查"。我拍了拍他的肩答道："谢谢刘哥，那是对我最大的厚爱！"

初三的学业是繁重的，课间自然成了学生最快乐的时光，班级走廊也自然成了学子玩乐的天堂。下课铃声响起，学生一窝蜂地从班级涌出，好像潮水一般，走廊瞬间一片汪洋。淘气的学生趁机总会犯上作乱，打打闹闹，吵吵嚷嚷。高歌声、叫喊声、争论声、拉拽声、欢笑声，一时齐发，刺耳惊神。众学生快乐了，刘老师却提着心吊着胆。每次下课铃未响，他就会站在走廊的中间，如一个钢铁战士，恪尽职守，护卫着这一方净土。

看见不靠右侧通行的学生，他就会大声地呼喊："哪个班的同学，没靠右侧行走！"那些学生听后马上乖溜溜地靠向了右侧。看到大声喧哗的同学，刘老师就会大声地呼喊"哪个的班的学生在大声喧哗？"瞬间走廊的声音就变小了；看到打闹的同学，刘老师就会大声疾呼："那是哪个班的同学打闹呢？"打闹的同学就会马上停手。有时有的学生似乎故作双耳不闻之态，刘老师就会快步冲上前去，拉着那个学生的手，找其班主任进行思想教育。起初这种警钟长鸣式的呼喊和猫捉老鼠似的游戏天天上演。时间长了，习惯成自然，学生们也自觉地变得文明守纪了。他的付出约束了学生的言行，悄然间改变了学生，做最好的自己。刘老师的呼喊声、警告声现在几乎销声匿迹了。可那个瘦小的身躯却是一个忠于职守的顽固战士，每节课下课前依然会站在走廊中间坚守着自己的岗位。秩序井然，文明祥和的课间，是四中学子文明素养的体现。这其中一定有刘老师的一份功劳。

一日与刘老师在一起闲聊。

"刘哥，每天两个楼层你得走多少趟呢？"

"没数过。"

"每节课站岗，有何感想，累不累啊！"

"岁数大了，晚上到家也腰酸腿疼！但领导把这项工作交给我，是对我的信任，我就得干好。"

"小温，你比我年轻，更要努力啊！"

"小弟一定努力！"看着刘哥期许的眼神，我会心地笑了笑。想想平日刘哥的所作所为，我的内心久久不能平静。

工作是这样，教学更是锦上添花。刘哥是政治老师，连续几年一直任教初三。谁都知道初三累，早出晚归，劳神劳力。课时多、作业多、任务重、压力大，中考的成绩关系着学校的荣誉，也关系着无数个家庭的幸福。对教师是一种身心和能力的考验。年轻教师都有些望而却步之感，可刘老师大有"老夫聊发少年狂"之势。远在百里之外的敬信学校需优秀的政治老师支教，珲春四中作为一所名校，自然要派出业务能力强的老师全力帮扶。刘老师又主动地担起了支教的重担。这样他既要教本校初三四个班的政治课，还要到百里之外的敬信支教。每周去两天，上两天的课，教两个学年，备两个年级的课，这样的工作量岂是一个年过半百的老教师所能承受的。两地奔劳，甚是辛苦，看到他匆忙劳碌的身影，我问："刘哥，累不累呀？"瘦小的他总是笑呵呵地说："累并快乐着。"一天看到刘老师的头发染黑了，瞬间好像年轻了很多。

"刘哥什么时候返老还童了？"

"染的！"

"爱美之心有皆有之，注重个人形象说明你还很年轻啊！"

"你小子想多了！最近我发现学生不愿听我老头讲课了，我只好染染。"

"现在讲课不但比水平，还要比颜值呀？那刘哥，你最好整整容，变成帅哥多好啊！"

"是啊！我也想，可是我怕你嫂子不让我进屋啊！"话音刚落，我们相视而笑。

"刘哥，注意身体啊！"

"谢谢兄弟，我会的。身体好，才能把工作干好。"年轻了的刘哥所教的班，中考成绩果然又是全州名列前茅。这尽职尽责的乐观情怀，使我浮想联翩，心潮腾涌，感动不已。为此我无数次地问自己："我到了刘老师那个年龄，容颜逝去，心力不支，我还能有像他那样积极向上的工作热情和认真负责的工作态度吗？"想想这些，心中总有一种难以抑制的悸动震颤着我的魂灵。

"其为人也，发愤忘食，乐以忘忧，不知老之将至云尔。"四中之所以能一步步走向辉煌，很大的原因是有那么多如刘洪君老师一样的老教师在前面做着榜样，埋头肯干、拼命硬干。始终怀着一颗敬业的心，爱着每一个学生，坚守着自己的职业信念，矢志不移地走着自己的路。他们在做，我们耳闻目睹。老教师们身上所传递的精神财富是无价之宝，金针度人，一生受用。保护、继承、挖掘这笔财富，定会使珲春四中走得更远，更远！

想到此，情不知所起，真心地向那些默默无闻，无怨无悔，兢兢业业为教育奉献一生的老教师们致敬。

微风拂面，春光朗照，与您相伴，岁月静好。我们还年轻，你们永不老。太阳依然从东方升起，明天一定会更加美好。

（五）建设学习研究共同体，实现教师发展自觉

学校建立教师培训制度、读书制度、青年教师沙龙制度、集体备课制度、合作教研制度、科研管理制度等引导老师读书、研究，也把教师研究成果作为教师评价和职称评聘的重要权重，在推动教师阅读、教研、科研等方面取得了一些成果，使老师关注专业成长、关注研究，学校形成了一批合作研究的共同体：备课组教研共同体22个、平行班合作共同体23个、课题研究共同体13个、项目研究共同体4个、青年教师沙龙、名师工作室5个、大学区研修共同体11个。但也发现了一些问题：老师的学习培训没有对老师的专业成长发挥赋能作用，学、做脱节很严重，教师工作没有得到彻底改善。解决这个问题的关键是给老师赋能，帮助老师提升专业能力。途径就是一条学习和研究，国培省培市培校培，老师们的反应是培训时很激动，回校很心动，一段时间后无行动。什么原因？原因是学习的不能用、有用的没学习。如何解决学、用结合，让老师真正走上一条学习、研究、提高专业能力的道路，2020年学校开始引入"主题研修"教研项目，按照"学促自明，以思促自得，以省促自立，以行促自成"的路径进行发展探索，解决了老师学习、研究、实践、反思一体化问题，让老师的学习、

研究、反思成为教师的工作方式，教学工作的常态。

附件1：我的研修——大单元主题研修实施方案

为了更好地发挥校本主题研修系统的作用，在研修中真问题，真学习，真探究，真反思，引领教师的专业素养提升，特制定此方案。

一、目标

通过专家培训指导和跟岗实践，学科负责领导和骨干教师先行，全体教师共同研究，使每一位教师均能掌握主题研修的技能和大单元的备课技术，每个备课组均能形成研修模型、大单元备课设计汇编、学生预习练习作业习题集。

二、重点工作及落实措施

（一）培训支撑

开学初邀请大安四中校长、老师对全体教师进行主题研修方法及研修手册各项目书写进行培训指导。第二次培训将在实施一段时间后派组长和骨干教师到成型实验校进行跟岗体验式培训。

（二）领导参与

1.领导班子责任制。校长负责研修全面工作，学校中层以上领导分管研修组，参与研修组的研修活动，研修不主动的研修组、教师，要问责分管的学校领导。

2.实行校本主题研修例会制，每月由校长或业务校长负责召开一次，研究解决研修中出现的问题。

3.主题研修领导小组分工

李丽辉校长：负责领导责任制落实情况，检查、评价责任领导的研修工作，修改完善学校的领导责任制度。

李红梅、许佳文副校长：负责全校主题研修工作，制定本学期学校研修方案、学校活动计划，修改完善学校的研修主题审查制度、奖惩制度、研修组与教师评比与检查制度。

关立红、郭志影主任：负责学校研修活动设计，组织学校的研修活动，搜集、整理校本主题研修的相关档案资料。

（三）研修组研修活动要求

研修组活动目的是促进教师研修，引领教师研修，实现群体的共同发展。研修组既要开展评课议课、磨课研课活动，还要有学术研讨。建议研修组有选择地将以下活动纳入研修组活动计划中：

1.研修主题论证会。

2.期中期末结合试卷对照课标学情分析会。

3.全员参与的组内课例研讨活动。

4.期中或期末研修经验交流会。研修组要建立学习交流微信群，轮流每周一人推荐一篇文章，并附上推荐理由，其他教师要写出读后感发在群内。由研修组长和分管领导负责。

（四）研修主题的提炼

本学年度我校的一个大的研修主题为大单元教学，各组和老师可围绕大单元教师设计和实施中问题设计本组和老师的研修主题。主题设计要注意：

1.要对照课标的阶段目标和教学建议分析学情。备课时重新分析上学期的期末试卷，对照课标的阶段目标和教学建议，结合教材，根据自己的长项或短项确立主题。

2.教师的研修主题提出后，必须在组内进行充分论证，内容及表述形式都要符合要求，校分管领导要参与其中的论证活动。

3.研修组论证通过后，组长与分管的责任领导签字，上报学校。如果不合格，追责分管领导。

（五）教师研修方案撰写

研修方案反映了教师研修思路是否清晰及研修的准备工作。在教师研修主题通过后，给一定时间撰写研修方案，然后在组内以"我的主题，我的教学改进设想"为题进行交流评改，并选出一名教师参加学校的交流活动。

（六）常规研修和针对性学习

校本主题研修系统，主要是以教师常规研修为主，以团队合作为辅。教师的研修，重在常态课的改进和提升。"问题—学习—探究—问题"是教师的常规研修，按着这个过程研修，教师的素质就会在教学实践过程中静悄悄地得到提升。对教师的探索前学习做如下要求：

1.每次探索查找（学校给每位教师购买知网卡、学科网）学习的资料不少于三篇，其内容必须围绕要解决的问题。

2.在"启发与感悟"栏内不要写套话、官话，主要写两方面的内容：一是从中提炼出哪些利于你改进教学的经验或做法；二是你改进自己教学的思路。

3.在教学设计中有改进的地方用红线标出，在眉批中注明用意，便于检查。

4.探索后的反思要从正、反两方面认真总结，手册栏内容纳不下，可粘贴附页。

建议每次探索之后，教师要写出一研一得教学随笔，放在教师研修过程手册的"放飞思想"栏内。以此形式培养教师的为文能力。期末研修组评选出优秀随笔上报学校。对教师研修过程手册的检查工作由研修组长与分管领导负责。

三、研修管理评价

1. 研修管理实行层级负责制：备课组长为第一负责人，负责按照主题研修流程组织研修活动，指导组内研修；学科负责领导为第一责任人，负责帮助老师解决研修中遇到的问题和困惑。

2. 评价与奖励。研修过程常规评价由组长和学科负责领导进行，研修组评价由负责领导和学校研修领导小组进行，标准为研修参与度和研修成果（每月展示课、大单元设计、学生习题集），评价结果加入组量化，评为优秀的组将派出省外学习一次，同时到大凉山送教。

附件2：珲春市第四中学班级间合作共同体相关要求及解读

一、何为共同体

百词条是这样定义的：①人们在共同条件下结成的集体。②由若干国家在某一方面组成的集体组织。如同欧盟。③在爱情方面，指最具同心力的一个集体。双方具有非常深厚的感情基础。可以做到同荣誉，同命运，同生活。是当代爱情应有的一个方向。

我校的班级合作共同体在组织形式上趋近于词条上的①，目标发展为③中最具同心力的集体，即高绩效团队（附高绩效团队的九个特征）。

班级间合作共同体即把同学年临近的两个班结成一个组织，即共同体，两个班的学生被均等地分在两个班中，并分别被赋予行政班的名字和以两位班主任名字命名的共同体班名，如七年一班和七年二班共同体，吴洪波和韩雪共同体，韩雪和吴洪波共同体；以两位班主任为核心联合科任共同管理两个班级，两个班的班主任和两个班的科任按照高绩效团队的九个特征开展日常工作，共同建设好两个班集体，实现1+1＞2的目标。

二、如何确保共同体成为高绩效团队

1. 明确评价原则：共同体两个班级实行捆绑评价，即将两个班的成绩加和除二即为共同体两个班的成绩和两位班主任的成绩；在学校大型活动中，对于先进的评选均以共同体为单位进行评选。

2.班级间合作共同体的两位班主任在工作中要经常性地互相研究，互相商量，互相帮助，互相借力，优势互补，实现 1+1 ＞ 2 的管理效果。

3.在具体工作中共同体班主任如何共同开展工作，学校不做细节干预，但对于不合作、假合作者，轻者取消年末评优资格，重者取消班主任资格。

4.七年级时共同体班级间的学生不能随意流动，固定在入学时的行政班，鼓励班主任老师在两个班间流动管理；八年级时可根据班级出现的问题和更好地促进学生发展，最多可以有 10% 的流动；九年级时鼓励共同体实行分层教学（学生流动前必须将流动的原因以书面申请的形式递交至学生发展中心，得到学校批准后方可流动，不得私自流动）。

5.每月至少以学年为单位开展一次共同体工作经验交流会，互通有无。

6.每年度学校对于共同体工作开展好的团队教师，给予一次集体外出学习的机会。

三、高绩效团队的九个特征

理想的班级间合作共同体是以班主任为核心的高绩效团队。高绩效团队具有以下九个特征：

1.清晰的目标：高效的团队对于要达到的目标有清楚的了解，并坚信这一目标包含着重大的意义和价值。而且，这种目标的重要性还激励着团队成员把个人目标升华到群体目标中去。在有效的团队中，成员愿意为团队目标做出承诺，清楚地知道希望他们做什么工作，以及他们怎样共同工作最后完成任务。

2.相关的技能：高效的团队是有一群有能力的成员组成的。他们具备实现理想目标所必需的技术和能力，而且相互之间有能够良好合作的个性品质，从而出色地完成任务。

3.高度的忠诚、承诺、活力：高效的团队成员对团队表现出高度的忠诚和承诺，为了能使群体获得成功，他们愿意去做任何事情。每一个人都具有充分活力，愿意为目标全力以赴，觉得工作非常有意义，可以学习成长，可以不断进步。

4.相互的信任：成员间相互信任是有效团队的显著特征，就是说，每个成员对其他人的行为和能力都深信不疑。

5.良好的沟通：这是高效团队一个必不可少的特点。群体成员通过畅通的渠道交换信息，包括各种言语和非言语信息。此外，管理层与团队成员之间健康的信息反馈也是良好沟通的重要特征，有助于管理者指导团队成员的行动，消除误解。就像一对已经共同生活多年、感情深厚的夫妇那样，高效团队中的成员能迅速准确地了解一致的想法和情感。

6.适当的领导团队：领导人对于照顾团队任务的达成与人员情感的凝聚，保有高度的弹性，能在不同的情境做出适当的领导行为。

7.有效的执行：高绩效团队能够在有限的资源之下，创造出最佳的绩效，即团队能够做出当时的最佳决策并有效执行。

8.肯定与欣赏成员：能够真诚地赞赏，使对方了解您的感受或他对小组的帮助。这是帮助团队成长向前的动力。

9.个人以身为团队的一分子为荣：个人受到鼓舞并拥有自信自尊；组员以自己的工作为荣，并有成就感与满足感；有强烈的向心力和团队精神。

新时代幸福学校里的评价文化与实践

一、我校对学校评价文化的认识

1. 学校评价文化是什么

学校评价文化是指在一定的学校文化价值观的指导下，运用科学的手段，系统、全面地收集、整理、处理和分析学校文化相关信息的基础上，对学校文化的价值做出判断的过程，其目的在于改善学校文化氛围，促进学校内涵发展。

学校评价文化建构内容：构建明确的评价目标、构建体现本校特色的个性化评价体系，构建评价与发展相结合的评价实施机制以及构建以发展为目的的评价反馈机制。

2. 学校评价文化有什么作用

评价具有诊断、调控、激励、发展与导向等重要功能，关涉教师教学水平的提升与学生各种能力的培养和发展，是教育教学的指挥棒，直接影响着教育质量。我校认为学校评价文化的最大作用是促进师生发展。学校评价的第一要务是发展学生，学校是发展人的场所，学校里的学生是成长中的人，发展自己是学生来到学校的主要目的，帮助学生发现自己、悦纳自己、超越自己是学校评价文化建构的基本思想。学校只有基于学生的差异，建立多元的增值的评价文化，才能不断地帮助学生发现自己的长处和不足，在老师和同伴的帮助下扬长避短，实现全面发展。另一方面，学生的发展需要教师的专业发展来支撑，学校建立发展性的教师评价文化给教师发展赋能，引导教师实现专业发展是带动和帮助学生发展的推动力量，所以说学校评价文化的重要作用是引导教师发展。

3. 我校评价文化的逻辑建构

2009 年开始，我校开启课堂教学改革，缘由是学生差异大、教师理念滞后、教学手段单一，无法适应学生多元发展的需求。改革首先进行学校文化的顶层建构，在领导干部和教师讨论的基础上建构了学校的理念文化，将学校的办学理念定义为"让教育成就幸福，让人生别样精彩"将学校的培养目标定义为"视野广阔、志向高远、身心健康、生活精致"将学校的校风定义为"竭尽所能、力求卓越"将学校的校训定义为"禀受才智于自然　回复灵性以全生。同时确定学校的三观，教育观是"教育即唤醒和激励"学生观是"学生在学习方面个体间的差异是源于智能类型的不同，而教育则要善待差异、欣赏差异、依靠差异、发展差异"质量观是"没有考试成绩的学校不是好学校，只有考试成绩的学校也不是好学校"。在学校理念文化的引导下，经过讨论进一步建构了学校评价文化的理念为"理解人、关心人、尊重人、发展人、幸福人"，提出了"大家不同，大家更好"的评价目标。意图通过评价的引导和激励实现每一名师生都成为最好的自己。为了实现师生的发展，确定了学校评价原则为：要多定量少定性，要多元不单一，要增量不定量，要自己和自己比，要看发展比进步。

二、建构适合师生发展的学校评价文化，实现建构多元的增值的学生评价文化，适应学生全面而有个性的发展

学校评价对学生成长而言，是个性与全面发展的统筹。为了适应学生的差异发展，学校建立了丰富的课程体系，以此来提升学生多元和立体成长，促进德智体美劳全面发展。新时代教育评价改革的总体方案要求，坚决改变用分数给学生贴标签的做法。创新德智体美劳过程性评价办法，完善综合素质评价体系，就是对人全面性的尊重。

（一）创建"三规·三省"的自我教育模式，满足学生差异化发展需求

自我教育理论认为，要实现学生的自我教育，必须培养受教育者自我认识、自我监督和自我评价的能力。学校和教师要帮助学生形成提出一定的奋斗目标，监督自己去实现这些目标，并评价自己实践结果的习惯。1996 年开始，学校借鉴部队讲评经验开始进行学生月评价，引导学生开展批评和自我批评，到 2014 年，经过不断完善建构了《珲春四中学生综合素质评价细则》。新的评价标准设有"道德品质、公民素养、学习能力、交流与合作、运动与健康、审美与表现"

等 6 个维度 34 个子项目，并把学生综合素质评价和我校进行的小组互助合作管理模式紧密结合，对学生在校一日学习生活的各个方面都有了明确规定。同时，我们变"月评价"为"日评"与"月评"相结合的评价方法：强化"日评"，突出评价反馈矫正的及时性；注重"月评"，突出评价的引领性和发展性。学校把学生日评分数累加折合成最高分 20 分，最低分 5 分，计入期中、期末个人总成绩中。并依据每天日评记载记录，在期末测评时，评选出各项先进。这样操作下来，学生劲头足了，每天都在思考"我应该怎样做才能得到老师和同学的认可"，班级集体荣誉感油然而生，学习氛围日渐浓厚，良好的学习风气在我校逐渐形成。2018 年又在综合素质月评价研究的基础上，创建了"三规·三省"的自我教育模式。以"三规"——人生规划、学段规划、月规划，引领学生进行人生规划、职业规划；以"三省"——日小结、周计划、月评价，引导学生在自我规划的基础上，对规划的落实进行自我监督、自我反省、自我认识、自我悦纳，实现对生命成长的更高水平的体验。

1. 日评价

在每天放学前，内容包括学习评价、行为习惯评价和集体活动评价三个方面。学习评价是指课堂学生学习状况、各学科学案及作业完成情况、各学科知识反馈和巩固情况等评价，由学科组长交换负责评价相邻小组各成员的学习表现情况，各小组 4 号做好每天记录。行为习惯评价由纪律评价、卫生评价和其他评价三部分组成。纪律评价包括自觉学习、课前准备、课堂、自习课、课间、两操、集会、考试纪律等等。卫生评价包括个人卫生、桌布卫生、桌面整洁、小组环境、值日卫生等等。其他评价就是随身携带管制刀具、打架斗殴、上网等不良现象。集体活动评价就是重大活动中，小组成员获得校级以上荣誉的，根据实际情况赋分量化。上述评价内容，小组组长每天都要打分，进行小组总结反思，时间安排在每天放学前，有时调整到中午或晨读前，日小结由值日班长组织，先把学生在校一天各方面表现做一总体评价，再由各组组长交叉公布量化分，值日班长最后公布小组排名，各小组根据量化评选出本组最优秀组员及有待提高组员，量化分较低的小组还要制定出第二天的详细的改进措施和目标，重大问题要做出书面反思。最后评出各类当日之星，如学习之星、纪律之星、作业之星、发言之星、坐姿之星、优秀小组、有待提高小组等等。

2. 周评价

在每周周五放学前进行。由值周班长负责把一周小组量化分计算出来，并进行排名。对表现优异的小组进行表彰。当然，我校各班在调动小组竞争积极性和学生对量化的重视程度上采取的方式各不相同，有的班级排名第一的小组可以在下一周拥有优先选择班级座位的权力，其他组依据分数排名逐个选择；有的班级半学期开展一次"拍卖"活动，就是学生把自己手里的量化分作为竞拍资金，教师把学生做好人好事捐给班级的物品拿出来作为拍卖品，让学生用手中的量化分来竞拍，进而调动了学生参与小组活动、参与学习的积极性；为增强小组长的管理能力，调动其积极性，还经常组织小组长交流、小组长培训，对于评定为优秀的小组长，学校还组织其参加实践活动，所需一切资金全部由学校承担；对于个人量化，每周由值周班长核算，评出班级量化排名前四，命名为量化精英，由班主任进行奖励。实践证明，学生就是在从他评转向自评的过程中逐渐学会自我管理、自我发展的，我们只是形式上的一种改变，却收到了极好的效果，它不但增强了学生克服困难的信心，同时增强了学生集体荣誉感，激发了学生团结协作、参与学习、参与活动、参与探究的主动性。

3. 月评价

在月末抽出两节课进行，具体步骤有：

（1）唱班歌，要求班级学生全部起立高声歌唱，提高班级凝聚力。

（2）公布量化分，用大屏幕将本月各组量化分，每位学生量化分进行公示，激发学生的竞争意识。

（3）进行组内自评互评，先由组长在组内对组员进行客观公正的评价，然后组员结合本月表现做好自评，小组成员间进行互评，多看别人优点，对其存在的不足及时指出，努力营造友爱融洽的集体氛围，最后组内结合当月表现，制定下月奋斗目标。

（4）典型组进行展示与反思，即当月表现最好的组做经验介绍，让其他组学有榜样，当月表现最差的组做反思，让其他各组有所借鉴。

（5）典型人物自评互评，班级一个月内需要树立的典型，或者在这个月班级管理中存在问题学生进行自评，其他学生对自评人提出期望和鼓励，或指出亟待改进的问题，促进自评人更好发展。

（6）主要班委和课代表总结，对学生一个月来在各方面表现通过组外不同声音，得到进一步客观公正评价。

（7）评优颁奖，选出优秀小组长两名，进步生两名，表扬先进，激励后进。

（8）班主任总结，把一个月班级情况做一个全面细致的总结，带领同学依据家校联系手册，定出班级下月重点工作，班级目标。在评价前，学生要向家长写一封汇报信，向家长汇报当月表现，家长要及时写好回信，对孩子进行鼓励和期望。

期末评价：在放假的最后一天，此次评价要对学生一学期做一个公正、公平、客观的评定，所以学校极为重视，之前要求班委、组长、学生代表、教师要召开会议，取出原始数据，依据学生表现，依据6个维度34个子项对学生进行评定，然后学生个人再依据项目做好自我评定，两项结合作为其期末评定。在评价结果上，我校不单采用学期末的"三好学生""优秀班干部"等常规表彰，还依据期末评定提炼出二十几种奖项，如勤学善思奖、作业最规范奖、善于合作奖、乐于助人奖、关心班级奖、优秀小组长奖、进步生奖、特长生奖等等。在开学典礼上，受表彰的同学走过百米长的红地毯时，内心升腾起无限的光荣与自豪，脸上洋溢着灿烂的笑容，这对其他同学起到了激励的作用。

附件：中学生综合素质评价体系研究报告

（此成果获得2014年吉林省基础教育研究成果一等奖）

一、问题的提出

德育是素质教育的灵魂，在育人过程中起着导向和保证作用。按照青少年学生身心发展规律和社会发展要求，从学生实际出发，在加强德育工作的针对性、时效性和主动性上进一步研究与探讨，使德育诸要素在学生各个阶段实现有机结合，达到预想的教育目标，是我们进行中学生综合素质评价研究的根本出发点。

长期以来，学校对学生思想品质评价通常只靠班主任写评语办法进行，往往是千篇一律、千人一面，过于模式化，致使学生之间思想品德行为表现的优劣很难比较。为更好地组织开展德育序列化工作，促进学生健康成长，形成科学的、可操作性强的学生思想品质评价测量体系，我们进行学生综合素质评价研究与实践的工作探讨。

开展中学生综合素质评价，具有导向功能和诊断功能。导向功能表现为有利于学校对德育工作及其效果进行检验和改进，能有效指导学校德育工作，使学校德育工作方向明确，让学生思想行为和社会期望值更加吻合。诊断功能表现在它可以鉴别学生思想、行为优劣，让学生及时了解自身优缺点，促进学生自我认识、自我教育、自我控制，帮助学生逐步养成良好的思想品质。

二、解决问题的过程与方法

（一）明确研究理论依据

《基础教育课程改革纲要（试行）》指出：要"改变课程评价过分强调甄别与选拔的功能，发挥评价促进学生发展、教师提高和改进教学实践的功能。"为加快中小学评价与考试制度改革，建立基础教育新课程体系，扎实推进素质教育，我们按照《教育部关于积极推进中小学评价与考试制度改革的通知》（教基〔2003〕26号）和教育部关于《国家基础教育课程改革实验区2005年初中毕业考试与普通高中招生制度改革的指导意见》的精神，结合中共中央国务院《关于进一步加强和改进未成年人思想道德建设若干意见》要求，开展中学生综合素质评价研究。

（二）明确研究目标原则

1. 总体目标

通过中学生综合素质评价研究，确立动态的、多元化评价体系，注重发挥评价引领功能，全面提升学生综合素质。

2. 具体目标

在实践中探索和完善综合素质评价办法，建立健全初中生综合素质评价制度，形成素质教育实施与保障长效机制。实行学生综合素质评价，关注学生个体差异，挖掘学生内在潜力，关心学生全面进步，引导学生主动和谐发展。

3. 研究原则

（1）发展性原则。以促进学生全面、和谐和可持续发展为出发点和归宿，科学地评价学生的发展水平，关注每一个学生的发展现状及未来发展趋势，使学生明确自己发展的努力方向，从而促进全体学生健康发展。

（2）过程性原则。贯穿于知识技能学习、良好思想品德和心理素质的培育、创新精神和实践能力的培养、注意学生个性的发展和多种潜能的开发、增强体质等学生素质全面与和谐发展的全过程，使每个学生的发展过程得到优化，素质不断得到提高和发展。

（3）激励性原则。面对全体学生，以发展目标为导向，以引发学生学习兴趣、帮助学生树立学习的自信心、激发学生的学习积极性，促使学生改进自己的学习行为和学习方式，激励评价对象不断进取，不断完善自我、发展自我。

（4）自主性原则。让学生自觉主动地参与评价活动。通过设计综合的评价内容、多元的评价主体、多样的评价方式，在实施初中学生综合素质评价过程中，引导每个学生积极参与评价活动。

（5）同建构原则。由评价者和评价对象双方通过沟通、协商共同建构评价结果。在共同建构初中学生综合素质评价结果的过程中，使评价结果得到评价对象的认同，更好地发挥评价结果促进评价对象发展的作用。

（三）明确研究内容方法

1.研究内容

一是综合素质评价方法的灵活性，由单一评价方式到动态多元化方式的发展；二是对于学生综合素质评价内容相关细则的建构；三是思考综合素质评价与各学科的整合方式方法。

2.研究方法

（1）文献研究法。查阅有关文献资料，为课题研究提供理论依据。

（2）行动研究法。认真按照指定实施方案研究计划，有步骤有重点地实施，在实施过程中研究、反思、调整、再研究、再调整、实现研究目标，以取得预期效果。

（3）问卷调查法。在研究中，用问卷方式，对学生、教师以及当前综合素质评价的实施态度、意愿等方面进行调查，以获得第一手材料，为研究展开提供科学依据。

（4）经验总结法。在运用过程中，边学习、边实践、边研究、边交流，不断总结成功经验与失败教训，相互学习借鉴，促进研究工作深入。

（四）明确研究实施步骤

准备阶段（2006年6月～8月）。进行课题立项申请组织、分工和培训工作；制定珲春四中《中学生综合素质评价细则》，建立实验组织机构，确定实验教师、学生档案，逐步完善《综合素质评价实施方案》。

探讨阶段（2006年9月～2011年5月）。开题立项，开展实践研究。从班级管理方式、小组合作管理等变革，到课堂教学、家校结合等工作，全方位研究中学生综合素质评价的可适用性，完善综合素质评价内容相关细则，建构综合素质评价与各学科整合、延伸家庭教育的工作流程。

总结阶段（2011年6月～12月）。收集整理课题实验的过程性资料，统计历年来各科学业检测成绩、教师学生取得的成绩、学校历年来取得的相关成果，撰写结题报告，迎接省专家鉴定组验收。

深化阶段（2012年1月～现今）。总结前段中学生综合素质评价具体工作经验的同时，继续结合学校"差异－适应性"教学改革，深入探讨中学生综合素质差异性评价。

三、成果主要内容

（一）学生综合素质"五环节"评价体系

中学生综合素质评价包括自评、互评、家评、督评、师评等5个环节，权重分别为30%、15%、15%、15%、25%。自评。对照《学生综合素质评价表》内容，学生每天进行自我实录，月末总评价时按优秀、良好、及格、待及格四个等级填写"自评结果"，写出自评报告，总结优点，查找不足，拿出改进措施，并以书信形式向家长汇报自评结果，然后在评价会上汇报。互评。以自愿方式选出2～3位学生，让其他学生对他们进行评价，把学生分成若干个小组，组长主持互评并组织讨论，记录互评结果，使学生分辨是非，树立正风正气。评价中若发生冲突或偏差，老师及时进行引导，以便做出客观、公正的评价。家评。自评、互评前，根据评价标准和学生一个月的在家表现，由家长在《月评价表》的"家评结果"栏内填写评价意见。督评。每位学生均任班级值日班长，一月内轮流上岗执勤，检查督促班级评价目标的执行情况，记好班级日志，放学前5分钟进行当天日评。周五放学前，5位值日班长进行一周情况汇总，值周班长做周小结。月末，由班长公布全班学生1个月各方面情况，说明扣分和加分事宜。师评。根据每月学生确定的评价内容，班主任和任课老师要求学生、管理学生，一同参与月末集体评价和讨论。优化师评手段，由学习委员或科代表记录课堂规范执行和任课老师对本节课学生执行规范的评价情况。

（二）学生综合素质小组合作管理形式

把班级成员分成若干个6人组，按照学习成绩分成1～6号。竞选出有责任心、正义感并且成绩好的同学担任1号组长。组长再按学习成绩，文、理科力量均衡分别聘任组内2～6号成员。分配小组时，要考虑男女搭配、行为习惯相对适度，学生个性、特长和发展潜力相对平衡等几个方面，这样，有利于小组组内活动开展和互补性人际交往，有利于组与组之间的评价与竞争。为促进小组学习和自主管理积极性，班级小组管理以量化评比为主。班主任和学生一起制定较为详细的竞赛小组管理办法；根据《中学生守则》《中学生日常行为规范》等规章制度，在学生充分讨论基础上，把课堂学习、文明礼仪、纪律卫生等内容具体量化为可操作的评分细则。细分到每天值日生表现、作业情况、备品管理、发言次数、展示表现、纪律情况、日常坐姿、午餐管理、自习状态、好人好事、课间管理等 20 多个项目进行量化加减分，这些分数经过累计汇总，在期中期末考试前，每位同学的累积分数按公式进行折算，计入考试总分。在学生量化管理上，我们要求每班从 7 年级开始必须使用小组量化记录单，由每组组长负责记录，记录单上附有组员名单、本周目标、日小结、组员日量化排名、本周优缺点总结及改进办法等等。另外，我校每个班级的墙上都有两块量化板，分别是小组课堂量化表和每天小组量化总表，每节课和每天小组量化分都在量化板上一目了然，既增强了各小组的竞争意识，还可以根据班级出现的问题和现象随时增加量化项目和量化力度。

（三）学生综合素质"日－周－月"评价

日评价内容包括学习评价、行为习惯评价和集体活动评价三个方面。上述评价内容，小组组长每天都要打分，进行小组总结反思，时间安排在每天放学前，有时调整到中午或晨读前，日小结由值日班长组织，先把学生在校一天各方面表现做一总体评价；再由各组组长交叉公布量化分，值日班长最后公布小组排名；各小组根据量化评选出本组最优秀组员及有待提高组员；量化分较低的小组还要制定出第二天的详细的改进措施和目标，重大问题要做出书面检讨。最后评出各类当日之星，如学习之星、纪律之星、作业之星、发言之星、坐姿之星、优秀小组、有待提高小组等等。

周评价在每周周五放学前进行。由值周班长负责把一周小组量化分计算出来，并进行排名。对表现优异的小组进行表彰。为增强小组长的管理能力，调动其工作积极性，还经常性组织小组长交流、小组长培训，对于优秀小组长，学校组织其参加实践活动，一切资金学校负责。对于个人量化，每周由值周班长核算，评出班级量化排名前四的个人名次，即量化精英，由班主任进行奖励。实践证明，学生就是在从他评转向自评的过程中逐渐学会自我管理、自我发展的，我们只是形式上的一种改变，却收到了极好的效果，它不但增强了学生克服困难的信心，同时增强了学生的集体荣誉感，激发了学生团结协作、参与学习、参与活动、参与探究的主动性。

月评价在月末抽出两节课进行，具体步骤有：唱班歌，要求班级学生全部起立高声歌唱，增强班级凝聚力。公布量化分，用大屏幕将本月各组量化分，每位学生量化分进行公示，激发学生的竞争意识。组内自评互评，先由组长在组内对组员进行客观公正的评价，然后组员结合本月表现做好自评，小组成员间进行互评，多看别人优点，对其存在的不足及时指出，努力营造友爱融洽的集体氛围，最后组内结合当月表现，制定下月奋斗目标。典型组展示与反思，即当月表现最好的组做经验介绍，让其他组学有榜样，当月表现最差的组做反思，让其他各组有所借鉴。典型人物自评互评，班级一个月内需要树立的典型，或者在这个月班级管理中存在问题的学生进行自评，其他学生对自评人提出期望和鼓励，或指出亟待改进的问题，促进自评人更好发展。主要班委和课代表总结，对学生一个月来各方面表现通过组外不同声音，得到进一步客观公正的评价。评优颁奖，选出优秀小组长 2 名，进步生 2 名，表扬先进，激励后进。班主任总结，把一个月班级情况做一个全面细致的总结，带领同学依据家校联系手册，定出班级下月重点工作，班级目标。在评价前，学生要向家长写一封汇报信，向家长汇报当月表现，家长要及时写好回信，对孩子进行鼓励和期望。

评价目的是激励学生奋进。我校评价设置奖项极多，每节课评"节星小组"，每日评"日星小组"，每周评"周星小组"，月末评"学习进步小组""勇敢质疑组""勤俭节约组""活动积极参与组""特长组""大胆发言小组""自学能力最强组""教学案书写最认真组""教学案和作业完成质量最高组""最遵守纪律组""最乐于助人组"等等。在此基础上，我们评选产生"星级小组"和"星级学生"。在这样的激励机制下，班级呈现出自主管理、自主发展的勃勃生机；学生自制组规，明确小组奋斗目标。通过多样竞争活动，学生增强互帮互助意识、"人人为我、我为人人"意识、"小组共荣、同步共赢"意识，建立团结、活泼、文明、进取的班集体，同学间形成良好的人际关系，学生自我学习、联系拓展、交流合作、讲解表达、组织分配、策划组合等能力不断提升。

（四）学生综合素质学科教学效果评价

我校研发了珲春四中《科任教师对学生学科学习评价细则》，具体内容如下：

1. 评价内容

学科学习包括两部分，即学习行为和学习成绩。

（1）学习行为。突出表现奖项：①学习进步奖；②自主学习奖；③主动探究奖；④合作交流奖；⑤独特创见奖；⑥大胆质疑奖。

违纪行为记录：①旷课、迟到、早退；②影响他人学习，且不接受批评；③影响教学秩序，且不接受教育；④上课不带书，不做笔记；⑤不能独立、按时完成作业；⑥没有良好的学习习惯，且不刻苦，不努力。

（2）学习成绩。一是课程教学考试成绩：语、数、外、政、史、地、生、音、体、美、综合实践、信息技术共 12 门课程。二是实验教学的操作成绩：物理、化学、生物三个学科。三是辅助教学的单项成绩：①语文学科的写作、阅读、书法、交际；②英语学科的口语、听力；③信息技术学科的上机操作；④体育学科的体质健康测试；⑤综合实践活动课的能力考评。

2. 评价方法

学习成绩分数转换法。中学生综合素质等级分别评为优秀 (A)、良好 (B)、合格 (C) 和不合格 (D) 四个等级。90—100 分以上为 A 等级；75—89 分以上为 B 等级；60—74 分以上为 C 等级；0—59 分为 D 等级。以月考成绩为依据；期中、期末两次大考，中间两次小考，每学期每个学生每科学习成绩有四次评定。

学习行为按照"突出表现奖"和"违纪行为记录"两个方面的数据综合评定出以上四个等级。以周记录为依据，每月综合评定一次；有两个以上表现奖，无违纪的定为优秀；有一个表现奖无违纪的定为良好；无奖无违纪的定为合格；表现奖和违纪记录相抵的定为合格；有违纪记录两次以上的定为不合格。

每生每学期学习成绩和学习行为各有 4 次评定。综合两个方面，按 8 次评定记录，每位科任教师在学期末对每生按四个做出评价。

（五）学生综合素质活动拓展评价

学校设立展现学生各种素质的平台，开展各种丰富多彩的校园文化活动。如从下午四点一直持续到晚十二点的毕业典礼暨校园艺术节活动、春季踏青主题文化考察活动、英语剧表演、百人棋类大赛、校园卡拉 OK 大赛、街舞大赛、校园篮球争霸赛、社团活动、千人大型展示活动，以及各式各样的学科竞赛等等，均让每位学生在八项智能中（语言智能、逻辑数学智能、空间智能、运动智能、音乐智能、人际关系智能、自我认识智能、自然观察智能）找到自己的强势，并能得到最大限度的发挥，展示自己，提升自信，以便自身更好地发展。

学生综合素质评价量化结果得到最大效能的发挥。各班做好每天、每月学生量化分数的统计和累加，在期中、期末考试时，把每个学生的量化分数以最高分 20 分、最低分 8 分加入学生总成绩中，参与班级排名。此外，学生一年的量化分数还可以换为量化币，学生可以拿着自己挣来的量化币在每年 7 月 3 日的毕业典礼的跳蚤市场上换得想要的复习资料、书籍和物品。这样，在学校的每一地方、每一角落处处体现了学生综合素质评价。同时，我们还把学生综合素质评价操作模式引入家长会，变革传统家长会形式。在班主任组织下，各班小组长分组为家长汇报学生在校学习、生活等情况，家长自由地向小组长询问孩子在校表现；在小组长带领下，组内成员为家长展示在校学习成果；班主任最后稍做交流与沟通。整个家长会形式新颖，时间安排紧凑，内容量大，深受广大学生家长欢迎。

四、效果与反思

（一）学生的变化

实施学生综合素质评价后，我们惊喜地发现，我校学生变了，学生上课主动学习、合作学习意识明显加强。学生集体荣誉感、参与意识得到提高，班级民主管理水平不断提升。各种良好习惯初步养成。最为可喜的是，后1/3学生大幅度减少，我校把后1/3学生称为潜能生，对于他们，我校在评价中加大"以考促学"力度，利用学校有限空间，选取恰当时间，把潜能生集中起来，降低考试难度，考察潜能生掌握情况，及时把握他们的学习脉搏，采取教师帮扶、小组帮扶、学生帮扶，兵教兵、兵练兵等形式，提高潜能生的学习自信心，最大限度地做好潜能生的转化。实践证明，我校的学生综合素质评价对于大面积转化潜能生有着不可估量的作用，也是我校中考取得成功的法宝之一。

（二）教师的变化

实施学生综合素质评价后，我校教师更加敬业，更有爱心，更负责任。评价中，老师注意了解每个学生，注意发现每个学生的特长，关注每个学生的成长。教学中，特别注意思考学生差异，根据学生个性特点进行因材施教和个别化教学，使班级真正成为学生发展的舞台，使课堂真正成为学生进步的阶梯。在我校，一个爱岗敬业、爱生乐业、探索创业、多元发展的教师队伍初步形成。仅去年，我校就有94名教师荣获了177项国家、省、州、市各类奖项和殊荣。

（三）家长的变化

我校学生综合素质评价工作面向家长全部开放，积极鼓励家长参与到学生的综合素质评价中，不少家长看到自己孩子发生的巨大变化，激动地拿起笔写好家长的一封信，感谢学校和老师的同时，勉励自己的孩子，争取更大的进步。进一步扭转了学生家长只重分数的单一评价观，提高了家长对学生综合素质科学发展的认识，不断强化了家庭教育在学生成长中的作用，还改进了家长的教育管理方式，家长变得更加懂教育、会管理自己的孩子，对学校加深了理解和支持，使家庭教育和学校教育形成了合力。

实施中学生综合素质评价，有力促进了学校教学质量的提高和学校特色的发展。我校关于学生评价方面经验分别在吉林省、延边朝鲜族自治州"加强和改进未成年人思想道德建设工作会""德育现场会"上交流。我们的经验在《德育报》《延边晨报》《吉林日报》等媒体上宣传报道。不断有上级领导到我校调研视察，不断有外市县兄弟学校来我校参观考察，切磋交流。论文《注重良好行为习惯的养成教育、为学生的终身发展奠基》发表在《中国当代教育教学研究》一书。由于综合素质评价体系的具体实施，学生学习积极性和综合能力不断提高，我校学生控辍流失率连续多年始终保持在 1% 以内。我校先后获得吉林省未成年人思想道德建设先进学校、吉林省教育系统先进集体、吉林省人民满意金牌学校、省级绿色学校、省五四红旗团委、全国青少年集邮示范基地、全国五好小公民建设先进集体等荣誉。2013 年，学校《中学生综合素质评价体系研究》荣获吉林省第四届基础教育教学成果一等奖。

（二）创建五阶适应性学业评价体系，建构学业水平增值评价系统，促进学生个性发展

中共中央、国务院印发的《深化新时代教育评价改革总体方案》指出推进教育评价改革过程中要改进结果评价，强化过程评价，探索增值评价，健全综合评价，充分利用信息技术，提高教育评价的科学性、专业性、客观性。

增值评价就是根据学生在一段时间内的学习进步状况来评价学生、教师以及学校的发展状况。增值评价就学生自身来说，可以使其发现在不同学段中的每一次考试中，自己成绩发生的变化。就教师来说，可以从增值评价中看到每一个学生的发展情况，如果得到提升，能大大地增加教师教学的信心，如果学生走了下坡路，也能让教师及时发现问题，及时调整教学策略加以引导。就学校来说，增值评价解决了因生源差异对学校的不公平评价问题。

2018 年 3 月，学校开始探索五阶适应性教学模式，以"互联网 + 合作学习和分层教学指导"为课堂手段，实施五阶适应性教学，学生根据自己的学习能力水平，自主报阶—在老师指导下定阶—采用互联网 + 合作学习和分层教学之阶教—分阶作业之达阶—分阶检测之验阶。实现每名学生生成目标、达成目标，实现学生学业水平的差异发展。对学生的学业过程进行适应学生差异需求的指导和评价，引导学生在自己的最近发展区选择目标、教师配送针对性作业习题、学校开展有选择、无淘汰的差异考试，实现学生自己与自己比增量，每天进步每次进步，让学生感受到最美好的自己。

附件 1：珲春市第四中学"有选择、无淘汰"的差异考试方案

"有选择"，是指学生平时可以根据自己的认知水平，自主选择不同层次

的练习内容，考试时可以自主选择不同难度的试卷；教师要根据学生的学习差异和接受能力，选择不同的教学内容和方法，因材施教。"无淘汰"，是指不让一个学生掉队，使全体学生都得到健康发展。

一、考试目标

激励优秀生创新，促进中等生进取，帮助学习困难的学生提高；引导学生由分数竞争转向发展竞争。

二、命题原则

A、B、C（D）卷都依据课标要求，有较宽的知识覆盖面，有针对性地测查必学的重点内容，卷面形式不完全相同于中考样式。A卷主要面对学习困难的学生，紧紧围绕教材，主要考查学生未来学习所必须具备的基础知识和基本技能。B卷为传统意义上的水平考试试卷，它紧紧围绕课标和教材要求，重点考查课标所规定的学生应具备的基本素质和能力。B卷是面向多数学生的试卷，其基础性和代表性较强。C卷30%以上为主观性试题，包括论述题、证明题等，有许多试题的答案不是唯一的。要完成C卷，学生需要独立思考，需要有较强的观察、分析、归纳问题的能力，需要具备一定的创新能力。C卷灵活性强，难度大，为学习优秀生提供了更广阔的思维发展空间。对于学生学习程度分化大的学科（数学和英语），设立四阶卷。

三、选卷原则

以尊重学生的意见为主，必要时，教师和家长可以提出参考意见。

在考试这样的大问题上给学生以自主选择的机会，对培养学生的自主意识、主动精神有很重要的意义。每个学生在学期初，都要分析自己目前的学习状况，确定适合自己的考试目标，制定相应的达标学习方案。期中和期末考试后，参照自己的考试成绩调整自己的考试目标（鼓励学生有计划地申请高一级的考试目标），修正优化自己的达标学习方案，如此往复。主动参与选择是关键。

四、考试管理

根据学生学习发展的总体状况，提出了"A卷人数10%左右，B卷、C卷、D卷（30%左右）人数不封顶，"的选卷参数，供教师在引导学生正确选卷时参考。

五、考试评价

在分层考试中，为了鼓励那些答C卷且综合成绩优秀的学生，建立学科特长生表彰制度。同时，还要大力表扬那些有进步的学习困难的学生和选择升级试卷且成绩合格者。我们这样做的目的是，使学生充分体验成功的喜悦，鼓励学生对自己提出更高的要求。

　　学生在分层考试中所取得的成绩，能够从一个侧面反映出教师教学工作的情况。我们感到，教师们在对学生的考试成绩进行认真分析的基础上所得出的结论，往往会对其未来的教学工作产生良好的导向作用。在试卷分析工作中，取消计算班级平均分的老办法，采取重视"等级量化"、看"三率"的办法，检查教师是否重视对学生创新能力的培养，是否能够面向全体，是否能够帮助后进生取得较大的进步；引导教师在平时重视分层教学，注意提高各类学生的学习能力。

　　分层测试后，学年和班级各层学生的考试结果全面向学年和班主任开放，但不给学生排名。学生的考试成绩以成绩条的形式发给学生本人，成绩条上会标注学生的报考层级，学科分数以及每一科成绩在本层的区间位次。

　　对于考试不合格的学生采取补考制度，直至合格为止。补考安排在假期或双休日。考试不合格的学生，如果本人有特长或有专利、有成果（学校鉴定），日常班级表现良好（班主任和科任审核），学校与本人签订成绩提升计划后可以免补考。

附件2：各学科考试内容及要求

七、八年级语文学科期末考试方案

　　为了落实国家课程标准，适应新中考和高考的要求，实现通过评价引领教师规范教学和学生科学学习的目的，特制定七、八年级语文期末考试方案并说明如下：

　　一、考试原则

　　学什么考什么，课标要求即考试的平均要求水平。

　　二、考试形式

　　分层考试（分A、B、C三阶），七年级不按中考题型出题，八年级不完全按照中考形式出题。

　　三、考试内容及要求

　　（一）名著阅读：对读整本的书进行考察（考察是否真读）

　　七年级：

　　A阶：《骆驼祥子》《海底两万里》

　　B阶：《骆驼祥子》《海底两万里》《红岩》《哈利波特与死亡圣器》

C 阶：《骆驼祥子》《海底两万里》《红岩》《哈利波特与死亡圣器》《创业史》《基地》

八年级：

A 阶：《傅雷家书》《钢铁是怎样炼成的》

B 阶：《傅雷家书》《钢铁是怎样炼成的》《苏菲的世界》《平凡的世界》

C 阶：《傅雷家书》《钢铁是怎样炼成的》《苏菲的世界》《平凡的世界》《名人传》《给青年的十二封信》

（二）语文知识（七下和八下课本上所列出的语文知识全部为考试内容）

举例如下：

七年级：词性（副词、介词、连词、叹词、拟声词、助词等）

修辞（排比等）、短语（并列短语、偏正短语、主谓短语、动宾短语、补充短语等）、对联等

八年级：语序、句子结构、句式、句子成分搭配等

（三）古诗词积累（本学期教材中所列的古诗）

A 阶：给上句对下句

B 阶：按中考形式

C 阶：理解性积累

（四）现代文阅读

出两个不同文体（本学期教材中学过的）的文本，A、B、C 三层同文不同题（考查角度围绕本学期教材所列、单元导读要求的）。答案界定宽泛（一题有多个得分答案），鼓励学生独立思考，规范表达。

（五）写作

读写结合，从阅读文中抽象出写作要素，自拟题目或命题作文。选修班学生另加卷面分，划合格标准，上下加减 1 至 2 分。

七年级训练重点：文通字顺、细节描写、抒情手法、选材、语言简练、体现人物精神。

八年级训练重点：八年级运用七年级的写作手法，结合本册作文训练的内容，进行自由表达，写作。

（六）综合实践活动

结合教材的要求，考查学生是否真正实践了。

（七）文言文

教材上的篇目，中考形式的考查，不分层。

七、八年级数学学科期末考试方案

为了落实国家课程标准，适应新中考和高考的要求，实现通过评价引领教师规范教学和学生科学学习的目的，特制定七八年级数学期末考试方案并说明如下：

一、考试原则

学什么考什么，课标要求即考试的平均要求水平。

二、考试形式

分阶考试分（A、B、C、D四阶），七年级不按中考题型出题，八年级不完全按照中考形式出题。

三、考试内容及要求

七年级：

A阶：考查教材中基本定理、基本规律、法则等基本知识的记背；教材例题、课后练习题中的简单问题。

B阶：教材例题、课后练习题。

C阶：稍低于中考难度

D阶：在C阶基础上变化30%，多为主观性试题，包括论述题、证明题等，有许多试题的答案不是唯一的。附加梳理知识的思维导图5分。

八年级：

A阶：考查教材中基本定理、基本规律、法则等基本知识的记背；教材例题、课后练习题中的简单问题。

B阶：教材例题、课后练习题。题型基本按照中考形式，最高难度出到8分题。

C阶：中考难度。

D阶：在C阶基础上变化30%，多为主观性试题，包括论述题、证明题等，有许多试题的答案不是唯一的。附加梳理知识的思维导图5分。

七、八年级英语学科期末考试方案

为了落实国家课程标准，适应新中考和高考的要求，实现通过评价引领教师规范教学和学生科学学习的目的，特制定七、八年级英语期末考试方案并说明如下：

一、考试原则

本着学什么考什么的原则，强调对教材上文本的背诵，课标要求即考试的平均要求水平。

二、考试形式

七年级不按中考题型出题，八年级不完全按照中考形式出题，考试分四阶。

三、考试内容及要求

1. 作文

同题不同评分标准，话题来自本学期教材话题。（背诵成文是不得已而为之）

A 层：背成文最高分可得满分（三选一）

B 阶：背成文最高分可得 10 分。不给范围

C 阶：背成文最高分可得 8 分。

D 阶：背成文最高分可得 5 分。

2. 阅读

A 阶：课文原文，量小，直接设问

B 阶：有一篇为教材原文，设问难度高于 A 阶，低于 C 阶。

C 阶：中考水平和难度。

D 阶：在 C 阶基础上，阅读多加一篇。

3. 交际运用

B 阶、C 阶、D 阶卷都要比中考多出一个交际运用，内容从教材话题出。

4. 基础知识。

A 阶：教材生词表中黑体生词的默写、根据汉语填空。对话抠词选择填空。

B 阶：背诵 3a、2d

C 阶和 D 阶：背诵 3a、2d、教材后面对于阅读文的句式和重点词语的讲解

七、八年级物理、道德与法治、历史、地理、生物学科期末考试方案

物理：分 A、B、C 三阶，A 阶考查基本知识、基本实验，书后习题，基于教材不做变形；B 阶中考难度问题；C 阶在 B 阶基础上变化 30%，多为主观性试题，有许多试题的答案不是唯一的。

道德与法治：分 A、B 两阶，A 阶中考形式和水平，B 阶在 A 阶基础上变化 30%，多为主观性试题，有许多试题的答案不是唯一的。

历史：分 A、B 两阶，A 阶中考形式和水平，B 阶在 A 阶基础上变化 30%，多为主观性试题，有许多试题的答案不是唯一的。

七年级地理、生物：分 A、B 两阶，A 阶中考形式和水平，B 阶在 A 阶基础上变化 30%，多为主观性试题，有许多试题的答案不是唯一的。

附件 3：珲春市第四中学增量评价基本办法

为促进合作学习教学改革深入开展，引导学生强化团队意识，增进彼此间的协同与互助，现实行小组学业成绩捆绑评价方式。具体操作办法如下：

一、日常成绩评价

1. 教学方式

（1）课前教师准备学生课堂作业单、一份作业答案、一份测试卷。

（2）在某一主题学习中教师面向全班进行必要指导。

（3）在合作学习小组中，学生就这一主题进行学习研究，并做好测验的准备。教师发给学生作业单和答案单，他们可用之进行练习，评价自己和小组成员的学习情况。每位学生都有责任保证他们的小组成员学会教学内容。只有所有小组成员都掌握了学习材料后才算完成学习任务。在请教老师之前要先请求小组所有成员的帮助。

（4）每个小组的学生以个人独立参加测验。

（5）阅卷并计算测验的分数。试卷可以小组交换批阅，也可由教师批阅，但无论怎样，测验分数和小组得分都必须在下一堂课之前算出。

（6）计算学生个人提高分和小组得分，并给予小组奖励。在小组测验后首先要宣布的是小组得分，它可以使学生把做得好与得到奖励联系起来，有利于他们尽自己最大的努力去做。

2. 确定基础分：基础分代表着学生以往测试中的平均能力和学习水平。采用以初一年级上学期期中、期末考试的学生该科平均成绩为每个学生的基础分，然后每半个学期再参照学生的近期成绩情况重新确定基础分，这样可以保证基础分的客观性，同时也可以给那些经常得低分的小组成员一次新的机会，进一步均衡各小组的竞争力，使各小组间的竞争更加激烈，更具悬念。

组次	姓名	基础分	测验分	提高分	平均分
一组	A1	90	100	30	17
	B1	90	98	20	
	C1	85	82	10	
	D1	85	74	0	
二组	A2	90	100	30	18
	B2	85	95	20	
	C2	85	88	20	
	D2	80	91	30	

3. 计算个人提高分。教师设定，每个学生为其小组赢得多少分数，取决于他们的提高分，即测验分数超过其基础分的程度。

提高分的计算方法（仅供参考）

测验分	提高分
低于基础 10 分以上	0
低于基础分 1—10 分	10
高于基础分 10 分以内	20
高于基础分 10 分以上	30
完全正确的测验卷	30

运用基础分和提高分的目的在于尽可能使所有学生都能为自己所在的小组赢得最大的分值，即强调学生在学业上的进步，而不管他们以往的成绩如何。这种评价方法充分考虑了学生在认知水平上客观存在的差异，相对于以前的仅以个人得分来比较高低的方法显然更公平，从而能更好地调动学生特别是各组 3—4 号学生的学习积极性。学习优异的学生，也不仅仅比较名次，更重视自身的提高，也会更主动地帮助他人，并在帮助别人的过程中，自己的学习能力、思维能力、表达能力的提高会更快，实现"大家好才是真的好"的合作共赢局面。

小组分数的计算。要计算小组分数，首先要计算出每个小组成员的提高分，然后以小组提高总分除以小组成员数目（结果保留整数），即得小组分数。建议教师使用 EXCEL 表，设置好分数表格，填入分数后由计算机自动完成分数的计算。

4.对小组成绩的认可。对表现优异的小组，可有三种不同等级的奖励认可，认可的依据是小组提高平均分，标准设计为：小组提高分平均分（15，20，30），奖励等级（良好，优秀，超级），可以给予小组加分奖励。重要的测试，可以在班级"日新月异"评价中给予相应的"星星"奖励。

实际运用过程中，并非所有的小组都能获得奖励，因为"优秀组"大多数小组成员的得分必须高于他们的基础分，"超级组"大多数小组成员的得分必须高于他们的基础分10分以上。当然，对各个小组，教师可根据实际做适当调整，但必须做到调整要合理，要为达到"优秀组"和"超级组"水平的小组准备一种可行的奖励和认可，形式可灵活多样、不拘一格，目的在于达到奖励和认可小组成绩，使学生受到激励。

5.注意事项

（1）向学生说明提高分的意义。运用提高分的计分法，要为学生设立一个一般能够超越的分数。必须使学生知道每个人的分数对小组都是十分重要的。要使学生充分认识提高分计分制的公平合理性。

（2）基础分的重新设定。在实施多次测验后，应对学生测验成绩进行平均，得到新的基础分。

（3）重新分组。这样做可以保持各小组力量的相对平衡。

二、期末成绩评价

每学期的期中和期末考试是比较重要的测试，小组学业成绩捆绑式评价的使用应更加重视，既体现学生间的评价公正、公平，又关注学生一学期学习努力情况。期中期末成绩的小组捆绑评价可以采取两种方式：

结合日常评价基础分形式。依据一个阶段多次小测试成绩的平均值作为每个学生的基础分，将期中、期末成绩与基础分比较，算出每个提高分，并计算小组平均提高分，对获得学科优秀、超级小组的给予学业成绩单独奖励。班主任依据各学科各小组提高平均分位次，计算各小组各科综合提高平均分（各科提高平均分之和／学科数，或是适当增加权重：语、数、英三学科提高平均分×1.2+其他学科提高平均分／学科数），评选学业进步最佳小组，直接给这些小组成员授予若干"月亮"，作为评选学期综合最佳小组的重要依据。同时对取得进步大的小组内的个人也给予相应的奖励。应当注意的是，期中、期末是综合性考试，难度一般比日常考试会大一些，基础分的设定应注意适当降低。

关注每个学生个人的进步幅度。将期中、期末评价单独设列，依据上次的期中或期末考试学生该学科在年级的学科排名，学科教师计算每个学生的进步幅度。

没有进步的	0分
进步1—5名的	5分
进步6—15名	10分
进步16—30名	15分
进步31—45名	20分
进步45名以上	30分

各组按成员得分算出平均分，进行排序。作为评选学科优秀小组的依据。班主任将计算学生总分年级进步幅度，依据上面赋分标准，计算各组总分提高平均分，作为评选学业进步最佳小组，直接给这些小组成员授予若干"月亮"，作为评选学期综合最佳小组的重要依据。同时对取得进步大的小组内的个人也给予相应的奖励。

三、个人捆绑评价（日评、周评）

（一）评价形式

1. 对个人表现的评价：对在课堂活动中表现优秀的学生，在每周进行"解答之星""进步之星"等的授牌奖励。

2. 对小组的捆绑评价：作业、检测、每日常规等都可进行小组捆绑式评价。以"星级学习小组"评选为例。班级可组织开展"最活跃团队"（课堂上认真听讲，积极参与讨论和发言，声音响亮，发言启人深思；对于疏漏部分，组内成员相互补充。）"好作业团队"（能认真独立地完成各科作业，字迹清楚，完成质量高，评价优秀；对于错题能及时纠正，作业效果好）、"善合作团队"（小组分工明确，合作效果好，能有效解决老师布置的任务，并能在进一步的探究中，提出解决办法或疑问）、"最守纪团队"（课堂上全组认真听讲，无人做与课堂无关的事情；课后，活动有序，无人在教室内外吵闹喧哗）、"最进步团队"（在各科学习情况了解中，全组同学平均成绩进步较大）、"最优秀团队"（组内成员合作竞争，互帮互助，积极向上，在各类活动中有较好表现；能关心集体，积极为班级、学校赢得荣誉）等的评选。

（二）评价流程

1. 在组牌上设有记录、考核小组评价结果的登记表，每节课、每天的分数都记录在上面。（内容包括课堂评价、测验奖励、纪律表现、内务、公益心、特殊表扬）强化每日反馈制度。

2.利用放学时间（每天下午放学前10—15分钟），由值日班长牵头，每组小组长向全班汇报本组各项工作的完成情况。

3.这类评选可每周进行，也可每月进行，但必须在班级、年级形成正常的评选机制，不可兴之所至。

（三）奖励方式

流动红旗授予，星级小组命名等。班级要用好墙报栏和教室内四周墙壁，让其均成为学生展示的平台、班级评价奖励的舞台。

（三）探索学分制评价，关注过程增值，实现全面而有个性发展

学校本着合格＋特长的过程性评价原则，将符合国家颁布的中学生守则和行为规范作为合格标准，实现全面发展，出台四中好学生标准、四中卓越学生标准、四中学生56条行规、四中学分制评价办法作为特长标准，引导学生关注自己的成长过程，实现今天比昨天有变化，明天比今天有变化，鼓励学生做最好的自己，实现个性发展。

附件1：珲春市第四中学学分评价管理办法

一、评价的背景

1.在升学压力之下，师生家长重智轻德，重主轻副现象严重，2018年秋季，我校一位品学兼优的初三学生干部在家长的陪同下，要求辞去干部职务。家长说："孩子学习太忙了，做班级干部耽误学习。现在高中升学只讲分数，不抓好学习行吗？"这位家长的想法在一定程度上有其普遍性。一部分学生只抓学习，不愿承担学校、班级工作的原因就在于此。同样，学校组织社会实践、公益劳动等活动时，也有一些家长寻找各种理由，帮学生请假。如果学生偶尔生病，家长也会让学生在上所谓副课的时间去看病，而上语文、数学、外语等课时，带病也坚持上课。现存的以应试为主的评价体系，客观上造成了师生与家长重智育轻德育、重主课轻副课现象的出现。

2.建立在学生差异基础上的分层教学，需要新的评价标准

实行小学生就近免试升入初中，各种层次的学生在一个班级里，如何使他们在各自的基础上都有发展呢？我校从2015年开始，在各学科中实施差异适应性教学研究，学生分层、教学目标分层，必然要求作业分层、考试分层、评价分层。为此，我们开始了建立新的评价体系的研究。

3. 学生卓越毕业证书的评选需要新的学分制体系提供过程性依据。

二、评价原则

1. 以学生为本、导向为主的原则。

2. 评价主体多元化的原则。

3. 质性评价和量化测试相结合的原则，目前特别要重视质性的评价。

4. 三维目标兼顾的原则，目前特别要重视过程的评价和情感态度、价值观的评价，注重学生成长记录。

5. 评价方式多样化的原则。

6. 评价指标公开性的原则。

三、学生的评价方法

本考核结果将折合 10 分加入期末考试成绩中，每个学生过关笔试、达人评选和学科主题活动三个项目，笔试基础知识每生每周过关一次，达人评选和学科主题活动以班级为单位每周评选一次，平均分作为本学期学习结果计入期末成绩。

（一）基础知识过关

1. 内容

各学科基础知识，包括基本原理、基本概念、基本观点、基本图形等

2. 学分考核办法

（1）各备课组做好考核组织分工。各备课组每周五将下一周将要考核的知识点发给学生，并做成题签，供学生抽选。

（2）每班将学生分成 3 组，每组 15 人，每个考场安排 5 人（按分层），学生到考场依次在每一科试题中抽取一组作答后交给监考，备课组按照 5、4、3、2、1 标准打分。

（二）达人评选

备课组将学科达人评选项目公布给学生，学生自主申报、老师指导训练，备课组组织评选出本学期学科达人，组织打分，标准为 2、1、0 分。

（三）学科主题活动

（1）语文：

七年级：诵读、书法、读书沙龙

八年级：整本书读书交流

（2）数学：

七年级：讲题大赛

八年级：轴对称花边设计

（3）英语：

七年级：More English More Fun 英语综合活动

八年级：限时阅读竞赛

（4）道德与法治：新闻播报

（5）历史：历史脱口秀

（6）地理：绘图大赛

（7）生物：绘图大赛

（8）综合："2049 的我们"现场绘画比赛

（9）体育：七、八年级篮球对抗赛

（10）物理：实验操作

（四）学分考核办法

备课组将学科主题活动公布给学生，学生自主申报、老师指导训练，备课组组织，组织打分，标准为 3、2、1、0 分。

附件 2：评价卓越学生的学分制办法

一、原则

采取随机评价原则，以非纸笔测试为主要方式，对学生学科素养、能力进行定期抽测。

二、卓越学生评价标准

（一）德（班主任评价）

1. 早晨值日生六点四十到校，其余同学七点前到校（各班可视班级情况自定到校时间）

2. 值日生无声快速值日，值日工作 10 分钟之内完成，其余同学入班即静，入座即学，零抬头，零交流，高效完成黑板上的自习任务

3. 积极参与学校的大型活动，投入度高，有大局意识

4. 考试不作弊，不说谎，讲诚信

（二）智（科任评价）

1. 课堂上积极思考，积极发言，敢于质疑

2. 课间能够做到惜时学习

3. 独立，并且高质量的按时完成作业

4. 考试时遵守考场纪律，认真答卷，独立思考，不作弊，尊重监考老师，不做与考试无关的事

5. 对作业和考试中发现的错误能够及时纠正

6. 养成坚持阅读的好习惯

（三）体（体育老师评价）

1. 热爱运动，做一个爱运动、爱身体，关注健康的好少年

2. 下课铃响，立刻离开教室，出教学楼后立刻跑到自己班的位置

3. 按照音乐尽情进行魅力 8 分钟展示

4. 间操期间听从广播指令，认真做广播体操；听广播时保持静站姿势

5. 间操结束后两人对齐，抬头摆臂，有序回班

6. 坐姿端正，动作规范，做一个保护视力的人

7. 集队时做到快静齐，跑步时跟着节奏，保持队列整齐，口号响亮，除值日生外做到全员出席

8. 做爱眼操时跟着节奏，动作规范

9. 每天坚持带水果

（四）美（纪律、卫生负责人评价）

1. 热爱生活、自然、艺术和科学中的美，发现美、欣赏美

2. 女生发型标准：露出额头，不留碎发，长发扎成马尾；男生发型标准：小平头

3. 服饰要求：穿着得体，符合少年成长特征，除周三外，均穿干净整洁的校服

4. 不说脏话，不给他人起外号

（五）劳（学生发展中心评价）

1. 认真值日，有责任担当，在 10 分钟之内完成值日任务

2. 在大清扫中有时间观念

3. 在大型劳动中，能够有大局意识，勇于承担责任，不逃避，不推卸

三、方式方法

1. 每学科备课组提供本学期学生学科能力素养培养一项重点训练内容，由教师课上进行训练，质量检测中心和备课组联合组织每学期抽测两次，班级个人所得平均分作为该班学生得分，每学期得分＝（前一次得分－后一次得分）÷后一次得分 ×100%。

2.考核评价标准由质量检测中心和备课组制定，考核成绩统计为质量检测中心。

3.学分换算

学科竞赛类：数理化综合竞赛每次5学分（尖子生或者全员过关竞赛），单项竞赛每次3学分，计算方法为学期得分折合；语文英语现场综合类竞赛为5学分，计算方法为学期得分折合；百科竞赛类为5学分，计算方法为学期得分折合；体育、音乐、美术单项现场竞赛为4学分，计算方法为学期得分折合。

口头表达类：朗读、背诵、讲题、配音、拼读、演唱等每参加一次3学分，累积加分。

研究性学习报告、综合实践报告、读书交流、演讲、各种市级以上创新大赛获奖5学分，累计加分。

选修课、项目学习：选修课评为优秀5学分、合格3学分。参加项目学习评为优秀5学分、合格3学分。评为各项牛人3学分。学年学习方法交流5学分。

美术音乐信息技术测试：现场速画、简谱演唱、信息技术现场操作合格2学分、优秀3学分。

4.纸笔测试成绩换算：语文、数学、英语、物理、化学、道法、历史、地理、生物学科期中期末成绩A等级10学分、B等级9学分、C等级8学分、D等级6学分。

5.德、智、体、美、劳每个方面A等级10学分、B等级9学分、C等级8学分、D等级6学分。

附件3：珲春市第四中学2020年寒假"赢积分，得奖励"

作业知识竞赛方案

为了调动学生假期作业的积极性和完成质量，学校决定在假期进行作业过关比赛，赢积分换礼物活动。

一、活动方式

七、八、九年级利用假期登校日进行假期作业检测，获得积分加和排名，按照排名先后获得选取奖品机会。

二、检测方式

1.口头讲述提前做好的思维导图（数学、物理、化学、地理、生物）和读书汇报（语文）。

登校前一日随机抽取每班 10 名学生，七、八年级按照数学——地理、数学——生物、数学——物理、语文——物理、语文——地理、语文——生物、英语——物理、英语——地理、英语——生物的搭配进行考核。

2.纸笔测试。对假期基础知识作业进行过关测试，登校前一日告知考核科目。

七年级考核科目搭配：数学语文——地理、数学英语——生物、语文英语——地理、语文英语——生物、数学语文——生物、数学英语——地理

八年级考核科目搭配：数学语文——地理、数学英语——生物、语文英语——地理、语文英语——生物、语文英语——物理、数学语文——生物、数学英语——地理、数学语文——物理、数学英语——物理

九年级考核科目搭配：数学语文——物理、数学英语——物理、语文英语——物理、数学语文——化学、数学英语——化学、语文英语——化学

三、奖品种类

放孔明灯、书籍、长春研学（学校负责组织并承担学生餐费）、与校长午餐、看电影（学校支付电影票费用）、防川第一村（学校包车并支付车费）、新年音乐会（学校主办）、校园志愿者

七、八年级"赢积分，得奖励"学生基础知识过关奖励领奖办法

各位同学大家好，本学期的基础知识过关比赛结束了，为了鼓励在竞赛过程中准备充分、刻苦训练的同学，学校决定为同学们发放如下奖励：

领奖办法：按照排名分时间段领奖，奖项可自由选择，额满为止。

领奖时间：

排名	领奖时间	
	七年级（30 日上午）	八年级（30 日下午）
前 100 积分	9:00—9:30	13:00—13:30
100—250 积分	9:30—10:00	13:30—14:00
250—400 积分	10:00—10:30	14:00—14:30
400—550 积分	10:30—11:00	14:30—15:00
550 以后积分	11:00—11:30	15:00—15:30

活动时间：

奖项	人数/每学年	发奖地点	活动时间及地点
放孔明灯	6	7-1	31日晚4:30 操场
书籍	30	7-2	30日下午1:00
长春研学（学校负责组织并承担学生餐费）	30	7-3	1月7、8日 长春
与校长午餐	100	7-4	31日中午11:45食堂正门集合
看电影（学校支付电影票费用）	120	7-5	31日13:30　欧亚影城
防川第一村（学校包车并支付车费）	100	7-6	1月2日早7:30学校东门
新年音乐会（学校主办）	250	7-7	31日早8:30 报告厅
校园志愿者	90	一楼正厅	31日下午1:00 操场

具体要求：

1.放孔明灯：学生统一在操场中间放孔明灯，学生按要求准时到位即可。(七、八学年主任负责)

2.书籍：在领奖现场，由校长亲自发放，并倡导将书籍在学生间循环看。

3.长春研学：学校承担学生餐费；往返路费、住宿费或个别景点如产生门票费用由学生自行负责；组织学生到长春讲书堂听取知名专家的讲学（学校承担费用）、到省图书馆、汽车博览会、伪皇宫、农博会或博物馆等地参观学习。具体研学课程另行通知。（学生发展中心和学年主任带队）

4.与校长共进午餐：食堂二楼就餐，注意优雅就餐，自助形式。（校级领导参加）

5.看电影：准时到位，凭票有序进场，文明观影。（陶伟和七、八学年德育负责人带队并组织）

6.防川第一村：学校出资包车集体参观防川村，由学校研学社成员进行现

场讲解，下午 1:00 左右返回（自带水和午餐）。（学生发展中心安排带队领导和教师）

7.新年音乐会：凭票入场，在指定座位就座，不得乱窜、接打手机，热情参与，积极互动；可身着自己喜欢的服装（符合学生身份），如：汉服、cosplay 服装，带荧光棒或自制标语牌。（学生发展中心、信息服务中心）

8.校园志愿者：由校长、学生发展中心及学年德育负责人和部分教师亲自带领志愿者们进行"除旧迎新"新年大扫除活动。（女同学扫除楼道灰尘、墙壁污渍、摆放书籍；男同学清理校园积雪）

珲春市第四中学

2019 年 12 月 29 日

（四）建构合作增值性教师评价文化，促进教师专业发展

1.构建教师评价五段五重三维模型，为教师职业成长做好规划。

五段：基于学校"尊重人、发展人"这一教师发展的评价理念，引导和帮助教师按照新手阶段、熟练新手阶段、胜任阶段、业务精干阶段、专家阶段对自己进行职业发展定位，清晰定义职业生涯规划。

2.五重：坚持"重师德、重团队、重研究、重成效、重工作量"五重原则，发挥评价引导作用，促进教师转变教学理念，以评价引导学校重点工作突破，提升教学质量。

三维：把年度工作分成三个维度进行评价（个人、备课组、学年），相互之间不完全交叉。

教师得分 = 个人业绩 40%+ 备课组 35%+ 学年组 25% + 岗位附加分

附件：珲春市第四中学教师评价方案

为了促进教师专业发展，推动学校工作落实，实现教学质量全面提升，特制定此方案。

一、评价内容：学校工作计划所列学校本年度在教学方面的重点工作。

二、评价对象：全体专任教师。

三、评价原则：坚持"重师德、重团队、重研究、重成效、重工作量"五重原则，发挥评价引导作用，促进教师转变教学理念，以评价引导学校重点工作突破，提升教学质量。

四、评价方式

1.把本年度的工作分成三个维度进行评价（个人、备课组、学年），相互之间不完全交叉。

2.采取备课组常规检查与教导处抽查相结合，抽一当十的方式进行评价，坚持特长加常规、结果看过程的评价方式，突出看教师对继续破解的教学难题的解决过程中的贡献。

3.任课教师得分＝个人业绩占40％＋备课组占35％＋学年组占25％；班主任评价见细则。

4.每学期期中评一次、期末评一次，评选季度优秀教师和优秀组。

五、评价结果的应用

1.作为年末评优评模的依据

2.连续三年获得先进的教师在岗位分级时直接享受本职称最高级（人数超职数时，择优排序）

3.学校评选出的各项优秀教师在学生大会、家长会上要向学生、家长公布，并将各项先进张贴上墙

4.成立校长基金，对学校工作做出突出贡献的教师给予奖励

5.有省外培训机会，优秀教师优先享有

6.对优秀教师的事迹进行外宣

7.对于评价不合格的教师一次调岗，二次报送局里备案，三次解除聘任合同

六、教师评价内容及量化细则

一级指标	二级指标	分值	执行人	合格标准	加分标准	减分标准
行为过程68分	工作量	12	教师发展中心学年主任（组长）	周课时达到10节加12分。代课1节加1节；特长班辅导课（学年统计）、体育训练（体育组长统计）每节加2节；组织间操三次加1节，九年级参与分层辅导（学年统计）1节加2节；语文、英语晨读1节加1节。	增加1节加0.1分。	不够周课时数按比例减分，不足工作量的老师可以向学校申请其他工作补充工作量。

	出勤率	8	校长办公室每周至少查岗一次	按照考勤标准出勤7分。	从未请假加3分。	事病假5天内每天扣0.2分、5天以上每天扣1分；迟到、代签、不签等10次以内每次扣0.1分，10次以上每次扣1分。
行为过程68分	教师常规	12	教师发展中心每月至少抽查一次	思维导图、分层作业批改、上课、监考、计划总结等常规（评价标准见备课组评价表）经组长检查和教导处抽查为合格，分别得分3、3、3、1、1。（查作业批改单和学生作业本，错题第二次作业前必须订正）	常规检查被评为优的每项加1分；坚持做分层作业和分层检测的，加2分；预习本、错题本、讲题评优的每项加1分。	不合格的每项减1分；作业批改文科不少于34班次、理科不少于51班次，批改量缺少一次扣1分，学生未及时改正减1分，学生书写不规范减1分，分层坚持不好的减4分；无故不参加备课的每次扣1分。

行为过程68分	课程与教学能力	5	教师发展中心	青年教师大奖赛合格课（见方案）每节加1分，其他教师随机抽听合格课（网联网＋合作学习）每节加1分。在国家、省级竞赛课一等2分、二等1.5分、三等1分；州级一等1.5分、二等1分；市校级一等1分、二等0.5分。研讨课、观摩课、展示课、优质课等按二等加分。	被收集为互联网＋合作学习课例集1节加2分；抽听教师优秀课再加1分。	抽课中适合用互联网＋合作学习未使用扣2分。
		3	课程研发中心	开设选修课程合格的加2分，指导研究性作业组织并上交成果的加1分；按学校要求组织主题活动并担任主要策划者的每次加1分，参与策划的0.5分。	选修课教材被其他人使用的加3分；指导研究性作业成果被发表的加2分；主题活动成果被选为州以上参赛加1分。	指导研究性作业是我校对教师的要求，未按学校要求指导并上交成果的一次扣1分。

				校级及以上课题（研究期间有研究中期报告、上研究课）主持人2分，参与研究者1分，思维导图、分层作业、分层周周清等成果在学校作经验交流加2分，研究成果发表市级2分，州级以上3分，核心刊物再加1分。拿出难题研究成果，成果被学校承认每项3分、推广再加3分。	正规学术刊物上发表论文国家级一篇2分、省级1.8、州级1.5分、市级1分。在学会等教学机构论文一等奖国家级记1.5分，省级1分、州级0.8分、市级0.5分。（3分为满分）	
行为过程68分	课题研究能力	5	课程研发中心			
	指导能力	5	教师发展中心两周抽查一次	30%的学生有自己的学习方法，查预习本、错题本、会讲题抽查评优的3分；指导青年教师参加教学基本功比赛获奖的1分。	指导学生获国家级特等奖和一等奖1分，二等奖0.5分，省级一等奖0.8分，二等奖0.4分，州市级一等奖0.5分，二等奖0.2分。没写等级的按各级二等加分。（3分为满分）	学生没有错题本、预习本、不会讲题的每月抽查任课教师提供的最好的5人、每月不重叠，各扣1分。

行为过程68分	职业道德	10	校长办公室	按照教师诚信管理办法执行，满分10分		
行为能力17分	专业精神	4	教师发展中心	按时参与各类培训学习活动，全员培训、国培、省培学习合格2分。教师每学期读书2本，骨干教师青年教师、每学期读书（看批注、勾画）4本2分。	在国培中做公开课、经验交流1分；教师读书演讲交流（见方案）获奖的加1分。	不合格的减1分，被选上无故不参加的此项不得分。
	创新能力	4	教师发展中心	语、数、外教师每周在延边州教育资源公共服务平台上传资源不少于3个，其他教师不少于1个，加2分；参加一师一优课活动1分。	被选为互联网＋合作学习课例的加2分。"互联网＋合作学习"课堂教学竞赛获奖加1分。	平台资源传送不达标扣1分，一师一优课活动未参加扣1分。
行为结果15	学业成绩	12	教师发展中心	考试学科的ABCD的排名在前1/3的9分。在期末考试中消灭一位数、学困生率小于5%、全合格的各加3分。		每降1档降1分。

| 附加分 10 | 岗位 | 10 | 教师发展中心 | 教研组长、备课组长合格 6 分、班主任满分 10 分、保卫科长、食堂管理员 5 分、纪律卫生负责人优秀 6 分、工会成员合格 0.5 分、干事合格 1 分、坚持项目组活动的负责人 2 分、教师荣誉国家级一等奖 / 优模 1 分，二等奖 0.5 分，省级一等奖 / 优模 0.8 分，二等奖 0.4 分，州市级一等奖 / 优模 0.5 分，二等奖 0.2 分。校级优模 0.2 分。（5 分为满分） | | |

3. 探索发展性评价，促进教师专业成长

2018 年学校向全体教师发放 swot 分析表征求意见，老师们认为自己跟不上学校发展，2014 和 2018 年学校也两次邀请延边大学、李丽辉校长（江苏基地导师）进校诊断，一致结论是学校缺乏学科首席，教师专业发展成为学校各项工作之重。2019 年学校在广泛征求教师代表意见的基础上对教师评价做改进，在原评价体系的基础上增加了增量评价原则，建构了基础 + 特长的评价体系，基础评价按照珲春市第四中学教师评价方案执行，满分 100 分，增加学术积分作为增值进行评价系统，增值部分包括教师破解学校教育教学难题，被学校学术委员评定并在学科内推广的教研成果，内容包括论文、课例、案例、典型做法、新技术改进、发现新工具等。引导教师关注专业品质、专业知识、专业能力，内化《中学教师专业发展标准》内容，以此引导教师在从正确认知自我到走向理想自我的过程中实现专业增值。

参考文献

[1] 彭文超.现代教育的幸福取向批判[J].当代教育科学,2017（10）.

[2] 檀传宝.让劳动教育助力孩子的幸福人生[J].江苏教育,2020（95）.

[3] 褚宏启.教育现代化2.0的中国版本[J].教育研究,2018（12）.

[4] 陈丽莹.如何培养有道德的人——读内尔·诺丁斯《培养有道德的人：从品格教育到关怀伦理》[J].思想政治课教学,2019（08）.

[5] 陈斯琪.劳动教育：一场基于身体的幸福创造[J].当代教育科学,2020（11）.

[6] 徐瑶.思维可视化在初中化学解题中的应用分析[J].考试周刊,2021（03）.

[7] 张友红.学校文化到哪里去[J].教育科学论坛,2020（23）.

[8] 朱荣辉.校园文化：该从哪里来，又该走向哪里——以学校"松树文化"构建为例[J].华人时刊（校长）,2019（07）.

[9] 石中英.学校文化建设意义的重新阐释[J].中小学校长,2009（07）.

[10] 罗刚淮.学生的幸福从哪里来？——基于儿童文化谈提高学生幸福指数的学校作为[J].中小学教师培训,2011（08）.

[11] 查英,陈鹏.劳动教育关照幸福的三重维度[J].教育发展研究,2020（24）.

[12] 杨荣.上海实小：百年创新成就"儿童幸福的起点"[J].中小学管理,2019（12）.

[13] 王文静,杨一鸣,李娜,杜霞.教师幸福感提升的路径探寻——基于儒家经典的教育干预研究[J].中国教育学刊,2020（11）.

[14] 李曜安.到底是什么在决定我们的幸福人生？——理性心理学带给我们的教育启示（下）[J].大众心理学,2020（11）.

[15] 张娜,唐科莉.以"幸福"为核心：来自国际组织的教改风向标——基于《2030学习罗盘》与"教育4.0全球框架"的分析[J].中小学管理,2020（11）.

[16] 刘献君,陈玲.学校特色文化建设的路径探究[J].中国高教研究,2021（03）.

[17] 张铭凯,靳玉乐.新时代需要什么样的学校文化——兼论学校文化建设的文

化失守与文化复归 [J]. 内蒙古社会科学 ,2020（01）.

[18] 张震雷 . 关于学校文化建设的探索与实践 [J]. 中小学校长 ,2020（12）.

[19] 彭贤智 . 学校文化建设的基本要求 [J]. 河北教育（综合版）,2021（01）.

[20] 张东娇 , 时晨晨 . 世界部分国家学校改进样态研究 [J]. 比较教育研究 ,2020(03).

[21] 张东娇 . 绣一幅学校文化建设的《凤穿牡丹图》——学校文化建设"五步工
作法"的再规范与再解读 [J]. 中小学管理 ,2020（01）.

[22] 张东娇 . 绘制学校文化管理地图 : 价值取向与路径选择 [J]. 中小学管理 ,2019
（06）.

[23] 张东娇 . 学校文化建设成就美好教育生活 [J]. 中国教育学刊 ,2019（04）.

[24] 张凤华 , 张东娇 . 学校文化建设与评估指标体系的研制与思考——基于北京市
中小学学校文化建设示范校创建活动的研究 [J]. 中小学管理 ,2014（07）.

[25] 徐小明 . 新时代背景下的学校文化重建 [J]. 教育界 ,2020（50）.

后　记

　　三年的卓越校长培养工程即将结束，回顾三年的学习生活，最难忘的就是江苏基地的各位导师和全国各地的校长不远千里，从四面八方两次入校诊断指导。下面记录了各位导师和各位同学第二次入校调研学校改进情况后的反馈节选（重点摘取的是鼓励部分），以示纪念。导师和同学的鼓励之声时常绕耳，成为我们这样一所边境口岸城市学校继续前行的力量，鞭策我们以更饱满的工作热情，更理性的专业精神，更有责任、有担当地为县域初中的高质量发展，办好新时代人民满意的初中教育而不懈努力！

　　近些年来，累计有几百所学校的校长和教师因为参加在我校举办的学术会议，而从全国各地走入珲春四中；因为国培计划走入珲春四中；因为专门前来学习走入珲春四中。在此也将部分老师参观学习后的感言摘取少量，列于文后。感谢兄弟学校的领导、老师对学校的鼓励和信任！

江苏省行政干部和教师培训中心常务副主任季春梅博士：

　　第二次来到珲春四中，感动、激动，又带给我深深的思考。珲春市第四中学的课堂和课程展示带给与会的每个人以美好的心理感受，幸福教育有文化创生，学校的课程有聚焦感，聚焦学生生命成长的原点；有统整感，聚焦学生的核心素养；有原创性、连接感，把学校生活与学生生活有效连接。相信在李丽辉校长的带领下，珲春四中定能创造出幸福教育的更加美好的明天。

江苏省语文特级教师、国培计划首席专家严华银教授：

　　再次走进珲春四中，对学校有了进一步深刻的认识。下午在观看同学们的研究性学习展示时，欣喜地看到闪耀在孩子们身上的科学精神、科学之光，很难得，也很珍贵。欣喜于珲春四中在对学生科学精神培育方面已走出了珍贵的一步。希望我们李校长在未来这样一个特殊的时期，在具有战略地位的边境小城，能够一枝独秀，能够像海鸥一样展翅高飞，把我们的四中，把我们的珲春教育做成功，至少做成我们中国县域教育初中的一张名片。

江苏省教育科学研究院研究员、国家督学、江苏省教育学会副会长彭钢教授：

幸福教育的魂已在学校落地。学生在享受着健康的、快乐的、发现的学习文化；教师开发了大量的课程支持学生的幸福成长，可见教师的专业能力，教师的专业成长和发展就是他的幸福的本源；学生们在课程中的表现非常出色，给我留下了深刻的印象，他们真诚、质朴、一点儿都不比内地的孩子逊色。

江苏东庐中学原校长、讲学稿创始人陈康金教授：

两次走进珲春四中，孩子的灵性给我留下了深刻的印象。珲春四中连续五年获得延边州中考状元，中考考的是学生的意志品质、学养水平，是学生的综合素质。通过中考可见珲春四中的办学成效，可见学生的综合素质。

江苏立达中学原校长顾苏云教授：

校长有怎样的视野，学校便有怎样的格局。再次感受便是非常的感动，我感到珲春四中的师生是幸福的。我很幸运，看到了我想看到的学校，我看到珲春四中在引导学生关注身边的世界，思考现实的问题。从课堂到舞台，我看到了学科育人很到位，也看到了五育并举，看到了珲春四中的学生站在了舞台的中央且自信满满，看到了四中的老师站在了学生的中间且自信满满，看到了李校长站在了师生的背后大象无痕。

希望四中有自己的幸福文化表达，希望四中早日走向全国。

第二期国家教育部中小学名校长领航班同学评价：

山东淄博临淄晏婴小学校长孙镜峰：

珲春市第四中学是一所让孩子感到有意思的学校，是一所让孩子们的想法能落地、可以实现的学校，是超越了考试层面的、有深度的学校，是一所高品质的学校，是一所令人印象深刻的学校。

安徽池州一中学校长汪炜杰：

一位好校长，一支好队伍，一群好学生，一所好学校。

宁夏银川金凤三小校长王小川：

走进珲春四中的课程和课堂，深刻感受到了学校课程和课堂的魅力。孩子们在课堂上神采飞扬，合作交流，有思想的表达让我们很震撼。

贵州道真民族中学校长王琦：

学校有内涵，有深度，有高度。注重对学生合作学习、探究学习和实践创新能力的培养。小组合作效果好，组里学习真思考、真说真辩真交流、注重聆听有礼貌，师生互动见真情。希望第三次再来珲春市第四中学。

上海进才北校校长金卫东：

作为丽辉校长的同学很骄傲、很自豪。珲春市第四中学的课堂教学改革实践在孩子的身上得到了具体的体现，四中的孩子逻辑清楚，表达流畅，彬彬有礼，孩子们在课上课下都展现了别样的精彩。向丽辉校长学习，向他的团队学习。

黑龙江鸡西十八中校长刘景菲：

珲春四中在高品质学校建设的路上不断地探索和实践，通过观课让我们看到四中教师的专业发展品质，通过研究性学习的展示，孩子的思维、表达、自信、向上的姿态，让我们看到孩子们极高的素养，很钦佩。

天津中营小学校长华联：

来到珲春市询问售货员同志得知四中是一所很好的学校，和出租车司机询问得知每年都有来自全国各地的校长到四中学习，今天进入四中亲自感受，果然名不虚传。

来访者对学校评价（部分）：

心语

在珲春四中跟岗研修期间，我学到了很多东西，深受启发。一、学校领导有思想有作为；

二、学校文化建设有品位；

三、班级文化有个性；

四、选修课程有特色；

五、课外活动有秩序；

六、教研活动有点子；

七、德育活动有目标。

希望四中在李丽辉校长的领导下越办越好。

希望四中全体同仁来通化做客。

通化县大川学校　左洪文　2016 年 3 月 2 日

到珲春四中跟岗研修，通过李丽辉校长的精彩讲解，一线教师的经验介绍，深入班级参观考察，学生的精彩展示，我明白了学校办学理念、培养目标，如何落实到具体的教学活动中和班级管理中。

珲春四中小组合作如此完美有效，学生能力得到提升，各性得到发展，活动搞得有声有色，课程开发丰富多彩。

珲春四中带给我一个崭新的教育理念，相信每一个学生都能实现自我教育。

通化市第十八中学　王暖云　2016 年 3 月 2 日

这里有着震撼心灵的教育，教育原来可以这样美好。真心为你们点赞！

抚松县实验学校　刘海龄　2016 年 3 月 3 日

作为青年教师的我，非常幸运来到珲春四中参加跟岗研修活动，时间虽短，但留给自己的是一种激励，一种积极向上的奋斗精神。感谢教育的天空中有你们这样的天使在引领我们前行。加油！珲春四中，相信你的明天会更美好，期待不久的将来还会与你相见！

吉林市龙潭区缸窑中学　张琳琳　2016 年 3 月 3 日

理念行动团队型

立志课改四中情

回复灵性以全生

优化课程别样红

松原前郭白依拉嘎乡中学　陈瑞轩　2016 年 3 月 3 日

我希望四中成为中国最好的学校

今天的四中有着翻天覆地的变化

刘慧君、徐成芳　2018 年 10 月 3 日

感谢这一届领导班子及全体教师，把中学教育做到了全国领先水平。你们的接力让曾经所有的教师感到无上荣光，你们的业绩让曾经所有的学生感到无比自豪。谢谢你们!

宋梅　2018 年 10 月 3 日

唯珲春有材,

於四中为盛。

这是建校四十年取得的璀璨成绩，望我们再接再厉、百尺竿头更进一步。

一个四中老人　黄国基留念，也是新年新的祝福　2018 年 12 月 31 日